本著作由常州大学资助出版

资本空间的
伦理研究

曹琳琳 著

上海三联书店

序

　　资本，大约是国内外学术界最为聚焦的概念了。资木的伦理内涵与道德约束，亦是经济学、伦理学长期以来共同关注的问题。马克思基于唯物史观的基木立场揭示了"物→商品→货币→资本"的演变过程，既肯定了资本在人类发展进程中的历史合理性及其"伟大的文明作用"，又揭露和批判了资本主义制度条件下资本形成和价值增殖过程中的道德缺失，并将无产阶级为改变自身命运而进行的斗争视为超越和战胜资本逻辑的必由之路。迄今为止，这依然为我们理解资本内涵及其运用中的"善""恶"问题提供了基本的理论和方法资源。

　　在马克思看来，资本之"恶"在于其不择手段无限追逐剩余价值的存在逻辑。资本逻辑内涵着"利润至上"的价值排序和"利润最大化"的核心理念，不仅主宰了资本自身的运行，更是不断扩张至经济、社会乃至精神生活领域，由此带来的人性关怀缺失、人际关系淡漠、生态环境恶化等问题，日益成为经济学、哲学等众多学科的关注热点。近年来，资本无序扩张更是在我国房地产、基础教育、娱乐圈、互联网等领域推波助澜，产生了一系列亟待解决的问题和事件，由此引发的关于如何有效约束资本的理论探讨和实践推进，亦成为国家政策、公众媒体和学术研究的焦点问题。

　　20世纪50—60年代起，西方哲学领域出现了所谓"空间转向"，对空间资本化的批判亦成为后现代思潮中的重要内容。福柯的"异托邦"、列斐伏尔的"空间生产"、哈维的"时空压缩"、卡斯特的"流动空间"、苏贾的"第三空间"和詹姆逊的"后现代空间理论"等，尽管视角不同，但都以空间叙事作为理解当代社会的理论范式，揭示了资本空间的扩张模式，构建出异质空间从而遮蔽人文价值的内在资本逻辑。

资本空间外化表现为以"非历史"、"碎片化"、"单向度"、"同质化"等方式在社会空间中展开"剥夺式"扩展。在实践层面，城市化、全球化进程不断引发出一系列空间问题。空间成为了资本再生产的载体，通过"剥夺式积累"的生产方式攫取更多剩余价值并进一步拓展权力关系。在城乡空间视域下，资本空间体现为以政治权力和城市资本强制嵌入城乡空间生态，造成了人力与地力链条的断裂，诸如"千城一面"、"千村一面"的城市商业综合体和古镇商业一条街多由同质化的资本空间造就。在全球空间视域下，发展中国家与发达国家之间的发展差距，在资本特权结构的加持之下，通过国际模块化分工方式、贸易和货币体制等交换秩序，造就的区域不平衡被再生产出了经济不平等与政治不平等。

不可否认，虽然地理空间资源本就存在自然差异，但资本的逐利机制进一步扩大了这种差异，并且利用空间进行多轨并行的增殖模式。长此以往，会造就空间隔离甚至社会阶层壁垒固化，最终甚至导致社会阶层分异。因区域发展不平衡导致对公共空间资源享有的不平等，这是追求美好生活的人们极不想看到的。

改革开放以来，资本以其强大的扩张力"进入"乡村，从根本上改变了计划经济体制下农村低效的生产方式，促进了乡村经济社会的巨大发展。但与此同时，资本的扩张也引发了乡村城市化进程中"城市过密"和"农村过疏"的现象，甚至引起了关于"村庄凋敝""村落终结"等问题的隐忧和反思。近年来，我在完成国家社科基金重大项目"中国乡村伦理研究"等课题的过程中，带领团队对地处中国不同区域的典型村庄进行了田野调查，调研结果也在一定程度上显现出资本逻辑对乡村生产、生活、交往和文化的影响，尤其是城市对乡村的"挤压"及其所推动的城市和乡村空间重构问题。由此造成传统村庄伦理边界的模糊化、村庄伦理共同体的式微以及乡村建设中的"同质化"倾向等诸多问题，在一定程度上削弱了基层村庄作为乡村伦理文化根基与载体的功能。党的十九大报告将乡村振兴战略上升为国家发展战略，意在推动农业全面升级、农村全面进步、农民全面发展。应当看到，乡村振兴指向的"升级""进步"和"发展"并非等同于"工业取代农业""城市取代乡村""市民取代农民"的乡村现代化进程。换言之，乡村振兴不是乡村服从、服务于城市的发展，更不是要使乡村完全转变为城市的复制品。在中国这样一个长期以乡村为基础、以农民为主体且乡村发展存在极大不平衡的国家，乡村的现代化进程既不能在浪漫化和理想化中预设"城市—乡村"的二元对立立场，也不能沦为城市化、工业化进行中资本逻辑的逐利工具，而是应当通过资本逻辑的空间正义转向，走出一条城乡一体、统筹发展的新型道路。

当然，当代中国城乡关系中的空间正义问题，只是资本空间应当引起的诸多伦理讨论中的一小部分。也正是在这一意义上，我以为，曹琳琳博士的《资本空间的伦理研究》一书，无论是从把握当代伦理学理论的前沿问题，还是对当前中国现实发展中已然呈现的复杂空间问题，都有其独到的学术价值和实践意义。本书阐释了资本空间的相关概念和伦理内涵，梳理了马克思、恩格斯等对资本空间的分析及伦理批判，在此基础上，考察了社会实践过程中资本空间的扩张形式，并尝试从伦理视角探究了当前资本空间发展中出现的若干新趋势。

《资本空间的伦理研究》一书，是曹琳琳在其博士学位论文基础上修改完成的。琳琳在我校哲学专业本科毕业后继续攻读伦理学硕士学位，当时师从李志祥老师。虽未直接指导，她在硕士阶段依然给我留下了极其深刻的印象。课堂上、讲座中、讨论时，她时而两眼放光，时而眉头紧蹙。我一直坚定地认为，只有对学习、研究有着强烈兴趣和极大热情的人，方可从中体会并享受到那种无法直接言说的快乐与满足，才会自然而然地呈现出那样"眼里有光"的状态。也正是基于这一印象和判断，当志祥老师转告我，琳琳希望能报考我的博士生时，我的脑海中闪过的便是琳琳眼里的光，几乎没有犹豫便同意了。

其后，琳琳顺利入学，经过若干次的讨论，她选择了资本空间的伦理研究这一方向，顺利地通过了开题、预答辩、外审、答辩等环节。每一次讨论，我都能感受到她更加清晰的思路；每一稿论文，我都能看到她更加准确的表达。一切似乎都是按照原来的预想，她仅用三年的时间，就顺利毕业并获得了博士学位。

然而，琳琳的三年，既在意料之中，又在意料之外。时至今天，我都会在一些高校博士生出现心理危机甚至导致生命问题时忍不住联想，琳琳在读博期间遭遇的个人生活困境，如果加之于其他某个学生，是否还能够三年顺利毕业并获得博士学位？是否会产生让我担惊受怕的某些状况？这些问题当然没有答案，但回想当时的我，虽然也对琳琳给予了更多的关注和关心，不过总体来说，她的状态还是能让我"放心"的。原因在于，即便是在那样的困境中，在每次与我讨论论文进展时，抑或团队的小型沙龙中，她依然无比投入，状态一如（甚至超过）其他的学生。我依然能够在她的眼里捕捉到那闪烁的光，依然能听到她问出非常"正点"的问题。后来我常想，也许，那种全身心投入阅读、研究和写作获得的纯粹感、满足感和快乐感，于她而言，已然成了特效的"治愈良方"？

毕业后，琳琳顺利入职常州大学马克思主义学院，时隔一年又申请到了国家社科基金青年项目。教学科研任务重，个人生活琐事也多，但是，她仍是已经毕业的学生中与我见面最为频繁的。每次我们主办学术会议，或是有学术大家的讲座，甚至是团队的小型沙龙，她总是会不出意料地出现。每一次见面，我都感受并欣慰她的变化和成长：更忙碌的工作状态，更圆满的个人生活，更被认可的研究能力……而让我更加高兴甚至有一丝羡慕的，却是她眼中依旧不变的光，和在那光背后不变的纯粹与满足。

《资本空间的伦理研究》一书即将出版，琳琳嘱我作序。再读书稿，欣喜欣慰。唯愿她一路前行，永远眼里有光，永远享受学术探究的知性之美与纯粹之乐。

　　且为序！

王露璐

2021 年 10 月于南师茶苑

目 录

绪 论

一、 资本空间的理论缘起

"空间转向"的兴起，有其理论与实践的原因。在理论上，20 世纪中叶以前，社会理论、科学哲学更偏好研究时间，从柏格森（Henri Louis Bergson）到前期海德格尔（Martin Heidegger）都把时间性看作是体现人的本质的东西。到了 20 世纪 50—60 年代，人们开始意识到现代理论过于偏重时间性而忽视了空间性，于是转向思考空间的丰富内涵。福柯在《著名人物轶事》中说过这样一番话："空间在以往被当作僵死的、刻板的、非辩证的和静止的。相反，时间却是丰富的、多产的、有生命力的，也是辩证的。"[1] 换言之，空间不再是一个被动的、空的容器，空间本身就蕴含着社会生活的主动因素，是一种空间实践。这是一种叙事方式的转变：从强调时间的宏大历史叙事转变为强调空间的后现代空间叙事，社会理论开始出现了"空间转向"。在实践上，19 世纪以后，近代工业迅猛发展，城市化速度加快，带来了一系列现实空间问题。比如，城市空间中的任何事物，包括水、空气、区位、交通都成为可以买

---

1 福柯：《著名人物轶事》，转引自［美］爱德华·W. 苏贾：《后现代地理学：重申批判社会理论中的空间》，王文斌译，北京：商务印书馆，2004 年。

卖的因素；富人可以选择生活在城市中心，而穷人只能拥挤在环境恶劣的城市边缘，无法享受到基本的教育、医疗和安全保障；经济全球化带来了资本生产全球化，发达国家可以寻找海外市场消耗过剩的产能，或者寻求成本更低的制造工厂，加大对发展中国家的剥削。造成这些空间问题的原因在于，空间包含着某种内在逻辑，该逻辑实质是资本逻辑的延伸。

因而，本书提出"资本空间"的概念并将其作为研究对象。具体说来，主要源于以下几个方面的理由：一是，回应"空间转向"的时代主题，从空间与社会空间的概念出发，揭示了社会空间隐藏着特定的秩序关系，而空间结构在一定程度上反映着权力结构。二是，从资本概念出发，指出资本要实现无限增殖的目的必定需要空间载体，而社会关系的资本正是通过空间载体生产了自身，从而引出"空间生产"的概念。三是，根据权力关系的空间生产方式，提出资本空间的概念，并揭示了一系列资本扩张过程中的空间不正义现象。

（一） 从空间到社会空间

人们都对空间有某种直观的领悟和理解，但细细想来，却难以给空间下个明确的定义。一般意义上的空间可分为以下几种：一是，物理层面的空间。一方面指某个空地、空场，或者指区域规划人为标识的空间区域，另一方面指具有长宽高属性的客观实在的建筑物、城市空间。二是，功能层面的空间。空间结构的功能分为两种：分割和连接。前者对应围墙、栅栏、石墩、关卡等；后者对应桥梁、住宅、道路、工厂等。而特定空间的分割与连接方式可以反映空间中人的行为方式，空间布局合理与否都会促进或阻碍社会生产、再生产效率。因此，特定的空间布局可以表达特定的社会秩序，空间结构反映了权力结构。三是，语义及表象层面的空间。比如，城市展现的空间内容（包括建筑、道路、花坛、垃圾桶），不仅具有实用功能，还表达着城市的行为规范、城市文化；故宫、天安门等建筑不仅是旅游景点，还展现着历史性、政治性。空间不仅功能化，而且符号化了。

　　可见，空间不仅承担着实用的功能，作为现实的空间景观、表象[1]，表达出了特定的经济、政治、历史、文化意蕴，成为多重空间文本。空间思想涵盖的是知觉者（人）与世界之间的交互过程，二者之间的关系既不在知觉者这一边，也不在世界那一边，而是跨越两者之间。因而，人对于事物的最终认知一定是空间性的，因为人只有在使用中，在关系结构中，在实践中才能真正认识该事物（事物的名称、功能、外在表象、与他物的关系等等）。

　　所以，本书研究的并非传统意义上的物理空间，而是蕴含着社会关系，与人类实践相关的空间，即社会空间。也就是说，仅通过研究建筑物间的物理距离是无法得出社会关系属性的，而应当将物理空间作为社会关系的物质载体，研究社会关系空间之间的内在联系，从而将研究视野从"空间中的事物"转向"空间本身"，以崭新的视野对当代社会问题进行重新审视。

　　一方面，新的时空体验带来新的社会问题。科技水平与生产力的提升加速了人们的生活步伐，空间障碍似乎消失了，带来了"时空压缩"[2]的体验。人们从空间的"定居者"变为"栖居者"直至"观光者"，空间的在地性和历史性被削弱了，使得"非地方"越来越包含在"地方"之中。另一方面，新的空间视角可以带来新的研究思路。比如，乡村走向衰落，原因可能在于乡村本身资源匮乏、人才流失等。而从空间角度出发，可以发现，乡村的衰落不仅与城市的崛起有关（人力、财力、物力都流向城市），还与城乡教育、医疗等基础设施空间分布的量与质有关。换言之，这是城乡的"核心—边缘"二元结构造成的，而这种空间结构在一定程度上反映了城乡空间的权力结构。

　　综上，空间从来就不是空洞的，而是蕴含着某种政治的、社会意义

1　事物、概念和符号三个要素联系起来，就是我们称之为"表象"的东西。

2　大卫·哈维认为，"资本主义的历史具有在生活步伐方面加速的特征，而同时又克服了空间上的各种障碍，以至世界有时显得是在内地朝着我们崩溃了。"引自［美］大卫·哈维：《后现代的状况：对文化变迁之缘起的探究》，阎嘉译，北京：商务印书馆，2003 年，第 300 页。

的空间。如同列斐伏尔所言，社会空间说到底是"一种社会秩序的空间化，或者说社会秩序的空间隐藏在空间的秩序中"。[1] 在市场经济条件下，社会空间隐藏的，就是资本的秩序。

（二）资本及其空间性

资本，一般指资金、资源等物质生产要素。在马克思看来，"资本不是物，而是一定的、社会的、属于一定历史社会形态的生产关系，后者体现在一个物上，并赋予这个物以独特的社会性质。"[2] 资本是以物为载体，表现为物与物关系的人的关系。换言之，物的关系凌驾于人的关系之上，人被物所奴役。而能够奴役人的，只有人自己。因此，资本体现的是隐藏在生产关系之后资本家对工人的奴役关系。在这个意义上，资本关系也是一种权力关系。

可见，资本可被理解为两大类：作为生产要素的资本和作为社会关系的资本。而社会关系资本正是以生产要素资本为物质依托，在实现资本增殖的同时，来实现异化关系的再生产。比如，木材仅用来自家烧火取暖，木材就不是生产要素资本。一旦让木材进入生产环节，用来生产地板，用于市场销售，那么，蕴含着资本关系的木材才能成为生产要素资本。资本家雇佣工人进行木材生产的实践活动，在木材成为地板并销售出去后，资本家不仅获得了剩余价值，还能利用剩余价值扩大再生产，加大对工人的剥削，再生产出更不平等的奴役关系。生产要素资本作为物质，其存在方式一定是空间性的（蕴含着资本关系的空间）。而社会关系资本通过生产要素资本的空间实践活动再生产了自身。因此，资本增殖目的的实现必定是空间实践的过程，资本的不平等关系可以通过空间活动进行再生产，加大了被剥削程度也加深了社会两极分化。

资本生产空间性的论述中，关于木材的例子，如果将生产的对象视为

1　　Henri Lefebvre, *The Production of Space*, translated by Donald Nicholson-Smith, Oxford: Blackwell, 1991, p. 289.

2　　《马克思恩格斯文集》第七卷，北京：人民出版社，2009 年版，第 922 页。

木材，则该生产的实质是"空间中的生产"。然而一旦将生产的对象视为资本家对工人的奴役关系，则该生产的实质就是社会实践关系的再生产，即"空间本身的生产"或称"空间生产"[1]，由此引出了资本空间的概念。

（三）　资本空间的提出

"空间生产"的实质是社会关系的再生产，在资本的语境下，就是资本的权力关系的再生产。由于空间结构关系反映着权力结构关系，那么权力关系的再生产，也就是空间（结构）的再生产。因此，本书将资本空间定义为以无限增殖为目的的权力关系空间。资本空间概念的提出，主要针对的是资本与权力合谋利用空间生产造就的空间不正义现象，资本空间成为资本家奴役他人的工具。

比如，全球各地掀起了的城市创建热潮，正是将资本空间的"躯壳"拷贝到世界各地，诸如发达国家开创的品牌连锁店，可以以城市为媒介遍地开花，从而谋求更大格局的利润，而赚取利润的多数，都流进了国外资本家的腰包。城市急速扩张，进入乡村，带来了一系列问题：乡村生态遭到破坏带来环境正义问题，农民失业后难以融入城市，户籍制决定了他们的子女无法公平享有城市的受教育权。生活在富人区的人们不仅可以利用区位优势获得更好的医疗、教育，更可以利用自己所处的社会地位和人脉网参与政策制定使得公共基础空间资源向他们倾斜，从而加大了社会不平等程度……可见，资本空间的研究不仅具有理论价值和时代价值，更具有现实意义。

二、　资本空间引发的空间伦理问题

（一）　哲学研究领域的"空间转向"

前文提及，后现代文化的兴起带来了哲学领域的"空间转向"（space

1　"空间中的生产"转向"空间生产"意味着从关注生产的结果转而关注生产过程本身。

turn)，对空间资本化的批判成为后现代思想中的主旋律。从米歇尔·福柯（Michel Foucault）的"异托邦"到亨利·列斐伏尔（Henri Lefebvre）的"空间生产"，再到大卫·哈维（David Harvey）的"时空压缩"，曼纽尔·卡斯特（Manuel Castells）的"流动空间"，爱德华·苏贾（Edward·W. Soja）的"第三空间"，弗雷德里克·詹姆逊（Fredric Jameson）的"后现代空间理论"等，将"时间优先于空间"的叙事方式转变过来，以一种新的空间叙事方式来理解当代社会范式。尤其是后现代文化，是关注于空间而多过于时间的，揭示出了现代社会中资本空间扩张造成的"单向性"、"同质化"等危机状况。利奥塔将"后现代"态度界定为"不相信宏大叙事"，并以此凸显了叙事与知识的关系，从而对启蒙以来的现代主义尤其是资本扩张的工具理性主义传统展开了深刻的反思。此外，后现代还引领了后殖民主义、女性主义、环境保护主义等一系列其他社会思潮。

但后现代主义对于资本空间的批判仅局限于微观层面，要从根本上实现"空间再造"只能坚守历史唯物主义的空间观立场。"后现代主义只是将资本主义定位于'叙事危机、表征危机和合法化危机'，它对资本主义的批判至多是一种微观层次的、修修补补的工作，历史唯物主义更强调从整体和宏观上，即从'空间再造'方面对资本主义制度进行批判，始终坚持和着眼于从实践领域推翻资本主义制度这一根本目标。"[1]马克思、恩格斯创立的历史唯物主义虽为社会空间研究奠定了基础，但其中的空间思想被长时间遮蔽，历史唯物主义成为经济决定论。仅将经济因素视为社会变化发展唯一必然性——以经济生产规律套用为社会发展的公式、规律，正是马克思所批判的"历史是不能靠公式来创造的"。

（二）资本空间扩张带来了"核心—边缘"的不平衡空间积累

资本空间发展的地理不平衡性与资本全球化造成的国际政治格局的

---

1   皮家胜：《空间问题的类型与形成原因》，《哲学动态》2015 年第 5 期。

深刻变化关系紧密，呈现出城乡与全球的"核心—边缘"的伦理冲突，对资本空间正义问题的探讨也应运而生。

城乡二元对立。工业革命带来的生产力水平急速提高以及劳动分工，造就了工业城市的出现。随着工业城市生产力的进一步提升，资本开始向乡村进一步扩张，造成了社会空间的二元分裂以及城乡空间的对立。对农村而言，城市污染工业转移到农村，农村生态环境遭到破坏，影响了农村土地日常生产工作；农村人口大量涌入城市造成了农民工户口、子女教育、公共资源分配以及农村留守老人儿童问题等等。对城市而言，则是交通拥堵，城市环境恶化，城市垃圾未妥善分类处理以及拆迁安置，道路基础设施建设问题等等。而城乡空间对立的实质是城乡权力分配不均衡导致的人与人社会关系的分裂、对立。要解决这些问题，关键在于保障城市居民与农村居民的空间权益，以空间基础设施规划和制度制定的方式对空间权力进行重新分配，兼顾公平正义。

全球化进程中"不发达"与"过于发达"二元对立。全球化是资本空间扩张的必然趋势，使得全球地缘政治格局呈现出"核心—边缘"的状态。"资本不是一种个人力量，而是一种社会力量。"[1] 资本生产的是一般财富，对于资本而言，如何生产财富并不重要，怎样能带来最大限度的利润，资本就会怎样行动。因而，在全球中心的发达国家，资本空间表征为大量的社会资源、社会权力为发达国家所利用，造成贫富差距的进一步加大，形成城市与乡村、城市中心与边缘、富人区和贫民窟、高楼大厦和棚户区等二元对立，空间格局对立的背后隐藏着大量人群为谋生计而迁徙及与贫困斗争的生活状态。

（三）资本空间将社会不平等"固化"在空间中造就了等级式空间分异

"核心—边缘"的二元对立面貌，长此以往，空间差异会造就空间

1　《马克思恩格斯文集》第二卷，北京：人民出版社，2009年，第46页。

隔离最终导致社会阶层分异，从而带来公共空间资源分配与再分配的不平等。公共空间资源尤其是城市资源，包括教育硬件设施资源、医疗设备资源、科技产业资源、文化载体资源、体育基础设施资源等。空间是社会资源的载体，空间不平等会带来空间基础设施资源分配不平等，从而会加速其他潜在资源的进一步分配不公正。譬如，相对于乡村，城市拥有较为先进的教育设施以及便捷的生活硬件，会更为吸引优秀的教育人才，国家教育资源投入也更偏向于城市学校。换言之，教育设施地理分布不平衡会导致教育不公正。这是"核心—边缘"格局带来的"虹吸效应"。

此外，同样在城市，公共资源也会呈现出层级分化，分化标准一般总是指向金钱与权力。换言之，拥有更多金钱与权力的人总能优先选择更有利的空间区位，以享有更多的公共服务。而公共服务不公正突出表现为受教育权享有的不公正，空间隔离会固化并加大这种不平等的分异。譬如，富人区与贫民区的隔离，限制了公共资源享有的同时也限制了贫民区子女的成长视野，从而造就"蓝领阶层再生产出蓝领阶层"的局面，使得社会阶层壁垒固化。

（四）当代资本空间化造就了新型空间伦理问题

赛博空间伦理问题。在网络信息化普及的今天，赛博空间已成为人们日常交往中的新型空间。网络作为权力关系重组的资源，在社会结构的方方面面产生了一个新的物质基础，建构了"真实虚拟"（real virtuality）。赛博空间中的无政府、无中心主义的特征以及"肉身"的"不在场"降低了人们的道德责任感，看似扩大了人们的自由程度。资本借助赛博空间作为新型依托平台，在新型空间中形成了新的权力关系。一方面，网络消费空间成为资本空间扩张的新形式，如何在保障安全的前提下，平衡网购中的自由和责任、虚拟与现实之间的张力，成为赛博商务伦理的新问题。另一方面，赛博空间带来的不是解放，而是被资本的权力逻辑操控的新型支配关系。人是视觉系动物，在网络虚拟空间体现得尤为明显。譬如，网购平台热门的"推荐系统"，为每个账号主体"私人订制"了购物清单，并且这个清单会随着个人搜索的变化而更新，大大增加了个人的消费预期，从而达到利润增长的目的；精英阶层可以利用网络空间更快、更准确地获得前沿信息，从而让自己更快、更多地获益，并且他们只会在自己圈子中相互交流，无视中下阶层的信息闭塞。因此，赛博空间虽然在一定程度上增加了人的行动自由和交往自由，推进人与人之间的民主和平等，资本空间的融入只能使少部分人受益，使他们利用网络平台赚取收益进入精英阶层。从整体上看，赛博空间的发展导致了精英阶层权利结构的分化，使得网络资源更快速地集中在精英手中，进一步加剧了不平等的社会状况。

宇宙空间伦理问题。宇宙空间指地球大气以外的"外层空间"，随着科技的发展，人类的社会经济活动已拓展到宇宙，产生了太空经济。譬如，太空旅游、太空能源、空间科学、太空工业等。然而，在资本的新自由主义逻辑引领下，即便在外太空，寻求太空资源，也无法给人类带来解放，只能造成宇宙生态空间的进一步"创造性的破坏"。宇宙空间作为新型"社会公域"，完善的管理制度尚未形成，我们应当未雨绸缪，以伦理视角进行考察，从而阻止"公域悲剧"的发生。例如，宇宙太空垃圾的制造者与责任承担者不匹配，造成了公域秩序的紊乱。这不仅对人类进一步探索太空造成了阻碍，还会对地球上人类身体和环境造成危害；对于外星资源的开采很有可能会影响被开采星球自身的生态系统，这不仅不符合宇宙空间的正义，还会造成不可估量的后果。

三、　国外学者对资本空间的研究现状及趋势

国外学者并没有对资本空间的概念进行过针对性的解读，而是在不同语境下，对资本及其各种空间形态有不同程度的提及。随着科技不断提升，资本主义生产方式从早期的简单生产和福特制生产模式中解放出来变得更为灵活，工作种类与工作方式也更为多样化，生产地点不再固

定，生产范围越来越跨区域⋯⋯世界市场逐渐形成，这都使得人们对空间和时间有了更为深刻的体验。马克思揭示资本"力求用时间去消灭空间"的理论为后现代地理学和政治理论提供了丰富的理论基础。因而，国外学者对资本空间的研究大多集中在资本空间的现代化形态以及现代城市化进程带来的一系列不正义、不平等的现象。诸如：资本全球化、都市文化、居住正义、网络资本化等等当代问题。他们认为资本主义生产已经从空间中物的生产转变为空间本身的生产。空间作为一个整体，进入了资本主义生产模式，资本因其灵活的生产形式和组织形式，在社会空间中以更为隐匿的方式在人们日常生活中呈现出来。

（一）通过空间权力与空间生产理论对资本空间进行空间哲学维度的考察

空间权力理论，代表人物主要是米歇尔·福柯（Michel Foucault）。福柯从微观建筑构造角度出发，认为空间是权力的表征者，可以通过建筑构造表征人与人之间统治与被统治、剥削与被剥削的社会关系。在《规训与惩罚》（*Discipline and Punish*）（1979）一书中列举了体现权力的建筑典型——"全景敞视建筑"，并指出"它们只是权力在空间中运作的工具。使用这些不同构造物的技术，比起建筑物本身更重要，它们允许了权力的有效扩张。"[1] 他将空间结构与人类社会工作、疾病控制、阶级统治及监狱管理结合起来，论证了空间结构对社会权力扩张的推动作用。"一部完全的历史仍有待撰写成空间的历史——它同时也是权力的历史（此两词都是复数）——它包括从地缘政治学（geo-politics）的重大策略到细微的居住策略；它包括在机构（制度）建筑中的教室和医院的设计，以及其中的种种经济与政治的安排。"[2] 福柯并未明确将空间

---

1 戈温德林·莱特、保罗·雷比诺：《权力的空间化》，包亚明主编：《后现代性与地理学的政治》，上海：上海教育出版社，2001年，第39页。

2 戈温德林·莱特、保罗·雷比诺：《权力的空间化》，包亚明主编：《后现代性与地理学的政治》，上海：上海教育出版社，2001年，第39页。

与资本相结合，但他的空间权力思想揭示出的空间结构反映了权力结构的内涵，资本的雇佣劳动正是建立在这样的压迫关系之上的。包含着社会关系的空间在权力执行方面起到了重要作用。譬如，工厂、车间墙角的监控、公司工作台面与窗口的布局等，在规范人类行为秩序的同时彰显着权力的轨迹。

空间生产理论，代表人物是法国哲学家亨利·列斐伏尔（Henri Lefebvre）。列斐伏尔第一个将资本生产关系引入空间，并明确提出对隐藏在日常生活中的空间异化现象进行批判的观点。1974 年出版的《空间的生产》（*The Production of Space*）是空间理论最有影响力的著作。他反对把马克思主义解释为经济决定论，同样不同意将其视为实证世界观和自然科学方法论。他运用马克思政治经济学中的劳动异化理论，以现代人的异化为出发点，批判了当代资本主义消费社会——"日常生活批判"。列斐伏尔将人们视野中的空间分为物质、精神、社会三种：最重要的是社会空间理论，社会关系是空间的重要组成部分，纯粹自然的空间已经不存在了。换言之，任何空间都不是空洞的存在，而是内在包含着社会意志的。此时的资本空间既是资本生产的目的，又是资本实现价值增殖的中介，换言之，资本从空间中的生产可以转变为资本空间本身的生产。

米歇尔·福柯和亨利·列斐伏尔前瞻性地指出 20 世纪正发生着"空间转向"。与封建统治时期的有形暴力统治不同，资本空间中的压迫大多以"文明"的姿态呈现在人们面前。在列斐伏尔看来，社会空间已被消费主义占据，所以空间把消费主义关系的形式投射到日常生活中，以异质空间的形式存在着（物的关系掩盖人的关系）。但列斐伏尔的分析脱离了现实的社会语境，将人的因素凌驾于生产关系之上，带有"形而上学"的色彩。资本与资本空间均是现实的、社会的，只有在现实的事物中才能体现出来。因此，只有结合现实的生产制度和空间生产模式，才能真正把握资本空间的运动轨迹和样态。

（二） 通过资本的地理积累理论对资本空间进行地理经济与地缘政治维度的考察

历史—地理唯物主义，代表人物地理学家大卫·哈维（David Harvey）。哈维是当代西方马克思主义者，他在阐述马克思历史唯物主义的概念时，加入"地理"一词，创造了"历史—地理唯物主义"（historical-geographical materialism）。哈维认为马克思过分侧重资本的问题，忽略对空间的处理，因而强调了地理学维度的资本积累作用。从《资本论》到列宁式的帝国主义理论，哈维认为存在着"失落的环节"，除了罗莎·卢森堡的"资本累积"外，还有希弗丁（Hilferding）的"金融资本"，没有后者就无法解释今日的全球金融活动及货币流通对生产关系的影响。因此，哈维认为，只有将空间和时间、运输关系、空间整合放进阐述中，才能将剩余资本流动的样态呈现出来，并揭示出资本主义通过空间积累推动全球帝国主义化的过程。

一方面，哈维探讨了资本空间全球化的"空间修补"及其正义问题。哈维认为，资本主义的发展，尤其是资本地理积累问题，是涉及全球的地理问题。资本主义国家经历了"空间修补"（spatialfix）过程，将自身积累的危机与阶级矛盾转嫁到国外市场，过剩的资本被空间消化吸收，危机通过转移而缓解。由此引申出了全球发达国家与发展中国家的正义问题。

另一方面，哈维考察了城市空间发展速率及其正义问题。哈维认为，城市发展与运输速度、空间整合（时间消灭空间的过程）二者绝对相关——资本会通过加快资本流动的速度来削弱空间的障碍。例如资本累积会引起技术革新，促进运输基建项目及各种增长贸易的手段，来把全球资源纳入资本运作的体系里。此时的城市空间已经不再是群体的居所，而是资本自我扩张的一种手段，城市空间的使用价值被遮蔽，交换价值成为城市存在的唯一目的。此外，哈维根据资本自身逻辑探讨了城市正义。2001 年，大卫·哈维在《资本的空间》（*Spaces of Capital*：

Towards a Critical geography）中，联系空间、资本和生产关系等因素，阐述了城市空间分配中的社会正义问题。

大卫·哈维主要从中观和宏观角度对资本的空间积累问题展开了批评和思考，立足于资本空间的运作逻辑，揭示了资本空间生产和重组的非正义性，尤其针对城市"中心"对城市"边缘"的资源掠夺，发达国家对不发达国家的资本危机转嫁方式，进行了强有力的批判。因而，要从根本意义上对资本主义进行批判，必需有针对性地将社会制度调控与具体资本空间的扩张方式结合起来才有可能。

（二）通过资本社会文化系统的批判理论对资本空间的消费逻辑进行考察

资本空间，一方面通过外在空间积累固化人与人之间的支配关系，从而达到规训生产与生活的目的，另一方面，它还利用资本空间虚拟与现实交织的特点，以物的关系掩盖人的关系，使人迷失在空间中，从精神上塑造"物化人"，这一点尤其体现在消费空间中。简言之，资本空间侵蚀社会空间的方式主要可以分为以下几种：

首先，资本空间虚拟性的内在构架——符号消费与社会系统消费。让-鲍德里亚（Jean Baudrillard）从符号学的角度对消费进行分析，认为消费的对象不是物品，而是物所表征的社会象征符号，是人与人之间的相互关系。他在《物的体系》中重新分析了"消费"的概念：消费不是一种被动的摄取和占有，而是一种主动的相互关联方式；物品不是"消费"的对象，只是需求的对象和满足这些需求的对象。"有意义的消费乃是一种系统化的符号操作行为"[1]。总之，消费是社会系统中的消费。鲍德里亚在《符号政治经济学批判》（*Pour une critique de I'economie politique du signe*）一书中进一步指出，在资本消费文化逻辑中，就是将使用价值的逻辑从属于交换价值的逻辑，商品成为一种社会象征符

1　季桂保：《后现代境域中的鲍德里亚》，包亚明主编：《后现代性与地理学的政治》，上海：上海教育出版社，2001年，第60页。

号，承担了文化联系、身份表征和幻觉的功能，是社会成员地位和身份的象征，消费个体通过消费将自身整合到整个社会系统之中。

其次，资本空间碎片化的外在表征——后现代文化空间。弗里德里希·詹姆斯（Fredric Jameson）的空间观深受鲍德里亚的影响，他将资本空间理解为一种资本的消费文化内涵。其后现代文化空间理论融合了资本主义的运行方式。他将资本分成三个部分并提出了三个空间：欧式几何空间、帝国主义空间和后现代空间。在《后现代主义，或晚期资本主义的文化逻辑》（*Cultural logic of the late capitalism*，1991）一书中，他认为后现代空间（也称超空间）是一种幻象，是不真实的存在，超空间的迷向性很强烈，个人风格和语言碎片的不断增生导致规范的销蚀，是一种"新的货真价实的肤浅"。总之，后现代文化的特征就是碎片化，使得社会空间文化呈现出无深度感、平面感，失去了象征意义和个性化风格。詹姆斯将这些趋势归结为"资本主义的普遍化"。

最后，资本空间的整体呈现——资本景观理论。居伊·德波（Guy Debord）在《景观社会》（*La Société du spectacle*）一书中认为资本主义社会下的景观是"表象化再颠倒"[1]，具体说来，就是人与人的真实关系如果不退化为物与物之间的关系就无法顺利实现。换言之，现实个人的价值只有通过标签式的市场承认才能实现。而这种市场承认总是呈现为视觉性的"作秀"，视觉是社会现实的主导形式，影像是新型社会关系的"介导"。而资本家与政治家可以通过控制媒体资源来控制景观的呈现，从而达到控制人们日常生活与生产的目的。如同德波所言："景像成了决定性的力量。景象制造欲望，欲望决定生产。"[2]

可以看出，鲍德里亚、詹姆斯与德波都将资本社会视为一种系统整体进行研究，这从侧面论证了资本主义运作过程必然带有"空间性"。因此，三者对资本主义社会系统的批判可以在一定程度上看作是对资本

1　[法] 居伊·德波：《景观社会》，王昭凤译，南京：南京大学出版社，2006年，第12页。
2　[法] 居伊·德波：《景观社会》，王昭凤译，南京：南京大学出版社，2006年，第16页。

空间内在运作机制的批判。资本空间中所有人与物只要进入资本循环过程均可视为"商品"，从整体来看资本空间就是一个大型的"商品系统"。第一，商品系统利用消费文化"统一"的符号表征性，遮蔽了特定商品现实的时空意义。第二，利用市场承认的统一身份认可标签（专业分工、经济收入、社会资源等）对资本空间中的"人或物"以价格为唯一标准进行统一标识。第三，拥有金钱与权力的资本家与政治家在资本空间背后操纵了一切。

（四）通过"第三空间"与"流动空间"理论对资本空间的新趋势进行考察

"第三空间"包括苏贾的生存本体论、后殖民空间理论以及女性主义空间理论，三者都指向空间的局部融合，以应对资本空间的分异趋势。然而，卡斯特的"流动空间"理论有力地证明了这种对抗路径的不可行性。

爱德华的"第三空间"生存本体论。美国后现代地理学家爱德华·苏贾（Edward W. Soja）的生存论的空间本体论，将资本批判深入到生存论意义的空间性建构进程，深刻揭示了建筑、城市、地区和全球层面资本对空间的微观建构活动，在此基础上，创造性地揭示了建立不同层面的空间正义策略。《第三空间——去往洛杉矶和其他真实和想象地方的旅程》（*Third space*：*journeys to Los Angeles and other real-and-imagined places*）（1996）一书提出了"第三空间"的概念，源自列斐伏尔的社会空间理论。"第三空间认识论"是对第一空间（物质空间）和第二空间（观念空间）认识论的解构和建构，是通过人类的生产实践维度统一形成的。"第三空间"体现了人的物质与精神、主体与客体间的渗透，摒弃传统理论理性的思维方式，转而投向实践理性。此外，苏贾还在《寻求空间正义》（*Seeking Spatial Justice*，2010）提出了寻求空间正义的思想。他从家庭正义、城市正义、区域正义和环境正义、全球正义的层面对微观空间布展体现出的资本权力进行了探讨，尤其是探讨了资本空间体现出的"核心—边缘"二元结构，并从布局建构和制度规划等方面指出了诉诸正义的应对策略。苏贾从本体论的角度，结合微观地理学布局反映的权力关系，对资本空间的正义问题进行探讨，有其时代价值，但苏贾过于重视空间性且忽视了资本的权力结构性质，其正义性只能沦为单纯的道德评价理论。

后现代思潮引领下的"第三空间"——后殖民空间、女性空间。代表人物有米歇尔·迪尔（Michael Dear）的《后现代都市状况》（*Postmodern Urban Condition*，2000）、后殖民主义文化批评理论家霍米·巴巴（Homi K. Bhaha）的《文化的位置》（*The location of Culture*，1994）、加里亚特·斯比瓦克（Gayatri Chakravorty Spivak）的《*"Can the Subaltern Speak?" Speculation on Widow Sacrifice*》（1994）、纪丽安·罗丝（Gillian Rose）的《女性主义与地理学：地理学知识的局限》（*Feminism and Geography：The Limits of Geograghical Knowledge*，1993）、里兹·庞蒂（Liz Bondi）的《女性主义、后现代主义和地理学——女性的空间?》（*Feminism，Postmodernism，and Geography：Space for Women?*，1990）等。这些作者均可归类为后现代都市文化学者，他们通过对都市外来人口移民造成的"文化混杂"形成的"间性空间"现象进行批判，揭示了资本空间扩张和重组过程中人与人之间的道德和文化冲突以及新型文化都市的趋势。

流动空间理论。美国著名网络空间社会学家曼纽尔·卡斯特（Manuel Castells）曾师承列斐伏尔，但其思想却深受马克思主义的影响。他认为经济全球化使得资本空间的扩张全球化，网络空间虚拟真实的"流动空间"，带来的不是解放，而是在全球资本的工具理性指引下，逐渐成为精英阶层的权力结构，贫富差距日益增大。他近年来出版了《网络社会的崛起》（*Rise of the network society*，1996）、《身份的权利》（*Power of identity*，1997）和《千年的终结》（*End of millennium*，1998）标志着网络时代新世界的到来。他承接鲍德里亚的观点，认为互联网带来了一种"真实虚拟文化"（culture of real virtuality），认为所有传播形式，都是立足于符号的生产和消费，因此，真实就我们的体验来说，总是虚构的真实——现实通过表征而被认知。此外，卡斯特提出了"流动空间"（space of flows）和"地方空间"（space of places）来说明网络时代对人类传统时空观的改变。"地方空间"指包含着传统地域文化、历史和地理意义的在地性概念，"流动空间"则指网络文化带来的具有非历史性、非地方性的抽象空间，它虚构出一种类似于拼贴的功能网络，将"地方空间"从"地方性"中解放出来。"流动空间"领域被占支配地位的管理精英统治，他们发展出自己的文化代码以主导流动空间。卡斯特揭示了资本空间扩张的新方式，但局限性也是极为明显的。卡斯特过分强调了网络"流动"空间的作用，就现实来看，网络交往空间仍旧只能成为现实空间的补充，无法真正替代。"真实虚拟文化"的形成仍会受到各地区不同的地理、历史等具体实践因素影响。

第三空间理论说到底是对资本空间"核心—边缘"分异的对抗理论，然而，第三空间理论本就根源于资本空间，且其批判偏重于文化领域，这都决定了第三空间对抗资本空间（局部融合对抗整体分异）必然走向失败。曼纽尔·卡斯特的"流动空间"理论就很好地说明了这一点。资本必须以持续不断的流动为前提，因而流动空间正是资本空间得以存在并不断增殖所必需的。具体表现为，"地方"越来越被包含在"非地方"之中，传统城市也被淘汰，当代构建城市的初衷都是国际性、世界性，使得地方越来越成为普遍的存在。然而这种普遍并不等同于平等，而是更大格局的"核心—边缘"，带来更大格局的不平等。

综上，国外学者对当代资本空间的批判理论大多属于后现代理论，当代资本主义构造出了比以往任何时候都要多的社会生活领域，后现代理论对这些领域和现象的分析让我们看到了传统社会批判理论的局限性。与此同时，我们也应当看到后现代资本空间理论的缺陷：首先，后现代空间批判理论倾向于推崇文化与哲学分析，忽视了资本空间的政治经济现实基础，因而未能恰当地阐明社会的经济、政治以及文化、道德层次之间的相互关系。其次，研究对象大多局限于资本的当代形态，对于资本原始积累时期的基本扩张样态及其伦理问题研究较少。再次，对资本空间的批判重视局部而轻视整体，无法达成统一的正义共识。后现代理论表现为碎片化、分裂化与差异化，强调无限异质性、差异性和多元性，反对任何规范与约束，这样的理论擅长批判却难以建构。最后，国外学者并未将资本空间的伦理问题作为研究主体，只是在理论阐述中对人与人之间的社会关系以及空间正义问题略有涉及。因此，当下探讨资本空间的伦理问题仍具有理论意义和时代价值。

四、 国内学者对资本空间的研究历程

从改革开放至 21 世纪之前处于资本空间思想研究的萌芽期，空间仅仅作为经济理论研究的某个要素被考察。换言之，此时空间仍旧只是作为经济主体活动的被动容器，还未成为研究对象被学者考察。该思想的研究最早可以追溯到 20 世纪 80 年代，虽未形成完整论著，但期刊文章中已有学者开始关注空间要素与经济效益的关联问题。江冰的《空间与效益——读〈资本论〉》（1984）、黄荣滋、左春文的《浅论马克思空间经济理论的几个问题》（1984）等探讨了马克思的经济效益思想，认为随着市场的扩大，生产的流通与空间有着密切的关联。

直到 90 年代，马克思的时空观才作为研究对象真正进入学术视野。刘奔的《时间是人类发展的空间：社会时空特性初探》（1991），将马克思的时空观从纯粹物质领域转向"社会—人类"领域，并与人类实践生产相联系，揭示了马克思辩证唯物主义的丰富内涵。俞吾金的《马克思时空观新论》（1996）一文评判了传统哲学教科书中时空理论的得失，并结合当时西方学者的观点，对马克思的时空观进行重新考察，通过考察马克思的《博士论文》和《大纲》、《资本论》，分别从哲学和经济学角度进行解读，指出应当从哲学—经济学层面共同出发，进行现实的考

察，才有可能真正揭示出马克思的独特的实践时空观。江秉国在《对〈马克思时空观新论〉的一点看法》（1997）一文中批判了俞吾金将时空观起源归结为实践的做法，认为这样将实践绝对化、抽象化了，只能导致"超历史"叙述。这些学者对马克思空间思想的探讨仍旧局限于概念、理论，与现实现象结合并不紧密，且处于零星、松散的状态，很难形成学术交流和学术论争。此外，学者对空间的关注大多倾向于哲学层面的分析，未真正将空间与资本发展相联系。

21世纪可以称为资本空间思想研究的发展期，西方的后现代地理学、政治学、都市文化等空间思想进入中国学者的视野，列斐伏尔、大卫·哈维、卡斯特、爱德华·苏贾、约翰·史密斯等国外学者对资本主义空间的批判理论影响和推动了国内学者对资本主义空间思想的重新反思和关注。此外，当时中国市场经济逐渐发展起来，城市化进程造就了一系列现实问题，因而，学者开始转向工业化城市现象、城乡二元对立、资本全球化问题、资本空间正义理论等时代性话题的研究，并进一步探讨其中蕴含的伦理意蕴。

立足于历史唯物主义角度，对马克思主义的空间生产理论进行解读，解蔽了交往空间背后的资本逻辑。孙江的《"空间生产"——从马克思到当代》（2008）一书中从哲学的高度出发，运用历史辩证法全面揭示了资本主义社会的历史本质和历史规律，从而构建出系统的历史唯物主义社会理论。并结合当代中国空间生产的特殊语境，探讨了对空间正义的追求。王志刚在《历史唯物主义视界中的空间政治思想》（2014）对马克思的《1857—1858经济学手稿》进行了政治哲学的解读，认为马克思阐明"社会个人"不仅是历史性与社会性的存在，而且是空间性的存在，个人的解放必须经历"地域性的个人"向"世界历史的个人"变迁的空间化过程，才能最终实现向"自由自觉联合的个人"转变。孙全胜在《马克思主义社会空间生产批判的伦理形态》（2014）一文中提出了三种马克思的空间伦理样态：实践的空间生产意识形态批判伦理、商品批判伦理、唯物的社会空间批判伦理。

　　以马克思的《资本论》为研究文本，考察了马克思的资本生产、流通、消费中涉及的空间维度，并对资本空间的概念和特点进行理论概括和总结。姚新立在博士论文《资本空间化的历程与状况——一种对〈资本论〉的当代解读》（2013）中通过挖掘《资本论》中的空间维度，探求空间维度中的当代价值，从而构建历史唯物主义的空间理论。他认为资本空间化，是指资本作为一种生产方式确立时，占有空间并生产出特有空间的，通过特定的空间结构获得持续存在。文中还运用马克思的地租理论分析了农业和房地产业这种空间生产。孙江在《"空间生产"——从马克思到当代》一书中也认为："资本和地方政府共谋了城市功能中心区的商业开发以后形成的区位级差地租。"[1] 张荣军在《资本空间的三重向度》（2014）中讨论了资本的三种空间：物的空间、生产关系空间和国际化空间，认为资本本身无善恶，资本是一种关系，资本的生命在于空间运动。

　　结合新马克思主义文本，从现代性都市文化和城市空间的角度对资本空间进行解读和批判。包亚明先后主编了著作：《后现代性与地理学的政治》（2001）、《现代性与空间的生产》（2003）、《现代性与都市文化理论》（2008）等。该著作对国外学者的文献进行引介、翻译和解读并梳理了现代性的理论渊源与学术变迁。一方面考察了西方马克思主义者思想、后现代文化理论及都市文化理论，批判了资本空间逻辑造成的都市空间与消费文化。另一方面从人的精神生产及异化视角将马克思理论与都市空间文化批判结合，探讨了人全面发展的可能性。高鉴国的《新马克思主义城市理论》（2006）一书中评判了新马克思主义的理论得失和方法特点，梳理了马克思、恩格斯城市思想中的有关城乡对立、市民社会、住宅问题等思想，探讨了资本主义城市化动因、城市阶段规划和国家职能等。赫曦滢在《新马克思主义城市理论的逻辑及启示》（2014）一文中强调了城市在社会发展中的动力，将城市视为资本主义发展的动

1　孙江：《空间生产——从马克思到当代》，北京：人民出版社，2008年，第127页。

因。此外，有些学者则立足中国国情，以实证视角考察了城市区域经济学中的资本积累问题。李清均等写的《从传统空间扩张到集约型城镇化：非本地资本的空间集聚》（2011）论证了非本地化资本空间集聚效应是集约型城镇化的有效路径。柯善咨等写的《城市规模、集聚经济与资本的空间极化》（2012）以县级以上城市面板数据为基础，运用新经济地理学的资本流动模型，分析了城市规模对资本积累的影响。

针对当代中国资本空间扩张带来的地理不平衡发展及其伦理问题，进行分析和批判。第一，城乡二元对立问题。王露璐在《经济正义与环境正义——转型期我国城乡关系的伦理之维》（2012）一文中针对城乡二元经济、环境结构导致的伦理问题和矛盾，结合马克思主义的经济正义思想，探讨了城乡环境的正义原则。在《乡村伦理共同体的重建：从机械结合走向有机团结》（2015）一文中提出，在有机团结基础之上，通过村庄经济发展、人际关系协调和社区文化建设的实践方式，构建一种与乡村工业化、市场化、城市化相适应三位一体（经济—政治—文化）的新型乡村共同体。并且，她认为已经不存在传统意义上的乡村，当下存在的大多是现代性的乡土社会，多呈现为半开放、半熟人社会，即"新乡土中国"。这都是市场经济进入乡村带来的结果。

第二，全球国家中发达与不发达二元对立问题。任政在《资本、空间与正义批判》一文中引用大卫·哈维的观点对资本空间全球化引起的不合理布局问题展开论证，认为全球生产布局呈现"中心—边缘"的空间等级与依附关系，造就了交换与分配结果的不平等，发达国家进一步将资本危机转移，使得发展中国家需要承担本不属于自身应当承担之责任，这是极其不正义的。

第三，空间正义问题。一是，城乡空间正义。王露璐在《新乡土伦理——社会转型期的中国乡村伦理问题研究》（2016）一书中探讨了马克思主义、功利主义和罗尔斯"差别原则"的三种城乡经济正义观，并且对城乡环境正义中的程序正义、地理正义和社会正义进行了考察。二是，城市空间正义。张天勇、王蜜在《城市化与空间正义——我国城市化的问题批判与未来走向》（2015）一书中，在回顾中国城市化问题后，概括了空间正义的内涵并指出共享共治、城乡融合、生态和谐、包容性的城市才拥有未来。王志刚在《社会主义空间正义论》（2015）一书中，在界定空间正义基本论域的基础上，对社会主义空间正义的影响因素进行了分析，并指出政府力量、资本逻辑、文化及其结构性力量以及主体认同与抗争共同影响了空间正义的实施。

杨宇振在《资本空间化——资本积累、城镇化与空间生产》（2016）的论文集中，指出当下社会空间的状态越来越受制于空间之间的关联，而不再是内生性、在地性的发展，从资本积累、空间形态的角度阐述了空间生产及其权力运作理论。资本空间全球化进程中造成的各种价值观冲突和伦理问题，均是源于资本的新自由主义逻辑泛化导致的社会空间不正义割裂与融合。资本运动方式一方面将地理空间碎片化，使人物化成为原子式的个人，隔离了与他人的空间羁绊；另一方面，所形成的"陌生人社会"相较于"熟人圈"的家族社会更易于资本空间重组（以利润为目标），道德、伦理、文化冲突成为必然，也正是这种必然，造就了新型文化。如同霍米·巴巴（Homi K. Bhaha）所言，文化和民族的形成都不是自身决定的，而是在与其他文化交汇过程中形成的，文化的特性就是差异，没有一种文化不是多元文化的产物。

综上，国内学者立足于历史唯物主义的立场，创新地揭示了马克思主义理论中蕴含的社会空间思想。并且立足于社会现实，将社会乡村城市化进程中的一系列问题与空间理论相结合，取得了一定的成果。但也存在一些不足：一是研究成果过于零散琐碎，多局限于特定视角和个别问题上，缺乏自觉的、整体的梳理和探讨；二是相关研究尤其是对都市文化和全球化空间思想的探讨大多在国外理论的引介上，尚未形成自己的理论体系，并且对资本空间这个概念也并未作出过明确界定；三是从伦理视角对资本空间问题进行系统审视的学术成果很少，因而，将资本、空间、伦理三者结合进行学术探讨有极其深远的理论意义。

五、　本书的主要研究内容

第一，对资本空间的相关概念进行概述。首先从传统空间观出发，对社会空间的概念进行分析，界定出广义的社会空间（一般意义上蕴含着社会关系的空间）和狭义的社会空间（即领域，权力关系的空间化），并分别进行深入论证分析，证明空间并非仅是被动的容器，而是对象性的存在。由此，推断出空间存在本身必然表达着某种意志。至于是何种意志？谁的意志？对资本的分析就能说明一切。资本体现为无限增殖的价值和异化的社会关系，其实质是一种权力关系。同时，资本的循环运动轨迹及其实现样态必然是空间性的。因此，资本空间可以看作是社会权力关系的"固化"表达，体现的是资本家的支配欲与金钱欲，可概括为一种以无限增殖为目的的权力关系空间。接着，介绍了资本空间的五种类型及形成过程，归纳出资本空间的生产特质及其商品特性。最后，考察了资本空间不平衡发展的四种内在逻辑。

第二，从理论概念的角度揭示出资本空间的伦理内涵。首先，证明了资本空间绝不是价值无涉的，所谓的"价值中立"只是假象，最终会造成阶层壁垒固化。可见，资本空间试图利用物的关系掩盖人的关系，将人置于"迷幻"空间中，剥夺人的批判理性，让人们将资本自由视为真实自由，最终造就了一系列伦理悖论。这些悖论源自资本空间的不平衡积累机制，由此引申出了资本空间的正义问题。而资本空间的正义可以区分为空间中的正义分配问题以及空间生产的正义问题。空间正义的关键在于维护底层民众的基本权利底线，因而空间权利的诉求刻不容缓。

第三，阐述马克思恩格斯及相关研究者对资本空间的分析及伦理批判。马克思早就指出，土地与劳动力是资本获得财富的源泉。因而，解读马克思对资本空间的分析从两个路径出发：资本占有土地与资本占有劳动。一方面，土地经历了土地资本化、城乡分离与都市空间资本化的过程；另一方面，资本通过占有劳动的空间分工与劳动力空间充分占有劳动。接着，考察了资本空间对人们生活空间造成的负面影响——空间异化与分异人格。最后，依次梳理了福柯的空间权力理论、列斐伏尔的空间生产理论、卡斯特的集体消费理论和流动空间理论、哈维的资本积累和"时空压缩"理论等与资本空间相关的空间思想。

第四，考察了社会实践过程中资本空间的扩张形式及其伦理批判。首先，结合相关空间理论思想与空间经济学的分析模型，对资本空间扩张的三种形式（变动的"核心—边缘"区域空间、层级体系演化的城市空间、产业集聚与国际贸易的国际空间）进行解读，揭示了空间变迁背后的资本逻辑和社会关系更替过程。其次，通过考察资本增殖与权力逻辑在城市规划过程中的作用，揭示了城市通过空间规划对人的交往进行宰制的事实。最后，从乡村空间、城市空间以及全球空间三个方面入手对空间正义问题进行探讨。

第五，对资本空间发展的新趋势及其伦理意蕴进行探究。资本空间呈现为局部融合与整体割裂的总趋势，因此，资本空间的分异只会越来越大。此时，资本越来越集中在精英阶层手中，权力关系空间固化，市场"无形的手"无法起到空间资源合理分配的作用，只能加固空间与社会的阶层壁垒，从而使城市走向毁灭。通过考察"第三空间"的两种形式（后殖民空间与女性主义空间），揭示了人们对于不正义的全球化与社会地位层级化的抗争。然而，资本空间同时也在不断侵蚀赛博空间与宇宙空间。因此，局部间性空间的融合无法弥补日渐分异的社会，阶层差异不断加大。相对于资本空间的"刚性"倾向，本书尝试性地提出了"韧性空间"进行应对。

韧性空间源自于韧性城市理论（一种可持续发展的城市理论）以及智慧城市理论（数字化城市治理管理机制）。前者强调城市有机体高速发展过程中的生态、经济、社会风险以及突发灾害的防范，然而其理论难以实际操作；后者强调城市这个巨型系统利用大数据有机融入日常生活场景，从而提升城市的经济效益和治理效率。然而智慧城市蕴含着大数据运用与资本增长的双重风险，二者只有取长补短才能构建出美好的未来城市。本书将韧性空间理念延伸至伦理领域，将其定义为介于人性空间与资本空间之间的柔质空间。这种空间一方面强调城市规划应当与社会道德、制度等有机结合，注重"均等"，尤其是底层民众的利益，让其拥有获得感；另一方面强调这种有机结合必须以人们的自主性、创造性为依托，并能及时将创意付诸实践，注重"众创"，彰显民众自主创建空间的无穷力量。最后，对资本空间中的伦理问题进行了理论展望，重新确立空间经济价值观。此外，在城市公共空间与城乡规划过程中引入伦理关怀、制度调控两个维度，对公共空间中的特权空间进行合理规划，让人的空间回归人自身。

第一章　空间、资本与资本空间

日常生活中，资本，总被人们具象化为财产和金钱；空间，总被当做事物发展的容器或者物理性质的客观存在。然而，事实上，资本与空间并非如日常所见那般单一、静止、非人，它们相互交织，不断变化，与人的生活息息相关。

第一节　空间及其若干维度

空间，作为人们对事物之间的空间关系的感知和描述的对象，随着社会阶段、探索工具、感知主体的变化而不断转变。人们日常生活中认识事物的方式说到底是空间的（立体的、多维的、综合的），并且人的存在本身就是空间性的。空间存在于日常生活的方方面面，表现为实实在在的事物，但又不局限于事物本身，表现为事物间的关系，但关系二字又难以概括空间中"同时性"与"并置性"两种属性。因而，在论述资本空间的具体概念之前，很有必要考察学术界传统空间观的演进及其"空间转向"。

一、传统空间观

空间思想最早可以追溯至古希腊的亚里士多德，亚里士多德的空间观分化为自然哲学空间观和社会学空间观。其中，自然哲学空间观经历了形而上学的空间论向主体—身体空间论转变；社会学空间观经历了地理科学空间论向文化符号空间论的转变。

（一）形而上学空间论转向主体—身体空间论

形而上学空间中，以下三种最具代表性：亚里士多德（Aristotle）的有限空间、牛顿（Isaac Newton）力学的绝对空间和康德（Immanuel Kant）的纯直观形式空间。在《物理学》中，亚里士多德认为空间是指事物占有的位置的总和，最大的空间包容了整个宇宙，且该空间是有限的、静止的。这也是现代几何学的基础。牛顿在亚里士多德的基础上提出了绝对时空观——牛顿创立的稳衡体系，动者衡动，静者衡静。牛顿认为时间和空间是独立于外界事物的客观存在，可以不依赖于某一具体的物质和运动而独立存在。这些理论均建立在事物稳定性的基础上（例如某物的地点），构成了中世纪空间的定位空间理念。这个定位空间的理念被伽利略打破，他认为某物的地点只是它移动中的一点。事物的稳定性，只是它移动的无限减慢罢了。伽利略（Galileo Galilei）的相对性原理后来成为了爱因斯坦狭义相对论的先导。阿尔伯特·爱因斯坦（Albert Einstein）通过《相对论》证明：空间是相对的，没有一个绝对的空间；时间是相对的，时间与物质运动不可分离。牛顿的物理学体系在相对论中被完全打破。康德认为纯粹知识只有两种，即空间和时间，它们是感性的纯粹直观形式，先天地存在于心中，使人们获得感性的表象。康德之后，黑格尔把空间、时间和运动统一起来，阐述了辩证的时空观。他认为时间、空间是绝对观念发展到一定阶段的产物。虽然黑格尔的理解仍旧是形而上的，但其辩证法中的创造性，打破了以往空间概念的静止性和机械性。

主体—身体认识论强调了主体或身体在人类空间认识中的重要作用。笛卡尔（René Descartes）认为心、身、心身结合三者都是原始概念，是不能再分析的，其中任何一个都只能根据其自身而不能根据他者来解释，任意一者都可以独立地不依赖于另一者而存在。至于心灵如何通过肉体感受空间，直到英国经验论者那边才得到回应。17—18世纪，洛克（John Locke）、贝克莱（George Berkeley）和休谟（David Hume）为代表的英国经验论者对感觉、知觉的重视为空间思考提供了新的途径。直到18世纪，以叔本华（Arthur Schopenhauer）、胡塞尔（E. Edmund Husserl）、尼采（Friedrich Wilhelm Nietzsche）、梅洛·庞蒂（Maurice Merleau-Ponty）为代表的欧陆哲学家开始遵循着不同于经验主义趋近于"主体—身体"的空间概念。梅洛·庞蒂吸纳了"意志主体"和"身体主体"的双重向度，首次将现象学的方法和生理心理的实证研究结合在一起，他提出主体中的心灵与身体二者是相互依存、不可分离的。梅洛·庞蒂由此创立了独到的"知觉现象学"，并深入探究了时空与主体的关系问题。海德格尔（Martin Heidegger）运用现象学和诠释学的方法，把空间看作是此在存在之场所，这种生存场所的出现并非外在的给予，而是人的本质力量的外在显现。

20世纪以前自然哲学的空间观，经历了从客体空间向主体空间、身体空间向心灵空间的转向。由此可知，纯粹的物质空间不存在，空间是因人及其实际活动而存在的，空间不是刻板静止的，而是思辨运动的。空间无法脱离人类实践活动而独立存在，从存在即被感知的意义上讲，真正存在的空间只有社会空间（人的空间），强调了空间的主体性、精神性。

（二）地理科学空间论转向文化符号空间论

地理科学的空间主要体现在地理环境决定论，认为气候、土壤、地形等地理环境因素影响了人们的民族文化特征。公元前4世纪亚里士多德认为地理位置、气候、土壤等影响个别民族特性与社会性质。16世纪的法国思想家J. 博丹主张地理环境决定着民族性格、国家形式和社会进步。18世纪法国启蒙哲学家孟德斯鸠（Montesquieu）在《论法的精神》（*the spirit of laws*）一书中，认为"气候王国才是一切王国的第一位"，热带地方通常为专制主义笼罩，温带则形成强盛与自由之民族。第一个系统地把决定论引入地理学的是 19 世纪德国地理学家拉采尔（Friedrich Ratzel）。他在《人类地理学》一书中机械运用达尔文生物学观念研究人类社会，认为地理环境从多方面控制人类，对人类生理机能、心理状态、社会组织和经济发达状况均有影响，并决定着人类迁移和分布。在德国地理学界中，宣扬并推崇这一理论的有赫特纳（Alfred Hettner）、魏格纳（Alfred Wegener）、施吕特尔（Dtto Schlter）等。美国地理学家亨丁顿（Ellsworth Huntington）1920 年在《人文地理学原理》一书中，认为自然条件是经济与文化地理分布的决定性因素，受到了巴罗斯（Harlan H. Barrows）的抨击，随后被索尔（Sawer）的文化景观论与美国地理调节论所冲击。可以看出，地理环境决定论预设了人与地理环境二元对立的结构，但不可否认，地理环境决定论和它的批判者均承认了地理环境因素与社会形态或民族特征间是存在因果关系的。

文化空间或符号空间有两种形式：象征空间和抽象空间。象征空间建立在符号与所指的关系上，抽象空间则建立在符号与符号的关系上，前者"同构"，后者"同质"。20 世纪，新康德主义哲学家恩斯特·卡希尔（Ernst Cassirer）提出了人类学哲学体系——"神话空间"理论。卡希尔将人的本质理解为符号的和文化的存在，因而空间形式在他看来便是一种符号和特定的文化表现。因此，他的空间指代的并非"空间实在"而是"空间经验"，即人类在不同阶段的认识范围。他将空间划分为知觉空间、神话空间和抽象空间三种类型，其中知觉空间仅被他视为动物本能的空间形式。其理论仍旧带有形而上学痕迹。美国语言学家乔姆斯基（Avram Noam Chomsky）假定了在语言层面上内隐着空间性的因素，语言句法具有表达认知空间的功能，以至于每一句法结构本身的先后顺序就潜藏着一种空间的秩序。语言符号的进一步研究集中在两个方面：认知空间与心理空间的研究；建筑理论中空间句法的研究。空间句法（Space Syntax）理论在 1976 年由英国伦敦大学巴格特建筑学院比尔·希列尔（Bill Hillier）首先提出，如今已形成一套完整的理论体系、成熟的方法论，以及专门的空间分析软件技术。其核心观点是空间不是社会经济活动的被动容器，而是社会经济活动开展的一部分。其理论基础包括：空间的自然法则，包括空间的分割、再现、连接等基本的几何关系（包括拓扑几何等）；个人的空间认知与社会对空间的影响；空间对个人与社会的影响。

社会学的空间观以经验实证为基础，认为人类社会空间以"区域"的形态存在，并且认识到了社会结构与地理环境存在某种联系（虽然是二元对立的）。自此，空间观经历了人文地理学的三次变革即"区域差异—空间分析—社会理论"[1] 的演进。特定的地理环境造就了特定的地方文化符号。这些文化习俗是经过人类历史积淀，世代相袭而形成的。

（三）传统空间观的理论困境及反思

通过上文对空间理论发展的梳理可知，有多少种不同的方法、尺度和文化，就会有多少种空间以及人类实践的空间形式。这是因为"不同的社会制造了性质有所差别的空间与时间概念。……每个社会结构都能建构特定的空间与时间概念，以符合物质与社会再生产的需求和目的，并且根据这些概念来组织物质实践（material practice）"。[2] 传统空间观念的两条线索——形而上学的空间论到主体—身体空间论，地理科学空间论到文化符号空间论——反映了传统空间观的不足之处。

首先，传统空间观存在二元论倾向——科学倾向和人文倾向，割裂了自然科学等自然存在与人文习俗等社会存在之间的联系。其次，传统空间观缺失社会道德性。虽然人文倾向空间中涉及了对空间的社会因素和文化习俗等存在的思考，但这种思考仅是直观层面的，对于空间与社会道德之间的关系问题未作深层次挖掘。最后，空间的缺场。亚里士多德、牛顿等看似对空间进行了研究，实则将空间视为物质存在的容器，

1 石崧、宁越敏：《人文地理学"空间"内涵的演进》，《地理科学》2005 年第 3 期。
2 ［美］大卫·哈维：《时空之间——关于地理学想象的反思》，包亚明主编：《现代性与空间的生产》，上海：上海教育出版社，2003 年，第 375 页。

从未将空间本身视作研究的对象。人文倾向的空间观虽涉及人的存在与空间关系问题，但更偏爱研究时间与人、历史与人类发展的关系。例如，柏格森的"绵延"，海德格尔的"存在与时间"，达尔文的"进化论"等等。

与此同时，根据传统空间观的发展脉络及趋势可以发现，空间的概念中自然的物质空间观与人文的社会空间观二者在割裂中不断试图进行融合。比尔·希列尔提出的空间句法就已将几何空间关系融入社会生产活动之中，不仅看到了个人的空间认知与社会对空间的影响，还看到了空间对个人与社会的影响。在生产力高度发达的今天，人与空间的互动变得尤为频繁。人相对空间的身份经历了由"定居者"到"寄居者"再到"观光者"的转变。空间在地性的减弱导致了人与地方空间只能形成浅层次的接触。换言之，人文地方性、历史性削弱了，空间结构对人与人交往关系的决定作用增强了。因此，将空间的几何关系与社会的人文关系相互融合，以社会关系空间的独特视角对当代社会进行审视已成为时代发展的必然结果。

二、　社会空间

传统空间思想家的研究方法可基本归纳为以下两种：一方面，强调空间的物理概念，以有形的、能够在图上进行标注、能够用经验来定义的地理或者"空间事物"为特点。另一方面，与关注物理事物相反，将重点放在对空间概念理论本身的思考。换言之，更为关注有形空间是如何以各种方式被概念化、被想象和描述，包括对世界的主观认识，对空间、地点的科学认识论和哲学世界观。简言之，唯物与唯心的两种思路。然而，现实的物质及其实践是跨越于二者之间的产物。譬如，物理学家现在广泛认为，先于物质而存在的（并非从意义的角度上），既不是时间，也不是空间；因此，物理的时间—空间的客观品质不可能被理解为独立于物质过程的品质。"物理学中的时间、空间和时空概念的历史，事实上是以强烈的认识论上的断裂与重建为标志的。我们应当得出的结论仅仅是：可以独立于物质过程而被赋予各种客观意义的，既不是时间，也不是空间，只有通过对物质过程的调查研究，我们才能恰当地为我们关于时间和空间的概念奠下基础。"[1] 因而，在物理学里，空间无法脱离物质的动态而予以界定，在社会理论里，空间不能不参照社会实践而加以定义。纯粹物质的空间不存在，真正存在的是与特定社会关系及实践过程相关的现实空间，即社会空间。

（一）社会空间概念的历史分期与新的"问题框架"

首先对空间概念进行一个较为恰当的历史分期。根据列斐伏尔的空间历史概念、通用的历史阶段概念、马克思主义的社会形态或生产方式概念，其空间历史概念及其对应的历史阶段应当具有如下对应关系[2]：绝对空间，即自然；神圣空间，即城邦、暴君与神圣国王、古埃及王朝；历史性空间，即政治国家、希腊城邦、罗马帝国、可透视空间；抽象空间，即资本主义、财产等等的政治经济空间；矛盾的空间，当代全球化资本与地方性的对立；差异性空间，即未来可体现差异与新鲜体验的空间。

社会空间理论的出现，应当从抽象空间开始，经历矛盾空间，最后到达差异性空间。在列斐伏尔看来，具体空间一旦被国家机构或商品生产所占用并且包含了特定社会关系就成为抽象空间，如私人占有土地用作商业用地就属于包含社会关系的"抽象空间"。因此，抽象空间不同于具体空间，已经不是一种被动的环境或者空洞的几何体，而成为商业增长与国家政治权力管控的工具。矛盾空间则意味着，在经济全球化的冲击下，地方越来越包含在"非地方"之中了。因而，矛盾空间蕴含着

1　[美] 戴维·哈维：《后现代的状况：对文化变迁之缘起的探究》，阎嘉译，北京：商务印书馆，2013 年，第 254—255 页。

2　参见 Rob Shields, Lefebvre, *Love and Struggle*, *Spatial Dialectics*, Routledge, London and New York 1999. pp. 170 - 172. 转引自刘怀玉：《〈空间的生产〉的空间历史唯物主义观》，《武汉大学学报（人文科学版）》2015 年第 1 期，第 61—69 页。

地方价值观与非地方价值观的对立。差异性空间则是重回取用性空间的开端，与抽象空间相对，空间呈现为不均质且不可通约的特性。差异性空间是列斐伏尔批判资本主义空间生产的最终归宿。

福柯最早将空间视为研究对象，提出了"异托邦"，即场所性的空间。场所性质由"具体"关系来确定，且空间结构蕴含着权力结构，即权力空间。列斐伏尔认为（社会）空间是（社会）产物，社会空间是一种社会秩序的空间化，换言之，社会秩序的空间隐藏在空间的秩序中，且蕴含着政治意义。卡斯特将空间视为一种网络结构，其中蕴藏着权力关系。他倾向于强调空间的社会物质基础，将空间的经济系统、政治制度和意识形态体系作为一种表达进行分析，探究空间变化带来的社会权力与社会关系的转变。哈维在资本的三次循环理论基础上分析了"时空修复"与"时空压缩"的资本积累空间模式，不仅看到了其中社会关系乃至价值观的变化，还揭示了空间形态变化背后的权力作用。[1]

可见，近现代学者空间观的共通点是以不同的方式证明社会空间的存在，并强调空间与社会的辩证关系。然而，近现代学者的"空间"内涵并没有达成一个统一概念。在论及"空间"、"社会空间"、"空间的社会生产"等问题时，即便是同一个学者，其"空间"一词的含义也经常在物质空间、社会空间（包含社会关系属性的空间）、政治空间等概念之间变换，容易造成理解上的误解和难度。因而，一般意义上的社会空间概念应当是人文地理的，即既包括物质空间又包括社会空间，而社会空间既包括地方性的社会关系又包括领域性的政治权力关系。造成这种状况的原因在于，"空间转向"的实质是"新的问题框架"取代"旧问题框架"的过程，即"新的问题提法代替旧的问题提法、并以旧的问题为基础却并没完全取代旧的问题之过程"[2]。旧问题指，19世纪及以前，财富分析、工业化、社会关系、政治等问题是社会人文科学关注的主要

1　详见本书第三章第四节"四、大卫·哈维：资本积累、时空修复与时空压缩"。

2　参见刘怀玉：《〈空间的生产〉的空间历史唯物主义观》，《武汉大学学报（人文科学版）》2015年第1期，第61—69页。

问题。经历了"空间转向"后，新问题指，生产过程的分析、城市化（都市领域、城市及其扩张）以及日常生活（被设计规划的消费问题）、社会关系的再生产问题。随之而来的是新的研究方法，不再将物看成是孤零零的"物本身"（即不是对空间中的物的分析），也不是脱离空间对纯粹关系进行描述，而是揭开空间中潜在的空间生产及其所固有的社会关系，将空间与关系有机融合。

（二）社会空间：空间、领域与地方

随着社会空间概念日益受到关注的同时，在论证过程中，也逐渐出现了 space（空间）、place（地方）、locality（位置）、territory（领域）等核心词汇。这些词汇均与社会空间相关联，但又不完全一样，在此，对空间（space）、领域（territory）与地方（place）进行一个简单的区分（图 1）[1]。

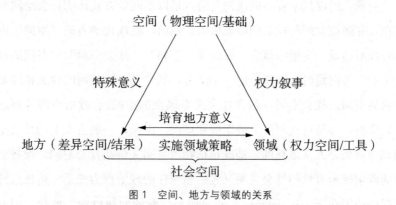

图 1　空间、地方与领域的关系

"强调权力与空间辩证关系的空间概念被定义为'领域'，以表征人类社会及其机构试图控制及主导竞争、冲突、合作等过程的空间产物。

---

1   Robert D. Sack , Human Territoriality: A Theory, *Annals of the Association of American Geographers*, 1983, 73 (1): 55-74. 转引自刘云刚、叶清露、徐晓霞：《空间、权力与领域：领域的政治地理研究综述与展望》，《人文地理》2015 年第 3 期，第 1—6 页。

在这里，领域成为社会空间的一部分，作为主动的、策略的、动态的空间工具，通过空间反映并塑造权力关系。领域建构使空间产生特殊意义即造就地方；反之地方在空间政治中权力化的结果即为领域。"[1]

可见，社会空间包含着领域与地方，而领域与地方，说到底是不同语境下对空间的阐释，二者在不同的社会空间维度下呈现不同的意义，并且可以在一定的机制下相互转换。简言之，领域与地方均是社会关系空间化的产物：地方仅是对空间建立起情感联系，而没有控制空间、管理空间的权力；领域则是权力空间化的产物，是对某一空间附加特定的权力关系，从而对该区域资源进行控制或管理。

领域的管制依靠的是空间隔离与空间分异。空间隔离是领域将权力范围空间化的工具。空间分异是空间隔离造成的结果。隔离往往体现了人与人的冲突与对立，因为隔离造就了边界。人们正是利用边界来确定特定空间的归属，边界一旦确定，便具有了"领域力"——吸纳力与排斥力。比如，领土的划分，国家领土的边界一旦确定，便被赋予了国家权力，边界成为了人们区分国籍的重要因素。而分异则没有隔离那么"刚性"，它表现为一种由同质化到异质化、结构与功能由简单到复杂的转变过程和结果。比如社会阶层分异是指社会群体和社会关系在时空变化过程中形成显著规律性差异化[2]，而蕴含着权力与资本的空间生产加大了这种阶层分异，使得阶层逐渐固化。

（三）社会空间的内涵及其特点

社会空间的研究方法是一种"空间辩证法"，强调空间与社会的辩证关系，既看到空间的物质属性，又看到空间的社会属性和空间与社会的互动关系。这是不同于传统唯物与唯心二分法的第三种思考方法，西

1　刘云刚、叶清露、徐晓霞：《空间、权力与领域：领域的政治地理研究综述与展望》，《人文地理》2015 年第 3 期，第 1—6 页。

2　参见石恩名、刘望保、唐艺窈：《国内外社会空间分异测度研究综述》，《地理科学进展》2015 年第 7 期，第 818—829 页。

方马克思主义者将其称为"空间辩证法"或"空间—社会辩证法"。空间辩证法的出现也解释了为何不断涌现出经济地理学、政治地缘学、文化地理学等"空间关系"性的交叉学科。值得注意的是,"空间关系"的概念仍旧坚持历史唯物主义生产第一性的原则,其着重点在于"蕴含着生产关系的空间"而非"关系本身"。研究对象也从单一的产品转移到整体的生产景观。因而,不能仅从思想、观念、信仰和文化等精神世界来理解人的关系,应当将关系放置于具体的地方、领域,才有可能真正理解关系的现实性。比如,一个博物馆的空间,并不仅仅是博物馆的物理空间本身,而是只有当参观它的人们真实穿行其空间过程之时才产生了博物馆空间。

前文述及,社会空间应当包含地方(特殊意义)与领域(权力叙事)——社会情感空间与权力空间。本书据此将社会空间区分为广义的社会空间(社会关系空间)和狭义的社会空间(社会权力空间)。社会关系空间指蕴含着社会情感、人与人及人与物的关联、社会经济、社会政治、社会文化、社会生态等等构成的社会性空间。这里的社会关系指一般意义上的人与空间的互动关系——实践的空间[1]。一般意义上,"社会空间"指广义的社会空间。而狭义的社会空间指蕴含着特定权力关系的空间,即领域。以下对广义社会空间的性质及其内涵进行深入解读。

(广义的)社会空间是社会实践本身也是社会实践的产物,空间结构本身就蕴含着特定的社会意识形态,表达着特定的社会意志。如同单个商品的买卖我们只能看到自由交换的资本关系,一旦将该商品置于具体的生产、分配、交换、消费的动态空间过程中,我们就能看到掩盖在平等交换关系背后的不平等权力关系:资本家与工人之间不平等的生产关系;生产工具的不平等分配关系;城乡资源分配差异导致的地方公共资源享有的不平等……列斐伏尔认为:"社会空间既非诸多事物中的一

---

[1]　此处,实践的含义与马克思提出的实践概念有所不同,实践的空间是人们精神的物质基础,包含着一切具体的地方与领域,与列斐伏尔提出的"空间实践"含义类似。具体可参见本书第三章第四节列斐伏尔有关"空间的三重属性与社会空间"段落的论述。

件事物，亦非诸多产品中的一件产品，相反，它把生产出的事物加以归类，蕴含了事物同时性与并置性的内在关系——它们是（相对的）秩序和（相对的）无序，空间本身是一连串和一系列动作过程的结果，因而不能将其归结为某个简单的物体秩序。"[1] "只有当社会关系在空间中得以表达时，这些关系才能够存在：它们把自身投射到空间中，在空间中固化，在此过程中也就生产了空间本身。因此，社会空间既是行为的领域，也是行为的基础。"[2] 因而，社会空间既是事物本身，也是事物行为本身，是社会关系的固化表达。它既不是纯粹的虚空，也不是纯粹的物质，是由外部因素和人类自身因素共同决定的。

　　从过程上讲，社会的物质实践与创造性活动构成了社会空间。哈维认为，"时间和空间的客观性在各种情况下都是由社会再生产的物质实践活动所赋予的，由于后两个方面在地理上和历史上变化着，因此我们发现社会实践和社会空间的建构有着很大的差别。"[3] 也就是说，特定的生产方式或者社会实践方式，会影响人的时空体验和时空观。比如，人与人的沟通变得越来越便捷，使得人们觉得地理障碍似乎消失了，"时空压缩"了，地方与地方之间变得越来越近，甚至整个地球成为了"地球村"。而崭新的时空观也会反过来影响人们的社会关系与生产方式，从而对社会空间进行重构。因此，社会空间不仅是被使用或消费的产品，它同时也是一种生产方式，它甚至能生产空间本身。

　　因此，从再生产社会关系的角度上，社会空间是社会历史性、政治性生产行为的产物。在列斐伏尔看来，空间从来就不是空洞的，而是蕴含着某种政治的、社会意义的空间。在人与物的存在与创造性的行为当中，空间作为不断变化的对象性存在是不容置疑的；不同种类的空间生

1　Henri Lefebvre, *The Production of Space*, translated by Donald Nicholson-Smith, Oxford: Blackwell, 1991, p. 73.

2　Henri Lefebvre, *The Production of Space*, translated by Donald Nicholson-Smith, Oxford: Blackwell, 1991, p. 182, 190.

3　[美] 戴维·哈维：《后现代的状况：对文化变迁之缘起的探究》，阎嘉译，北京：商务印书馆，2013 年，第 255 页。

产造就了历史进程，空间的生产本质上是一种政治行为。

社会空间可概括为出下几个特点：1. 空间具有同时性、并置性。在同一时间段，不同社会空间中的不同事物是可以同时多轨并置进行生产活动的。2. 空间具有反复性、承继性。在不同时间段，事物是通过反复承继先前社会空间结构营造的环境进行发展的。多种事物共同塑造出社会空间的同时，不断累积的空间结构也影响事物发展的历史进程。3. 社会空间是可以被操纵、塑造的。哈维在《社会正义与城市》一书中提出，"空间形式可以以各种方式操纵，产生各种象征意义，这一直是艺术和建筑的一个重要原则。"[1]这点尤其体现在城市空间：如果说乡村村落的分布还仍旧体现着人对地理环境的依附性，那么城市区域的规划则基本摆脱了土地对人们居住环境的限制。通过建造商业广场、居民区、学校、道路、桥梁等等，空间被人为地大肆改造，人们的日常生活被妥当规训，社会空间秩序由此形成。因此，空间不是社会的拷贝，空间就是社会。

三、 狭义的社会空间

由上文可知，本书将蕴含着权力关系的空间（领域）定义为狭义的社会空间（也称社会权力空间），其核心思想是空间结构反映了权力结构。而在此之前，有必要对自然空间的空间动力论与空间结构进行考察，以证明空间权力的"力"的来源不仅源自于概念性的社会关系，也源自于空间的物质构架。这种"力"是自然空间与生俱来的。

（一）空间力：物质结构之力

传统观念中将空间视为物体和人类活动的背景，此理论称为空间背

---

[1]   David Harvey, *Social Justice and the City*, Athens: The University of Georgia Press, 2009, p. 31.

景论。极端的空间背景论者将空间视为物与物间有秩序的关联，即空间可简化为关系性的存在。因此，空间并不存在，真实存在的只有关系。莱布尼兹认为："空间并不存在。看起来是空间的东西其实只是事物的一种次序。事物之间以某种关系的分布创造了一种幻觉，好像有某一种包含这些关系的普遍物质的存在，但其实这种物质并不存在。空间的表象是由事物间的关联造成的，正如时间是一种事物顺序的幻觉。两者都不是独立于真正事物的存在。物质和事件才是真正的事物，给空间以意义。"[1]

　　然而，空间本体具有原动力。空间动力论，将空间视为研究的本体，认为导致事件发生的不是事物本身，也不单是事物间的某种关联，而是事物在空间中的结构布局。在文献中，绝对和相对空间的区别以及这种区别导致的冲突是非常清楚的。在相对论中，空间本身是绝对的，但以物体在空间的分布获取一种有规律的结构。从辩证的角度来看，爱因斯坦的空间同时是绝对的和相对的。因为爱因斯坦的空间具有一个最重要的属性——空间的原动力，这是无论牛顿或是莱布尼兹都无法想象的。"空间的这一属性使得世界上的事件以某种方式发生。事件以一种特定方式发生的原因是：空间被物体扭曲。相对论里最重要的观点是：由物质质量分布所引起的空间结构，导致了重力效应的产生。"[2] 因而，可以得出结论，空间结构的特定布局可以产生某种力量，这是一种空间力，是牛顿力学无法解释的，但它确实存在，这已经得到了物理科学的证明。

　　在现实空间中，爱因斯坦的空间原动力体现为城市空间化的原动力观点。因为城市化和有组织的城市空间，既是社会发展、技术个性、文化创新的原动力和源泉，又是社会分化、霸权、不平等和不公正产生的

1　[英]比尔·希列尔、段进等:《空间研究3：空间句法与城市规划》，南京：东南大学出版社，2007年，第40页。

2　[英]比尔·希列尔、段进等:《空间研究3：空间句法与城市规划》，南京：东南大学出版社，2007年，第40页。

原因。因此,可以说,城市化和工业化的过程在全球进行扩展,并不是"在"城市和其他区域发生着,而是"因为"城市的空间动力而发生。哈维认为,"空间和空间的政治构建是社会关系的表现,但也反作用于社会关系。……(因此,)工业社会本身并没有被视为城市的筹备阶段的结束。工业化只能在城市中得到实现,而城市化现在成为了主导工业生产和组织。"[1] 因此,工业社会与城市结构相互作用,引起新的变化。资本正是不断依赖"占有空间、制造空间"的过程来缓和资本矛盾使资本主义得以生存下来。

(二) 空间结构: 社会空间结构与权力

相对于空间过程或空间关系来说我们更应当关注空间结构本身的塑造作用。否则,会陷入社会空间的道德文化向度而忽略空间结构塑造社会关系的深层决定性和内在影响力。结构理论的提出正是为了同时兼顾个体有意义的行动和社会环境的结构特征,而不至于从任何一方出发最终埋没另一方导致对立。

空间结构是空间本体的重要组成,空间通过物体在其间的布局方式获取了它的结构。布局,指一种空间模式或者空间构形,暗示着同时存在的既有关系。但值得注意的是,关系模式往往只能成为我们思考问题时所采取的器具,而非我们思考的对象。因而,对于空间结构的模式,人们更倾向于运用直觉进行理解,理性的线性思维方式往往难以把握全局。"这样所涌现的空间结构——不是建筑物——带来了人的运动和共同在场的模式,并把建筑物的聚集转变为生机勃勃的城市。换句话说,类比相对论的描述,我们可以认为正是空间,而不是物质自身,导致事件以它们现在的方式发生。"[2]

---

1   David Harvey, *Social Justice and the City*, Athens: The University of Georgia Press, 2009, p. 306.

2   [英] 比尔·希列尔、段进等:《空间研究 3: 空间句法与城市规划》,南京:东南大学出版社,2007 年,第 40 页。

社会空间是由虚拟的社会结构与现实的社会物质实践生产、再生产，反复穿越时间与空间构成的。简单说来，社会空间是一种循环结构，是结晶化的时间。"根据社会理论的观点，空间是共享时间之社会实践的物质支持（space is the material support of time-sharing social practices）。我要立刻附加指出，任何物质支持都有其象征意义。所谓共享时间的社会实践，我指的是空间把在同一时间里并存的时间聚拢起来。正是这种同时性的物质接合（articulation），使得空间相对于社会有其意义。"[1] 多琳·马西也认为，"我们主动地在生命的组织和生活中创造空间（某个时间空间，多个时间空间）。而且我们创造空间的方式，将反过来影响社会的结构化（structuring）和我们生活的结构化。"[2] 所以，社会空间的形成过程按逻辑顺序可简单概括为：灵与肉及物质——生产——时间——再生产……社会空间财富的积累——社会空间结构与社会系统的形成。社会的财富是按照特定的社会空间结构不断累积组成的。这里对于社会空间结构的概念主要借鉴安东尼·吉登斯的"结构化理论"[3] 进行探讨。

有关"社会"一词的概念，吉登斯反对运用"社会"或"社会构造"进行描述（吉登斯反对功能主义的解释）。他认为"社会"确切说来应当指向"各种社会"——所有社会既是社会系统，在时空的结构中，又构成了社会系统——有些类似于"月印万川"的说法。从社会层面来看，社会空间由结构与系统组成。社会系统指向情境实践，而社会结构则被分析为资源和规则，资源与规则被视为社会系统再生产过程中的转换和媒介。因而，社会结构化理论具有二重性，体现为：社会实践是循环往复的；结构既是社会系统实践的媒介，也是其结果；结构二重

1　[美] 曼纽尔·卡斯特：《网络社会的崛起》，夏铸九等译，北京：社会科学文献出版社，2001 年，第 505 页。
2　[英] 多琳·马西：《劳动的空间分工：社会结构与生产地理学》，梁光严译，北京：北京师范大学出版社，2010 年，第 1 页。
3　[英] 安东尼·吉登斯：《历史唯物主义的当代批判——权力、财产与国家》，郭忠华译，上海：上海译文出版社，2010 年，第 25 页。

性将大量行动者偶然的生产行为与穿越时空的再生产联系在一起。从个人层面看，行动者在互动的生产和再生产过程中使用的知识储备，是对他们行动的目标、理由、动机等提供解释与指导的资源。在此过程中，社会系统的结构特征深嵌于行动者的实践意识之中，不但影响着行动者的"有意识的行动"，还潜在影响着行动者的"无意识的行为"。

因此，社会的空间结构矛盾应当区分为两类：一类是常见的行动者之间的利益分裂与斗争，一般是与空间资源的分配相关的；另一类是指社会系统结构性原则之间的对立或断裂，它表明系统以一种否定自身结构的方式运转。值得注意的是，社会空间结构不存在任何目的性指向，但作为内在组成要素的权力则催生出了社会的目的性。吉登斯认为，"资源只有在权力关系结构中才能得到提取。作为人类行动与转换能力之间的逻辑性关联的必要含义，所有社会互动都涉及权力的使用。我们可以把社会系统中的权力看作是行动者之间的自主和依赖关系，这些行动者使用和再生产了支配的结构性特征。"[1] 因而，造成社会主要矛盾的不正义因素不仅存在于分配过程，存在于生产之前的分配中，更是隐匿在社会实践的场所区域化中，这些区域的合功能性、合目的性的划分内在镶嵌着权力的支配逻辑。权力的逻辑与社会空间结构，二者契合则推动社会的稳定发展，二者相违背则造成社会结构的变迁。

（三）空间权力：空间结构即为权力结构

权力，在罗素看来，指行使有意图的控制。简单说来，在人际关系中，一方对另一方存在依赖性就会产生权力，你对对方的依赖比对方对你的少，那么你的权力就大于他。因而，权力通常会表现为与服从者意愿不相吻合情境下的支配。然而，如今的权力并不局限于所有权，而总是披着各种"外衣"出现在我们面前：调度、策略、计谋、技术、运

1　[英] 安东尼·吉登斯：《历史唯物主义的当代批判——权力、财产与国家》，郭忠华译，上海：上海译文出版社，2010 年，第 27 页。

作，其实质是资源利用的关系网络。所以，权力与资源紧密联系，因为权力形成了对有价值资源的控制。但权力并不等于资源，拥有一定的资源并不一定拥有相应的权力，但是拥有权力肯定意味着拥有一定的可支配的资源。不管是自然资源还是社会资源，必然具有其地方性和空间性，资源的支配和运用只能通过空间实践进行。因此，权力的表征、生产甚至执行都必然是空间性的。换言之，空间结构反映权力结构。此时的社会空间结构蕴含着权力控制关系，这样的空间就是狭义的社会空间，即领域。领域就是权力空间，领域的大小反映了权力的多少，而权力的多少又与可掌控的空间资源的多少成正比。

第一，领域是权力的表征。一是，领域中可掌控空间资源的大小体现权力的大小。所能掌握空间范围的大小、空间中有价值资源的多少、所处空间区位的好坏以及时长都在某种程度上意味着拥有者权力的大小。彼埃尔·布尔迪厄认为，"行为者被分配到整个社会空间中的法则是这样子的：在第一个向度上，根据他们拥有的资本总量；在第二个向度上，根据他们的资本结构，也就是他们的总资产中各种不同资本（经济的、文化的）的相对比重。"[1] 如同衡量一个人的经济标准：第一向度为是否拥有住房，拥有几套，住房中是否有商铺，商铺地理位置如何；出生地是否城市，是否一线城市，是否一线城市中心，在该城市待了多久等等；第二向度为从事何种职业，家世背景如何，社会地位如何等等。这些虽不能完全决定这个人的权力大小，但确实在某种程度上做出了直观的经济评价，给人初步掌握有价值空间资源多寡以及个人能力如何的印象。二是，领域中的空间不平等也体现出了权力不平等。"绿色通道"、军人专用候车室、残疾人专用座位的设置；一线城市比二三线城市、城市中心比乡村的人往往拥有更多的可享有的社会资源。尤其是户籍制度、学区房政策等，这类政策的制定初衷在于维持城市及其公共

1　[法] 彼埃尔·布尔迪厄：《社会空间与象征权力》，包亚明主编：《后现代性与地理学的政治》，上海：上海教育出版社，2001 年，第 298 页。

空间的正常运行秩序，但空间背后隐含着特定的价值层级，层级高低就蕴含着权力内涵。三是，特殊的空间区位会体现出垄断力。土地与房屋的垄断往往表现在其独特的空间位置。"我的工厂已经占据的地方，再没有任何人可以在那里盖工厂。如果我占有某个有利的位置（能优先连接交通网络和市场，以及取得资源），我与其他人竞争时便享有某种垄断力。"[1]

第二，领域不仅掌控着权力，还利用空间结构生产着权力。领域不仅体现着权力更是生产着权力，不仅在于空间本身是生产的，更在于权力在空间转变过程中得到了加强。简言之，权力通过空间生产了自身。权力在空间中越是"被使用"，权力的影响就越会变大，这点尤其体现在权力与资本相互结合并控制和生产空间的过程中。"当权力发生转变为财富时，权力并没有失去，并没有因为这种转变而减少，相反，更多的情况下是它因为与财富之间的直接关系而增大。"[2] 从这点看来，权力在转换过程中，并没有失去什么，反而在实际上实现了自身的空间扩张和空间再生产。资本家首先对生产资料和生活资料拥有支配权，通过雇佣工人从而获得了对雇佣工人的活劳动的支配权，再通过雇佣工人的劳动获得了剩余价值从而获得了资本的增殖，资本可以重新投入资本循环从而扩大再生产……权力就利用资本循环空间形态的扩张而增大了。

第三，领域可以将其特定的权力关系固化在空间结构中，使得蕴含着权力意志的空间成为权力的执行者。空间以其特定的结构体现着权力，还充当了权力的执行者。实际上，能够执行权力（支配资源）的只有人类自身，因而，执行者可能是空间背后的他人，也甚至可能是被执行人自己。这种执行力极强的权力空间尤为显著地体现在监狱的结构中。福柯在《规训与惩罚》中提到一种"全景敞视建筑（panopticon）"[3] ——圆

1　David Harvey, *Seventeen Contradictions and The End of Capitalism*, London: Profile Books Ltd, 2015, p. 137.

2　童强:《空间哲学》，北京：北京大学出版社，2011年，第249页。

3　[法] 米歇尔·福柯:《规训与惩罚》，刘北成、杨远婴译，北京：生活·读书·新知三联书店，2007年，第224页。

形监狱：四周是环形建筑，中间是瞭望台，瞭望台有一圈大窗对着环形建筑，可供瞭望台的监视者站在中央通过大窗和环形建筑的囚室小窗监视囚犯，窗户中囚犯对监视者是逆光。其一，监视者可随时顺着光源清晰看到所有囚犯的状况，而囚犯又难以得知自己是否正被监视。其二，建筑的向心性使得囚犯成为被探查对象，环形建筑的横向隔绝又杜绝了囚犯间交流的可能，从而保证了监狱秩序。此外，这样的空间构造还使得囚犯一旦无法确定自己是否被监视，囚犯自己就会成为监视自己的狱警。相应的，如果被监视对象是学生，工人或者医院病人，这样的非暴力的建筑空间依然会产生规训的权力效应。如同福柯所言："一种虚构的关系自动地产生出一种真实的征服。"[1]

因而，此时的建筑只是权力在空间中的运作工具，"使用这些不同构造物的技术，比起建筑本身更重要，它们允许了权力的有效扩张。"[2]权力在空间打造过程中转变成了空间资源与规则，权力并未消失，反而随着权力空间的多次使用导致权力影响力更大了。换言之，权力利用空间生产出了更大的权力。

权力不平等表现在领域不平等之上，领域不平等体现在空间资源不平等之中。包括空间区位的不平等、空间自然资源不平等、空间社会资源不平等。从宏观角度，发达国家的中心城市可以通过国际分工体系，使本国的二三线城市或者发展中国家成为其模块化生产的一部分，成为其领域中权力支配与剥削的对象。发达国家通过控制核心生产技术来控制其他国家的资本分配与生产活动。从中观角度，政府或者房地产投资商可以通过空间基础设施的建设和改造来改变公共权力的空间分配，从而如同圆形监狱般，形成"核心—边缘"的城市结构。从微观角度，资本家、管理者可以与建筑设计者合谋，通过改变空间构造来改变空间受

1　[法]米歇尔·福柯：《规训与惩罚》，刘北成、杨远婴译，北京：生活·读书·新知三联书店，2007年，第227页。
2　戈温德林·莱特、保罗·雷比诺：《权力的空间化》，包亚明主编：《后现代性与地理学的政治》，上海：上海教育出版社，2001年，第36页。

众的行为方式，从而达到支配空间内群体的目的。譬如，商场内部的走廊路径设置、工厂工作间监控的设置、学校教室的讲台、座位甚至学校围墙的设置等等，通过恰当的区域隔离与联结，以及动用监控的科技空间窥探技术来支配行动者以达到控制的目的。

四、 空间生产

"空间的生产"（the production of space）一词源自于法国思想家亨利·列斐伏尔 1979 年在《空间：社会产物与使用价值》一文："空间的生产，在概念上与实际上是最近才出现的，主要是表现在具有一定历史性的城市的急速扩张、社会的普遍都市化以及空间性组织的问题等各方面。"[1] "空间生产"是"空间中的生产"经历"空间转向"后的结果，其中的空间指广义的社会空间，关注点从单个产品的生产结果转向产品的生产、分配过程以及社会关系的再生产。

（一） 实践哲学： 空间生产的哲学语境

空间生产不能简单理解为空间中的物质生产，而应当理解为空间本身的生产，即需要明确实践对于空间的优先性、构成性和本源性。因而，空间既是被使用或被消费的产品，也是一种生产方式——空间是社会实践的产物。列斐伏尔正是利用空间的实践性将其视作分析批判资本主义社会的理论平台。在实践性的空间领域中，空间是客观的物理领域、主观的心理领域和实践的社会领域统一而辩证地构成的。因而，实践的空间既是客观物质的，也是主观抽象的，既是实在具体的，也是想象隐喻的。简言之，空间是真实与虚拟交织的产物，是物质性、社会性和历史性的统一。

1　[法] 亨利·列斐伏尔：《空间：社会产物与使用价值》，包亚明主编：《现代性与空间的生产》，上海：上海教育出版社，2003 年，第 47 页。

　　爱德华·苏贾将这种"三位一体"的空间形式称为"第三空间"。在他看来,"第一空间"指客观、物理、自然的空间,人们可借助自然科学对其进行探索研究;"第二空间"指主观、想象、精神的空间,人们一般通过艺术文化对该领域进行描述;"第三空间"是前两种空间的解构并通过一定规律建构的产物。在此空间中,主观与客观、主体与客体、具体与抽象、现实与想象、差异与统一、灵与肉等等哲学的矛盾范畴均在此空间中得到统一,相互交织,相互融合,达到和而不同,求同存异的状态。

　　空间生产可分为生产的空间性和空间的生产性。生产的空间性不仅指生产的静态的场所、生产中主客体的在场或缺场,更指向动态的生产的过程以及所得"产品群"组成的空间系统与秩序。简言之,社会生产表现为空间化的物质过程,其实质在于将社会秩序隐藏在社会空间结构中。列斐伏尔认为,"空间本身是一连串和一系列动作过程的结果,因而不能将其归结为某个简单的物体秩序"。[1] 空间并不等同于社会关系,空间是社会关系的基础和载体,社会关系通过空间才能起作用。马克思也认为:"一切生产都是个人在一定社会形式中并借这种社会形式而进行的对自然的占有。"[2] 但马克思将生产及产品的探讨精确到劳动与商品,并未在更为宽广的意义上对生产组成的空间系统进行探讨。空间的生产性指社会主体创建空间结构并将空间结构作为生产关系的载体促进生产力的进一步发展的过程。主要表现为:将建筑、交通设施、地理景观等微观空间资源转变为社会财富;将中观空间中符合工业社会生产的要素进行地理集中,形成城市、都市等空间生产体,快速提升生产力;将全球的宏观空间中的生产要素进行有目的、有计划的空间配置塑造出空间生产力。

　　总之,空间生产是一个历史现象学的还原过程,它将空间与历史有

1　Henri Lefebvre, *The Production of Space*, translated by Donald Nicholson-Smith, Oxford: Blackwell, 1991, p. 73.

2　《马克思恩格斯全集》第三十卷,北京:人民出版社,1997 年,第 28 页。

机结合，自我重组与自我超越，形成"空间化的社会存在"。换言之，通过生产的空间及空间的生产两个过程循环往复，将社会关系固化在空间中，并进一步对空间进行合乎生产的塑造，在社会资源与社会规则上不断积累，推动社会前行。在列斐伏尔看来，社会空间的生产始于"对自然节奏的研究，即对自然节奏及其在空间中固化的研究。这种固化是通过人类行为，尤其是与劳动相关的行为才得以实现的。因此，也就是始于社会实践所塑造的时空节奏。……换言之，既然社会空间也是被使用或消费的产品，它同时就是一种生产方式。"[1] 只有当社会关系在空间中得以表达时，这些关系才能够存在：它们把自身投射到空间中，在空间中固化，在此过程中也就生产了空间本身。因此，社会空间既是行为的场所，也是行为的基础。

（二）地理经济学：空间生产的经济学语境

资本生产在地理上呈现出不平衡的地理发展，而资本正是借助这种地理资源的差异性获得利润差从而使得资本得以幸存至今。在马克思的著作中，也可以看出资本积累是发生在地理脉络中的，并且会创造出特殊类型的地理结构。大卫·哈维认为，马克思"发展出一种新颖的区位理论研究取向（将动态置于事物核心），并说明了在理论上有可能将经济成长的一般过程，联结上对于浮现中的空间关系结构的明确理解。"[2] 这种区位分析可以看出马克思的积累理论与帝国主义理论之间的某些关联性。

首先，土地与资本有很强的关联性。马克思在《资本论》的地租理论认为地租是土地所有权在经济上的实现形式，是劳动者通过劳动创造的剩余价值在各个资本之间按照社会平均利润率分配之后所剩余的部

1　Henri Lefebvre, *The Production of Space*, translated by Donald Nicholson-Smith, Oxford: Blackwell, 1991, p. 117, p. 85.

2　[美] 大卫·哈维：《资本的空间》，王志弘、王玥民译，台北：台北编译馆，2010 年，第 345 页。

分。地租表现为生产关系，是对生产资料占有关系和对社会产品的分配关系。资本主义地租体现着资本主义农业中三个阶层间的关联，具体可分为三类：级差地租、绝对地租、垄断地租。此外，建筑地段地租与矿山地租等非农用地租的内容也包含着前面谈到的三类地租。土地的品质或区位决定级差地租，地租与产业资本结合后具有强大的剥削能力，建立在地租之上的房租也遵循着经济规律。马克思认为，"对建筑地段的需求，会提高土地作为空间和地基的价值，而对地体的各种可当作建筑材料用的要素的要求，同时也会因此增加。在迅速发展的城市内，特别是在像伦敦那样按工厂方式经营建筑的地方，建筑投机的真正的基本对象是地租，而不是房屋。"[1] 因此，地租的本质是超额利润。

其次，资本的空间不平衡发展是资本积累的先决条件，而不平衡空间发展是资本积累的必然结果。"核心—边缘"或者层级化的地理模式都是资本主义生产方式在地理积累过程中形成的。在我国最为突出的就是城乡空间的对立模式，城市的集中、繁华、高效与乡村的分散、萧条、低效形成鲜明的对比。且城市的空间生产支配着乡村，乡村则成为了城市所需生产要素的蓄水池——诸多生产要素（生产资料、劳动力、生产场地等）的供应者。类似的，城市与城市、国家与国家之间也存在着层级差异，社会的空间分工势必造就并加速空间分异。

最后，资本可以利用权力创造出特定的空间结构再生产出经济利润。一方面，资本通过马克思提出的"时间消灭空间"来获取更多利润。资本可以利用廉价且快速的通讯和运输形式进行生产，或者在地理上进行扩展，从而不断缩减通讯和运输成本以获得更多利润。另一方面，资本通过摧毁以往不合时宜的"旧空间"来塑造更适合当下资本生产的"新空间"。随着资本主义兴起而出现的独特的空间结构，包括无法移动的运输设施、工厂或者其他生产与消费基础设施，只有摧毁才能移动（因为作为按照资本工业化逻辑安置的土地固定资产，该空间结构

1　《马克思恩格斯选集》第二卷，北京：人民出版社，1995 年，第 573 页。

本身就是流动性的存在)。

(三) 地缘政治学: 空间生产的政治学语境

资本获得的利润起源于生产中剥削的活劳动。在健全的资本主义经济里,所有资本家都必须取得正利润,也就是说,资本家并不是从贱买贱卖中获利(获得别人的损失),因而活劳动是生产力实质价值增加的唯一源泉。此时,具体的活劳动作为抽象劳动进行异化生产,工人生产的越多,所获得的工资越多,而劳动所得及其在生产中创造的价值之间的差异也变得越大,也就是说,工人受到的剥削越严重。由于资本的流通涉及劳动力作为商品的买卖,买家与卖家的分离意味着劳动力所有权与使用权的分离,从而使得资本家对工人的劳动力与工人本身获得了支配权力。因此,资本的生产体现着权力关系。

经济的行动者(个人、组织、机构)针对他们的资本流通或劳动力部署作出决策,遵循的标准一般有两种:脱离地方奔向报酬率/利润率更高的地方,或者留下来、坚持过去的投入,收回已经体现的价值。对于相对普遍利益的追求会形成相对稳定的区域性、地方性的阶层。城市化是空间生产过程中最有成效的生产方式之一。而城市空间作为人造空间是由设计师或决策者规划设计的,城市空间不同的排列组合方式蕴含着不同的社会关系的含义。列斐伏尔"认为人造环境是'对社会关系的粗暴浓缩'。没有什么东西比'城市化'、特别是设计者在卓有成效地拥护资本主义和资本主义国家的过程中所起的作用更为矛盾重重的了。列斐伏尔认为,设计者正置身于主导性空间之中,对空间加以排列和归类,以便为特定的阶级效劳。"[1] 因此,空间的分区与规划蕴含着阶层的分异与政治意识形态的表达。譬如,富人区与穷人区、城市与乡村、城市中心与城市边缘、别墅区与安置房;城市新建区域规划一般会在边缘

1　[美] 迈克·迪尔:《后现代血统:从列斐伏尔到詹姆逊》,包亚明主编:《现代性与空间的生产》,上海:上海教育出版社,2003年,第98页。

地区进行；安检关卡的设置位置；国际性国家空间模块化分工等等。

第二节　资本与资本的空间性

资本（caplital）的内涵极其丰富，从词源考证看，Capital 作为名词可解释为首都、资本、资源、大写字母，作为形容词可解释为极好的、死刑的、资本的、首都的。Capital 源于拉丁文 Caput，可解释为头、首。Capital 一词在译作资本时只取了名词性定义，失去了头、首、核心等功能性意味。因而，资本一词除了具有资产、资源的意思，从功能的意义讲，还应当具有原动力的、引领事物发展的、首要关键核心的意思。在古典政治经济学中，资本往往指静态的资产、资源、货币等生产要素，这些其实只是资本的表现形式，与资本本身无法完全等同。常规经济学只能把资本标为 K，并把它纳入所设立等式之中，但经济学家们无法对资本实际"是"什么达成一致，因为资本究其本质是一个动态的、抽象的概念，通常表现为资产的存储（机器、货币等等）只是资本的外在形态。在索托看来，资本是蕴藏在资产中，能够进行新生产的潜能。"'资本'这个词开始同时具有两个含义——表述资产（家畜）的物质存在和它们创造剩余价值的潜能……'资本'通常被定义为一个国家中能够引发剩余价值的生产、提高生产力的那部分资产。"[1]

一、资本的概念

大致归纳起来，资本被理解为两大类：作为生产要素的资本和作为社会关系的资本。社会关系资本以生产要素资本为空间载体，在实现资

---

[1]　[秘鲁]赫尔南多·德·索托：《资本的秘密》，王晓冬译，南京：江苏人民出版社，2001 年版，第 33 页。

本增殖的同时，再生产出了资本家对工人的奴役关系。因而，资本是以物为载体，表现为以物与物关系为载体的人的关系。在《资本论》中，马克思认为资本是能够产生剩余价值的价值，是以无限增殖为目的的。

（一）资本是可量化衡量并能实现自我增殖的价值

马克思说，资本是货币，资本是商品（"是"指"表现"），商品与货币均蕴含着资本的核心概念——价值。一方面，资本表现为商品。商品是使用价值与交换价值的统一。个人的具体劳动造就了商品的使用价值，社会的抽象劳动造就了商品的交换价值。交换价值背后隐藏的是由社会必要劳动时间定义的单一的价值概念。价值内化了具体劳动与抽象劳动的二重性，使它们在交换价值的相对形式与等价形式中表现出来，从而通过交换形式结合起来。另一方面，资本表现为货币。货币是作为商品的普遍表现形式出现的，这种普遍性将人与人之间的关系货币化了，从而以表面平等自由的买卖关系、债权人与债务人的关系掩盖了人与人之间现实的社会联系。换言之，用物与物的关系统摄了人与人的关系。如同马克思所言，"货币本身就是共同体"，"凡是在货币本身不是共同体的地方，货币必然使共同体瓦解。"[1]

值得注意的是，价值并不是社会的现实财富。价值不是一个普遍概念，而是资本主义下特有的。作为资本核心的价值，一般指向的，都是交换价值。"活劳动同对象化劳动的交换，即社会劳动确立为资本和雇佣劳动这二者对立的形式，是价值关系和以价值为基础的生产的最后发展。这种发展的前提现在是而且始终是：直接劳动时间的量，作为财富生产决定因素的已耗费的劳动量。"[2] 这段话表明：价值作为一种财富形式，由生产过程中的人类直接劳动耗费形成，可以通过社会必要劳动时间进行衡量（可量化的）；价值作为一种社会形式，以直接劳动时间为

1　《马克思恩格斯全集》第三十卷，北京：人民出版社，1997年，第177页。
2　《马克思恩格斯全集》第三十一卷，北京：人民出版社，1998年，第100页。

基础，不拥有直接劳动时间的产品或者无法通过时间来衡量的产品是无法运用（资本主义的）价值的尺度来衡量的。归根结底，价值只是特定的历史存在，从属于资本主义社会基本关系范畴。此外，价值并不等同于社会财富一般（现实财富或物质财富），价值是以劳动时间和已耗费的劳动量为基础的财富形式，而社会现实财富是不以直接劳动时间为基础的财富形式。这种现实财富的"创造较少地取决于劳动时间和已耗费的劳动量，较多地取决于在劳动时间内所运用的作用物的力量，而这种作用物自身——它们的巨大效率——又和生产它们所花费的直接劳动时间不成比例，而是取决于科学的一般水平和技术水平，或者说取决于这种科学在生产上的运用。"[1] 换言之，当社会技术水平高度发展起来后，以劳动时间继续作为价值的衡量尺度已不合时宜。

综上，资本是一种特定的价值：该价值的衡量尺度具有明显的历史局限性；并非所有的价值都是资本，只有拥有增殖潜能的价值才能成为资本。可见，资本颠倒了使用价值与交换价值的辩证关系，交换价值成为目的，使用价值成为手段。资本的这种历史性的价值尺度是短暂的，最终必然会被更合理的"价值"标准所取代。

（二）资本是异化的社会关系

资本不是物，而是一种以物为媒介的人和人之间的社会关系，即异化关系。恩格斯认为，"资本就是对他人无酬劳动的支配。"[2] 因此，资本不仅是能带来剩余价值的价值，也是建立在以雇佣劳动为基础的异化的社会关系。马克思认为，"有了商品流通和货币流通，决不就是具备了资本存在的历史条件。只有当生产资料和生活资料的占有者在市场上找到出卖自己劳动力的自由工人的时候，资本才产生。"[3] 因而，活劳动

1　《马克思恩格斯全集》第三十一卷，北京：人民出版社，1998 年，第 100 页。
2　《马克思恩格斯文集》第三卷，北京：人民出版社，2009 年，第 280 页。
3　[意] 马塞罗·默斯托主编：《马克思的〈大纲〉——〈政治经济学批判大纲〉150 年》，闫月梅等译，北京：中国人民大学出版社，2011 年，第 81 页。

的买卖是资本出现的前提，仅有物质要素无法使资本成为资本，资本是一种特定的生产关系。资本的社会关系与资本的价值一样，都是历史的、短暂的，而非永恒的。

一方面，资本的异化关系表现为异化劳动关系。在生产领域，异化劳动是市场经济带来的独特的劳动方式。劳动，简单说来是制造使用价值的过程。异化劳动的关键在于为"他人"制造使用价值，这样的生产形式是资本主义社会特有的。马克思认为，所有劳动都具有简单要素和历史形式，简单要素是一切社会形式共有的，劳动过程的每个特定的历史形式都会进一步发展这个社会的物质基础和社会制度，随着社会架构的日趋成熟，特定历史形式会被抛弃，让位给更高级的形式。"劳动这个例子令人信服地表明，哪怕是最抽象的范畴，虽然正是由于它们的抽象而适用于一切时代，但是就这个抽象的规定性本身来说，同样是历史条件的产物，而且只有对于这些条件并在这些条件之内才具有充分的适用性。"[1] 适用于资本主义社会的生产方式就是"真实的劳动一般"——异化劳动。异化的劳动带来异化的关系，一方面，表现为异化劳动不归工人所有，而归人格化的生产条件即资本所有。并非指资本拥有独立于人存在的劳动实体（异化本身不具备实体），而是指异化的这部分劳动正是人们"劳动的客观条件"的一部分。另一方面，表现为为他人生产剩余价值的需要扭曲和支配了人类自身潜在生产力和创造力的普遍异化。因此，异化的社会关系本质上是一种奴役关系。

另一方面，资本的异化关系表现为人与人之间的物化关系。在消费领域，资本用物的关系（商品之间的联系、虚假需求）掩盖了人与人之间真实的社会关系，其物化逻辑导致了消费主义逻辑。在前消费主义时代，具体劳动带来的是个性的、特殊的与人的生存本真息息相关的劳动产品；而在消费主义时代，抽象劳动所得劳动产品是一般的、超越个人真实需求的、与资本增殖逻辑相关的商品。消费逻辑如何能成立？首

---

1 《马克思恩格斯全集》第三十卷，北京：人民出版社，1997 年，第 46 页。

先，资本主义体系下的"商品群"需要重新编码，以商品的价格标签作为资本营造的迷幻世界的参照物，从而催生了消费需求的符号化体系，最后得出了"为消费而消费"的荒诞的消费逻辑。人们在消费空间中所得虚假的社会认同感、价值获得感、社会地位等等，其实质均是商品背后的社会属性的体现。商品的社会属性是由商品自身在商品体系中所处地位所决定的，而商品中的价值又是由社会必要劳动时间的量化标准决定。由此可得出结论，资本在消费空间中颠倒了人与物的逻辑关系，人可被物定量甚至定性，此时的人已被彻底物化，成为资本增殖的推动工具。

（三）　资本是一种权力关系

由上文可知，资本是一种异化的社会关系。这种社会关系体现在资本家与工人之间就是奴役关系，而奴役关系说到底就是一种权力关系。资本的这种权力体现在，一方比另一方拥有更多的有价资源，使得后者对前者的依赖性更强。因而，与政府的"显性"权力不同，资本权力是隐性的强制力，不是让人"不许做"，而是让人们"不得不做"。

在马克思主义政治经济学中，资本一开始体现为资本家占有、并用作剥削手段的生产资料和货币。资本家利用它们作为原始资本获得了雇佣工人的权力。一旦这些生产资料进入资本循环，工人生产出越来越多的剩余劳动，使得资本家拥有了更多剩余价值。换言之，工人生产的越多，受到的剥削越大——剩余劳动可重新投入生产从而加大对工人的剥削度。奴役的权力关系在此循环过程中也得到了放大。可见，资本增殖的最终目的，表面上体现为价值的增殖，实质是权力的增殖。

在日常生活中也是如此，资本的这种"隐性"权力发挥的政治作用已经越来越明显。许多大资本家往往在政治上也颇具影响力，他们可以直接或间接参与国家政策的制定和修改，从而利用政治策略的倾向性获得更多的有价资源和经济收益。在这个意义上，权力关系指向的是资源和规则，而资本正是权力的计量手段。谁的资本增殖效率越高，对劳动者剥削程度越高，获得剩余劳动越多，谁就拥有越大的权力。

值得注意的是，资本的权力一定要获得市场承认，即拥有资本认同的价值（拥有增殖的潜能）。否则，钱拥有再多，也难以获得市场的认同，也就无法获得相应的社会地位与社会权力。比如，无业人员靠买彩票中了大奖，他可以买许多东西，但却无法买来他人的尊重与社会权力。但如果他将所得资金用于购置硬件设施、雇佣工人自主创业，并取得了一定的成就，使资金合法地真正转化为资本，此时的他才能获得相应的权力。因此，资本的权力源于剩余劳动，失去了剩余劳动，资本就不复存在更毋庸说权力了。

二、 资本的运动及其空间本性

资本是能够产生剩余价值的价值，是建立在雇佣劳动基础上的社会关系。"资本作为自行增殖的价值，不仅包含着阶级关系，包含着建立在劳动作为雇佣劳动而存在的基础上的一定的社会性质。它是一种运动，是一个经过各个不同阶段的循环过程，这个过程本身又包含着循环过程的三种不同的形式。"[1] 资本的运动表现为价值不同形态变迁的过程。价值本身则具有独立性，在运动中其独立性不断增强，利用空间保存自身并达到增殖的目的。

（一）资本的运动表现为价值形态的变迁

资本运动的实质是价值形态的不断变迁，而价值的存在需要空间载体，且资本必须不断运动才能达到无限增殖的目的，因此，资本运动是空间性的。马克思认为："资本作为整体是同时地、在空间上并列地处在各个不同阶段上。但是，每一个部分都不断地依次由一个阶段过渡到另一个阶段，由一种职能形式过渡到另一种职能形式，从而依次在一切

1　《马克思恩格斯文集》第六卷，北京：人民出版社，2009 年，第 121 页。

阶段和一切职能形式中执行职能。因此，这些形式都是流动的形式，它们的同时性是以它们的相继进行为中介的。"[1] 因而，资本的运动是承继的、并存的、多轨并置的，并且是复归式的变迁。资本的运动主要体现为以下两种运动结构：

一方面，资本的产生表现为价值的"辩证链条式"运动结构。《资本论》第一卷主要论述了剩余价值生产的过程及动力，以商品为起点，以大卫·哈维提出的"辩证链条"[2] 的运动结构论证了两两矛盾概念的辩证运动，最终扩展到整个资本主义的生产方式。商品蕴含着使用价值与交换价值的二重性，二者统一于价值。价值为社会必要劳动时间决定，同时内化了具体劳动与抽象劳动，二者统一于交换价值的形式。交换价值的形式又可分为等价形式与相对形式，于是出现了货币商品的普遍表现形式。货币形式同质化了一切事物甚至人，以物与物的关系掩盖了人与人的关系，这种拜物教的倾向在市场交换中得到了实现。市场交换的主体关系不是人与人的关系，而是商品所有者（卖方）和非所有者（买方）的物与物的关系，二者交换的对象是货币商品。货币商品在不同的阶段分别表现为价值尺度和流通手段，最终货币商品必会走向统一，形成货币（价值的代表）。货币这种新的"价值一般"带来了新的物化社会关系——债权人与债务人关系。此时流通过程[3] 从 W—G—W 转变为 G—W—G，货币从流通手段转变为流通过程本身的一端，实现了货币的增殖，即 G—W—G + ΔG。此时价值分为在过程中的价值（等价交换）与利润（剩余价值和非等价交换）。资本由此产生。等价交换与非等价交换均属于劳动力买卖的过程，资本既是劳动力买卖产生的原因，亦是买卖劳动产生的结果。买卖的劳动力在劳动过程中会产生 ΔG，资本家可以通过雇佣劳动获得剩余价值。这种非等价的交换的实质与冠

1　《马克思恩格斯文集》第六卷，北京：人民出版社，2009 年，第 121 页。
2　[美] 大卫·哈维：《跟大卫·哈维读〈资本论〉》，刘英译，上海：上海译文出版社，2014 年，第 121 页。
3　G 指资本家预付的货币资本，W 指商品资本，$\triangle$G 是增加的货币，是扣除预付价值以后剩余的那一部分，马克思把它称为剩余价值。

冠堂皇的市场等价交换相互矛盾，这样就揭示出了资本与劳动之间，剥削与被剥削的事实以及产生阶级矛盾、阶级冲突以至于阶级斗争的原因。

可以看出，资本是运动中的价值，上述过程是价值的一系列形态变迁的结果，因而价值作为一种历史规定性是资本的核心概念。用图式表示为：$G—W \cdots P \cdots W'—G'$ [1]，G' 代表 $G + \Delta G$，ΔG 即为剩余价值，是由劳动者劳动过程中注入劳动"质"的结果，劳动能创造价值。但资本主义的劳动是雇佣劳动，劳动与所得价值都不属于劳动者自身。因此，作为社会必要劳动时间的价值蕴含着主客的颠倒——劳动的价值由物决定而不由人的现实劳动所决定。资本具有剥削的本质，生产结构内部必然要产生分异，产生贫富差距。

另一方面，资本的实现表现为不同形态价值相互转化的循环流动结构。正如马克思所言，"只有被理解为过程的资本概念才使得资本既出现在流通条件中，又出现在生产的条件中，并且在流通中最终实现自己，将生产过程纳入自身之中。"[2]《资本论》第二卷主要论述了剩余价值的实现过程，描述了资本的形态变化及其循环，着重探讨了资本循环的三个阶段：货币资本的循环（$G—W \cdots P \cdots W'—G'$）、生产资本的循环（$P \cdots W'—G'—W \cdots P$）以及商品资本的循环（$W'—G'—W \cdots P \cdots W'$）。这三个循环有个共通之处，它们都以价值增殖为最终的目的和发动的动机，并且既是出发点也是复归点。而产业资本的连续循环，不单是流通过程与生产过程的统一，并且是三个循环的统一。如以 Ck 表示总流通过程，上述三个公式，就可以表示为：（Ⅰ）$G—W \cdots P \cdots W'—G'$，（Ⅱ）$P \cdots CK \cdots P$，（Ⅲ）$CK \cdots P$（$W'$）。这中间涉及四个概念：货币资本、生产资本、商品资本和"产业资本"（产业资本理解为三个循环的统一）。资本在这三种循环中具有连续性、继起性、并存性和流动性，其反面则

1　W' 和 G' 表示已由剩余价值增大的 W 与 G，"$\cdots$"表示流通过程的中断，P 指生产资本。

2　［意］马塞罗·默斯托主编：《马克思的〈大纲〉——〈政治经济学批判大纲〉150 年》，闫月梅等译，北京：中国人民大学出版社，2011 年，第 113 页。

是阻碍和可能的中断。这种中断，是资本运行周期中不可避免的，它们会威胁到资本运动的连续性，但它们不一定会引起危机。危机并不一定意味着资本的消亡，换言之，危机是必要的，资本竞争和资本危机会促使资本要素以更为合适的结构重组从而推动资本的重新积累。

（二）　资本的价值独立化及其空间性

价值独立化指价值在资本不同形态变迁过程中拥有了自主性的真实力量。"那些把价值的独立化看作是单纯抽象的人忘记了，产业资本的运动就是这种抽象的实现。在这里，价值经过不同的形式，不同的运动，在其中它保存自己，同时使自己增殖，增大。"[1]

资本运动创生了独立化价值，是自身统治的手段，也是毁灭自己的手段。这是因为，价值独立化会导致资本投机，从而扰乱资本主义生产的正常秩序。其一，价值独立化会使产业资本家的职能越来越转化为各自独立或相互结合的大货币资本家的垄断。价值革命越尖锐、越频繁，独立化价值越与个别资本相背离。价值革命产生于相互竞争中，产业资本推动了技术上和组织形式上的革命，是一种使整个工业区去工业化的神秘力量。在技术快速变化的时代，产业资本家越是持有大量的货币资本，才越有可能等到价值革命的克服和抵消。其二，价值独立化会大大刺激资本蕴含的投机性，影响资本的正常生产。如同大卫·哈维所言，"资本循环过程先天就蕴涵着风险因子和投机因素。投机，通常是指这样一种情形：过量的资本被投入到回报率原本为负值，但市场的狂热力量掩盖了这一事实的活动中。"[2] 此时，价值独立化力量完全压倒了个别资本家的生产初衷，资本的投入以投机为目的，从而破坏了资本的正常生产秩序。其三，价值独立化最显著的体现在，能够持续支撑资本循环过程的，除了资金就是人们的信仰。这样大量的、单方面、强烈的信仰

1　《马克思恩格斯文集》第六卷，北京：人民出版社，2009 年，第 122 页。

2　［美］大卫·哈维：《资本之谜：人人需要知道的资本主义的真相》，陈静译，北京：电子工业出版社，2011 年，第 55 页。

会造就庞大的信贷体系，直至力量超出人为控制能力——即便明知会产生泡沫，狂热的信仰会掩盖这一切。"尽管可以保证资本循环过程结束时产生并获得增殖的方方面面因素都被考虑了进来，所有能做的事情也都做了，结果却不一定像资本家预期的那样。这意味着在决定是否将资金投入循环过程中时，期望、信仰、信心、欲望及'兽性'，就像凯恩斯在 20 世纪 30 年代时所形容的那样，都起着重要的作用。"[1] 对此，马克思指出，信贷体系非常像教徒，它唯一的基础和凭借就是信仰。

价值独立化不仅对资本发展本身会造成秩序混乱，具现化于空间中则会造成资源的高度集中化，以致大量的人力和地力的浪费。价值独立化的概念可能是抽象的，但其作用却是现实的。譬如，随着经济全球化的深入，西方国家"去工业化"导致虚拟经济过度膨胀，脱离了以工业制造业为核心的实体经济，导致资本贬值，工厂倒闭，制造业大规模裁员；价值革命导致了小企业的淘汰，资本越来越向稳定性较强的大资本家汇聚，资本集中导致了空间性的生产集中，如"硅谷"，满足了资本快速增殖的需要，但对于人的需求的满足却并不一定高效。

进一步说来，独立化的价值固化在空间中会形成对劳动者更为强大的空间性奴役。马克思认为，"如果资本的总价值不变，那么生产力的增长就意味着，资本的不变部分（由材料和机器构成）与资本的可变部分相比，即与资本中同活劳动相交换的、构成工资基金的那部分相比会增长。"[2] 一方面，生产力提高意味着用更少的直接劳动就能生产更多产品。由于生产力的发展会使得劳动者更加频繁、更大规模地使用固定资本，同时增加了原材料部分的流动资本，从而使得活劳动部分的可变资本（工资）相对减少。另一方面，生产力的增加加速了资本的价值增殖程度，使得价值独立化的力量增强，固化在空间中成为越来越大的劳动条件与劳动者相对立。一是，表现为作为生产资料的固定资本（如公共

---

1   [美] 大卫·哈维：《资本之谜：人人需要知道的资本主义的真相》，陈静译，北京：电子工业出版社，2011 年，第 56 页。

2   《马克思恩格斯全集》第三十卷，北京：人民出版社，1997 年，第 364 页。

基础设施）的投入变得更大，从而使其从空间上对人的统摄性变得更为强大。二是，由于在工业化的生产方式中，作为生产工具的劳动者可以视为固定资本的一部分，劳动者身体空间的异己方面因投资而增大了。因为这异化的部分并非属于劳动者自身，而是属于资本的，所以异己的部分越来越表现为社会财富与劳动者自身相对立。如同马克思所言"社会财富越来越表现为劳动本身创造的劳动条件"，[1] 其中劳动条件和社会财富对劳动者来说也越来越具有独立性，并且对劳动者的压迫也越来越表现在空间层面，譬如空间监控、空间分割；碎片化的劳动空间分工等。

（三）资本生产的空间结构能加速资本的运动及增殖

马克思也提出，"资本不是物，而是一定的、社会的、属于一定历史社会形态的生产关系，后者体现在一个物上，并赋予这个物以独特的社会性质。"[2] 换言之，他将资本视为的现实社会的生产关系——固化在空间中的社会秩序。因而，不应当泛泛地谈论"劳动"和"社会"，而应当清楚地证明，在现今的资本主义社会中怎样最终创造了物质和其他条件。在经济层面，尤其表现在资本的物质生产过程中，不同的空间会营造出不同的生产模式：地理空间中，资本表现为生产要素集中化的生产；生产空间中，资本表现为"商品群"的生产；工作空间中，资本表现为生产主客体（人与土地资料）的高效分工与不断流动……因此，资本不仅具有空间性且拥有独特的空间结构。

资本对空间的规训表现在，资本在社会空间中不断生产、积累与工人对立的社会财富，从更大的格局再生产出巨大的异己力量来规训自身。因此，资本不是一种个人力量，而是一种社会性力量。第一，资本的增大不会改变劳动者的隶从与榨取关系，也不会给劳动者带来根本的

1　《马克思恩格斯全集》第三十一卷，北京：人民出版社，1998 年，第 243 页。

2　《马克思恩格斯文集》第七卷，北京：人民出版社，2009 年，第 922 页。

解放，只能造成更大范围、更为深入的支配。"随着资本的增长，这种关系不是更为加强，而只是更为扩大，也就是说，资本的剥削和统治的范围只是随着它本身的规模和它的臣民人数的增大而扩大。"[1] 第二，劳动者生产的剩余价值在空间中不断累积并固化，形成社会财富的空间性生产结构，从日常生活的方方面面对劳动者的行为进行规训。真正与人对立的不是对象化的劳动，而是不归于"活劳动"的社会财富的积累。并且伴随着能生产更大量的"社会财富"的生产力的增长，这些"对象化劳动"同"活劳动"相对立。正如马克思所言："社会财富的越来越巨大的部分作为异己的和统治的权力同劳动相对立。"[2] 其中"社会财富"是空间性的积累与建构，资本运用这些社会财富，通过对城乡区域宏观上的规划和对商场、公寓等建筑微观上的建造，对劳动者生活的方方面面进行教化，使得人们的流动形式与自然需求为资本流通与资本需求所取代。劳动者的生活空间被资本的生产空间所奴役。第三，商品社会的空间结构经过符合资本增殖的改造最终成为资本景观社会的一部分，使劳动者无法分清虚拟与现实，形成商品拜物教。马克思认为，"商品形式和它借以得到表现的劳动产品的价值关系，是同劳动产品的物理性质以及由此产生的物的关系完全无关的。这只是人们自己的一定的社会关系，但它在人们面前采取了物与物的关系的虚幻形式。"[3] 人与人之间的真实关系被物与物的关系所遮蔽，人们在"商品群"构成的异质空间中找寻到了所谓的社会地位与社会价值，在看似公平的市场交换中实现了虚假的自由与平等。

三、 资本积累中的空间性

马克思认为，资本是力图超越自己界限的一种无限制和无止境的欲

1 《马克思恩格斯文集》第五卷，北京：人民出版社，2009年，第713页。
2 《马克思恩格斯全集》第三十一卷，北京：人民出版社，1998年，第243—244页。
3 《马克思恩格斯文集》第五卷，北京：人民出版社，2009年，第89—90页。

望，任何一种界限都是而且必然是对资本的限制。在《政治经济学批判》中，马克思比较了资本积累的潜在无限性和物质活动（商品的生产、交换和消费）的潜在有限性之间的矛盾。资本必须力图跨越这些有限性障碍，否则资本将不复存在。因为"只要资本不再感到某种界限是限制，而是在这个界限内感到很自在，那么资本本身就会从交换价值降为使用价值，从财富的一般形式降为财富的某种实体存在。"[1]　因而，资本积累过程中需要应对一系列空间难题以跨越资本的限制，即"用时间消灭空间"。马克思认为，"流通时间表现为劳动生产率的限制……因此，资本一方面力求摧毁交往即交换的一切地方限制，夺得整个地球作为它的市场，另一方面，它又力求用时间去消灭空间，就是说，把商品从一个地方转移到另一个地方所花费的时间减到最低限度。"[2]　资本的空间扩张造就空间积累，在此过程中，资本将其蕴含着的异化关系和权力关系固化在空间中形成特定的结构，从而反过来促进了资本的增殖速度。

第一，资本积累会打破所有的地域限制进行扩张并利用地域多样性创造积累条件。资本并不关注地理空间的地方性，而只关注资本循环的费用和时间。一方面，资本可以利用空间扩张解决资本积累中产生的危机并推进资本积累速度。"为了应对价值革命和激烈的市场竞争，不管是国家还是企业都希望凭借对时空的掌握及领先的技术来获得优势，而不管通过哪一种途径获得发展的优先权，都会给这个国家或地区带来相当可观的经济、政治和军事收益。"[3]　于是资本主义可以通过技术手段或时空的扩展来解决资本扩张中遇到的一切问题。包括通过扩大地域范围和转移市场来解决过剩资本吸收问题，以及通过技术创新来缩短资本周转的空间距离或加快资本周转的速度问题。另一方面，地域差异性和多

1　《马克思恩格斯全集》第三十卷，北京：人民出版社，1997年，第297页。
2　《马克思恩格斯全集》第三十卷，北京：人民出版社，1997年，第538页。
3　[美]大卫·哈维：《资本之谜：人人需要知道的资本主义的真相》，陈静译，北京：电子工业出版社，2011年，第154页。

样性正是资本积累的必要条件。"通过竞争及经济危机，资本积累'事后'的合理化和地理重组过程才得以开始。这也是为什么竞争和危机对于资本主义的演化历程来说如此重要的原因。这也解释了在硬件设施、社会条件和文化条件都相差甚远的世界各国中，为什么资本主义会得以繁荣。……不同地域之间的多样性对资本的再生产来说是一个必要条件，而不是一种障碍。如果这种地域多样性不存在，还必须首先把它创造出来。"[1] 因而，资本可以包容一切资本主义的、非资本主义的生产方式，包容不平等的生产力状况，甚至有意造就不平衡的地理景观。

第二，资本向成本最小、利润最大的区域流动，使得空间—经济的相对空间不停地变换，最终造就集聚经济。高度流动的资本对不同地区之间哪怕是最微小的成本差异都不放过，因为这会为他们带来更高的利润。而交通工具的创新和投资的变更重新更替了原有地理景观，促进资本家蜂拥到利润更大的地方，最终导致很多经济活动聚集在某个特定的地区，形成集聚经济。在集聚空间中，"可以利用的共同的法律、金融、基础设施、交通和通信服务，以及共同的劳动力大军和支付性行政工作，这一切也都会大大降低处于特定地区的资本家的成本，直到拥堵造成的成本超过聚集带来的收益。"[2] 一方面，集聚经济区域中的经济流动性极强，其中经济、文化、政治的高速流动效率和积淀是零散乡村无法比拟的；另一方面，集聚经济区域中虚拟经济的无限性与物理空间的有限性必然产生矛盾，从而形成拥堵，使得资本流动效率降低。此时，资本家会将资本投入成本低廉区域以促进资本的再次积累。

第三，城市空间的创建是资本主义社会用来吸收过剩资本和过剩劳动力的有效途径。土地所有者是自始至终的受益者，社会底层民众则被排除在城市中心之外。土地所有者"可以从土地价值的急剧增长中获

1　[美] 大卫·哈维:《资本之谜:人人需要知道的资本主义的真相》，陈静译，北京:电子工业出版社，2011 年，第 157 页。

2　[美] 大卫·哈维:《资本之谜:人人需要知道的资本主义的真相》，陈静译，北京:电子工业出版社，2011 年，第 158 页。

益，也可以从土地租金及土地上所包括的'自然'资源价格上涨中获益。地租和房地产价格的上涨既取决于对这片土地进行投资，又取决于改变空间关系的投资，因为空间关系的改变可以通过改善访问的便利性而提高土地价值。"[1] 而城市化在吸收过剩资本中具有严重的缺陷：危机的爆发往往预示着城市再次开始重建，而那些贫穷的、处在社会底层的和被剥夺了政治权利的阶级在这个过程中最为痛苦。他们的住房被低价回收，却需要通过高价甚至通过贷款再次买入。居住空间缺乏问题并不是偶然现象，它是一种制度问题。恩格斯在《论住宅问题》中看到，城市中住房缺乏并不是纯粹空间意义上没有住房，而是在一定的社会体制之下造成的分配不均衡。与此同时城市重建在资本主义国家城市发展史上不断重复。

资本的空间积累表现为空间扩张、空间重组以及利用空间资源促进资本再生产。城市则是资本运动和集聚的最好场所。资本的空间性积累在给人们带来便捷生活的同时也带来了一系列社会的甚至政治的问题，这是资本主义的生产结构和积累方式共同造成的。"资本是生产的，是发展社会生产力的重要的关系。只有当资本本身成了这种生产力本身发展的限制时，资本才不再是这样的关系。"[2]

第三节　资本空间的概述

承继着古今联接、世代相袭和历史积淀的社会空间，本应是人与社会关系的本真展现。但随着资本悄然侵入到人类生活中，空间地理面貌与社会关系发生了巨变（比如，乡村城镇化与社会关系物化）。马克思也提到了资本的过度扩张物化了社会关系，"在资本—利润（或者，更

1　[美]大卫·哈维：《资本之谜：人人需要知道的资本主义的真相》，陈静译，北京：电子工业出版社，2011年，第176页。
2　《马克思恩格斯全集》第三十卷，北京：人民出版社，1997年，第286页。

恰当地说是资本—利息），土地—地租，劳动—工资中，在这个表示价值和财富一般的各个组成部分同其各种源泉的联系的经济三位一体中，资本主义生产方式的神秘化，社会关系的物化，物质的生产关系和它们的历史社会规定性的直接融合已经完成：这是一个着了魔的、颠倒的、倒立着的世界。在这个世界里，资本先生和土地太太，作为社会的人物，同时又直接作为单纯的物，在兴妖作怪。"[1] 此时，土地已不单是物理属性的孤立存在，而是具有资本主义社会关系性质的关联性存在——土地虽然在工人手中，却属于资本家，成为了再生产奴役关系的工具。因而这样的土地空间实质是抽象空间，蕴含着权力关系，资本空间应当隶属于狭义的社会空间。

一、 资本空间的概念

（一）资本空间的定义

资本空间是一种以无限增殖为目的的权力关系空间（领域）。本概念的提出可以参照列斐伏尔对资本主义的空间面貌的描述："资本主义的'三位一体'在空间中得以确立——即土地—劳动力—资本的三位一体不再是抽象的，三者只有在同样是三位一体的空间中才能够结合起来：首先，这种空间是全球性的……其次，这种空间是割裂的、分离的、不连续的，包容了特定性、局部性和区域性，以便能够驾驭它们，使它们相互间能够讨价还价；最后，这种空间是等级化的，从最卑贱者到最高贵者、从马前卒到统治者。"[2] 也就是说，由于空间结构也是一种权力结构，资本空间的生产表达是权力关系结构的再生产。资本空间一方面内在蕴含着权力关系，另一方面利用权力关系操控空间以达到无限

1　《马克思恩格斯文集》第七卷，北京：人民出版社，2009 年，第 940 页。
2　Henri Lefebvre, *The Production of Space*, translated by Donald Nicholson-Smith, Oxford: Blackwell, 1991, p. 282.

增殖的目的。因而，资本空间是资本、权力与空间三者有机结合的产物。资本空间可以将资本抽象的指令借助空间结构的持续运作达到支配空间行为主体，最终完成空间生产无限增殖的目的。可见，资本空间的生产目的是资本而非人，是为了将所有可能涉及的空间资源纳入资本循环中，以谋求增殖目的的抽象空间。

（二）资本空间的内在价值转化机制

空间具有使用价值与交换价值两种社会属性。资本空间是以空间的使用价值为基础，以谋求空间的交换价值为最终目的的增殖模式。换句话说，如果将空间视作时间的固化，那么用马克思的术语可以推论，资本空间源于价值空间。使用价值源于现实空间，交换价值源于抽象空间，现实空间与抽象空间的统一造就了价值空间。由上文可知，资本是能够产生剩余价值的价值、异化的社会关系、权力关系。那么，加上时间维度进行考虑，一方面，资本空间就是能够以几何级别产生剩余价值的更大价值格局。在社会关系层面，资本空间就是利用建筑构造、区位规划、地理差异等创生更大社会分异和社会层级的权力关系空间。因而，资本空间就是通过利用空间中的交换价值来达到价值增殖目的的劳动支配形式。譬如，空间在工人看来，就是用来居住的，而在资本家看来，空间是可以用来买卖、出租甚至可以通过拆毁重建来升值的。按涉及范围大小可以大致区分为三种（不是割裂[1]）：微观层面（建筑等）、中观层面（城市等）以及宏观层面（全国的土地或全球性的土地等）。另一方面，由于交换价值源于抽象空间，那么作为抽象空间的房产或者其他空间资产，在资本空间的语境上看，实质上是一种虚拟资产。这意味着，单一区位的空间中，资金可以无限量叠加。房产的使用价值并非不重要，使用价值的好坏可以在某种程度上影响交换价值的增殖速度，

1　微观层面、中观层面和宏观层面三种空间范围并非是绝对的孤立存在，三者存在着部分包含的可能。

但已无法成为主导因素。从空间商品化的角度来看，资本将空间及空间中所有资源货币化，而空间资源作为商品的价格与其所掌握的有价资源多少成正比——量化空间资源的多少与权力成正比。譬如，作为资源核心的城市往往比边缘化的乡村拥有更多的权力。

（三）资本空间的增殖模式

由于资本必须不断增殖才能保存自身，而资本利用空间可以达到更为快速地增殖甚至保持持续增殖的目的。首先，资本投入空间，迅速将流动资本固化在空间中，成为固定资本或不变资本。其次，可以利用信用等价值独立化机制将一切不变资本和固定资本快速转变为流动资本，从而重新进入流通范畴。但这只是资本的单循环过程。资本可以利用空间的多维独特性和空间力的结构推动资本的多轨循环。换言之，资本可以利用空间生产空间，这意味着资本在同一时间段可以经由空间进行多角度、多轨道、多个循环共同进行生产，从而达到几何级数增殖的目的。最后，当既有空间结构或范围无法满足资本增殖速率的需要时，资本可以将其摧毁并重新建构或者利用空间的立体性在其原有基础上进行合乎时代的改造，以加快资本的增殖速度。

资本空间的增殖方式有两种：剥夺式和创造式。一般意义上，传统资本及空间生产的增殖方式是剥夺式的，在人们的物质生活水平得到大幅提升的同时，需要看到，资本以平等交换为假象占有了劳动者的无酬劳动，并且利用空间分异增大了这种剥削。在空间资源紧缺，人们的生产、生活自由受到较大影响的今天，资本空间的生产开始提倡创造式的增长方式。创造式增长的实质在于资本要素自身能力的提高或者各空间要素和生产要素的更为合适的重组。譬如，除了刚性的经济资本指标，当下还出现了人力资本、文化资本、道德资本[1]等柔性管理策略；空间经济学、区位经济学等也成为了当下的热门学科。因此，不能片面地对

---

1   参见王小锡：《道德资本研究》，南京：译林出版社，2014年，第62页。

这两种生产方式进行简单的善恶评价，需得理性看待。在资本空间中，经济评价完全取代了道德评价，对经济增长的盲目狂热的追捧，掩盖了快速经济增长带来的弊端。

二、 资本空间的类型及其生产过程

空间可以脱离资本而存在，资本却无法脱离空间独自增殖。资本"这种有机体制本身作为一个总体有自己的各种前提，而它向总体的发展过程就在于，使社会的一切要素从属于自己，或者把自己还缺乏的器官从社会中创造出来。"[1] 因此，资本可以利用一切能利用的要素生产适应自身流动的空间，并利用空间规训奴役人类再生产自身，若无这类要素，则资本可以将其生产出来以保持资本循环的承继性。

（一） 资本空间的五种类型

以空间生产的理论起点为划分标准，资本空间可分为四类：地理经济空间、地缘政治空间、网络空间、身体空间。这四种空间背后隐藏着最终支配者：权力空间。这五类空间均套用了社会空间的内涵，是实践的产物。其中，地理空间与身体空间是其他空间的物质承载基础，网络空间则依附其他三种空间并利用自身信息传递方式的独特性进一步巩固其他空间中的资本特性。身体空间既是所有空间运行的主体，也是其他空间争相占领的最终空间单位，身体空间本身也正是其他三种空间相互作用塑造而成的。权力空间镶嵌在所有空间之中维持空间运作秩序，并在空间生产过程中再生产出更大的权力。因此，这五类空间相互交织在一起，且随着时间的推移不断变化。

首先，生产要素集中的地理经济空间。生产流动性导致消费空间的高度集中以及空间重组。空间集聚、分散和重组的目的在于减少资本的

1　《马克思恩格斯全集》第三十卷，北京：人民出版社，1997 年，第 237 页。

流通时间，如同马克思所言，力求用时间去更多地消灭空间。"流通时间表现为劳动生产率的限制＝必要劳动时间的增加＝剩余劳动时间的减少＝剩余价值的减少＝资本价值自行增殖过程的阻碍或限制。因此，资本一方面要力求摧毁交往即交换的一切地方限制，征服整个地球作为它的市场；另一方面，它又力求用时间去消灭空间，就是说，把商品从一个地方转移到另一个地方所花费的时间缩减到最低限度。资本越发展，从而资本借以流通的市场，构成资本流通空间道路的市场越扩大，资本同时也就越是力求在空间上更加扩大市场，力求用时间去更多地消灭空间。"[1] 在外在科技条件完备的情况下，尤其在信息化时代，这种资本空间的生产、流通甚至能够完全无视地理环境的制约，达到"时空压缩"，使流通时间无限趋近于零，让人有种一旦交易成功便能获得收益，不需要真实物质交换的感觉，但这只是资本空间的异质化带来的错觉而已。

为了"力求用时间去更多地消灭空间"，以最大限度的减少商品流通时间从而增加资本的增殖速度，消费必须"高度集中"。一方面，空间的高度压缩使得生产可以在世界各地进行，消费者与消费品之间的空间距离大大缩短了。在宏观上，城市化在世界各地如火如荼地推进开来；在中观上，巨型城市成为国家的真正发展引擎，成为文化与政治教育的中心；在微观上，大型超级市场占地越来越大，内容越来越丰富多彩、无奇不有，这样的商业综合体越来越成为人们日常的城市经验；另一方面，消费集中的关键在于包括公共教育、卫生等在内的集体消费。这样的集体消费大多高度集中于大型城市这样的高效能空间，其中的文化和历史的积淀、信息交流的效能、集体消费的质量都是乡村等分散空间无可比拟的。

其次，不平衡发展的地缘政治空间。这是资本主义生产逻辑支配之下造就的必然。换言之，资本的进入并不会让所有人都受益，发达区域

---

[1] 《马克思恩格斯全集》第三十卷，北京：人民出版社，1997年，第538页。

的经济增长都是建立在其他区域资源剥削的基础上的。一方面，资本增殖过程的持续需要充足、可供利用的现实的"活劳动"作为储备。因而，资本积累的复合增长率与人口的复合增长率存在着一定的关系。另一方面，特定的资本积累需要具备有着特定历史背景和素质的社会成员。马克思注意到，"资本主义条件下的生产和交换规律，对于工人的'有机存在'是'漠不相干'的。相反，资本主义造成了一种独特的社会和历史的人口关系，其用意在于总是产生出相对剩余人口——积累的主义杠杆。"[1] 因此，"产业后备军"对资本的再生产和扩张来说是一个必要条件。另外，这支后备军还必须具备以下特征：可得性、社会化、有纪律、符合特定的素质要求（如灵活、温顺、易掌控、掌握必要的技能）。如果这些条件无法得到满足，那么资本的持续积累就会而临严重的障碍。作为产业后备军的工人等弱势群体进入城市的权力被剥夺了，他们无法进入权力中心、知识中心、信息中心，他们被文明社会排除了。资本以价值的尺度对人与空间进行衡量与改造，使其越加适合资本的增长而非人的生存。贫民等边缘群体成为了被资本剥削和压榨的存在，他们所在空间的生存状况资本并不关心。马克思在《资本论》中也描述过这类状况："随着财富的增长而实行的城市'改良'是通过下列方法进行的：拆除建筑低劣地区的房屋，建造供银行和百货商店等等用的高楼大厦，为交易往来和豪华马车而加宽街道，修建铁轨马车路等等；这种改良明目张胆地把贫民赶到越来越坏、越来越挤的角落里去。"[2] 因此，不论科技能使工业生产力提升到何种程度，只要这种生产方式是以资本为基础的，那么越来越多的必要劳动被腾出，不占有或是占有资源相对稀少的空间只能增加越来越多的赤贫，最终形成"核心—边缘"的地理空间景观。

第三，流动的网络空间。网络视域下的资本空间具有两个特点：流

1　[意]马塞罗·默斯托主编：《马克思的〈大纲〉——〈政治经济学批判大纲〉150 年》，闫月梅等译，北京：中国人民大学出版社，2011 年，第 147 页。

2　《马克思恩格斯全集》第四十四卷，北京：人民出版社，2001 年，第 721—722 页。

动性与全球性。网络空间的主要特点是虚拟性、高效性、跨地域性，这些特点一旦运用在具有政治经济地理特征的资本空间中，便与资本结合，提高了资本的流通速度，并将资本空间的生产范围扩大至全球。网络信息的虚拟编码方式与全球化传播方式会在某种程度上逐步消解主体认知的地方性，从而造就一种非历史的"流动空间"。此外，提供统一平台的网络空间看似提供了平等自由，然而在权力的操控下实则加大了社会阶层差距。一般的网络共享资源同一地方同一阶层所享有的差异并不大，但个人利用信息资源能力有差别，网络资源很容易被有能力者利用拉开与平凡者的差距；精英阶层可以通过特定的网络圈子获得其他阶层无法得知的信息，以掌握先机与时局，在此过程中，圈外低阶层者完全失去了话语权。因此，网络空间最终成为了精英阶层的话语传播媒介，带来有限自由的同时，是更大格局的支配与奴役。

　　第四，资本化的身体空间。身体并非是一个封闭的实体，而是在多重时空过程中被创造出来、被限制、维持并最终消融其中的多维半开放空间。福柯认为，在我们今天的社会里，对于我们肉体的规训应该放在政治经济中来考察：肉体及其力量、可利用性和可驯服性、安排和征服。"肉体也直接卷入某种政治领域；权力关系直接控制它，干预它，给它打上标记，训练它，折磨它，强迫它完成某些任务、表现某些仪式和发出某些信号。这种对肉体的政治干预，按照一种复杂的交互关系，与对肉体的经济使用紧密相联；肉体基本上是作为一种生产力而受到权力和支配关系的干预；但是，另一方面，只有在它被某种政府体制所控制时，它才可能形成为一种劳动力（在这种体制中，需求也是一种被精心培养、计算和使用的政治工具）；只有在肉体既具有生产能力又被驯服时，它才能变成一种有用的力量。"[1] 因而，身体在政治、资本以及个体化差异的历史、地理等不同时空要素相互作用中塑造出来。此外，

1　[法] 米歇尔·福柯：《规训与惩罚》，刘北成、杨远婴译，北京：生活·读书·新知三联书店，2007 年，第 27—28 页。

身体空间将创造、支撑、维持与消融它的这些过程中各种影响内化，聚集形成复杂有序的形式。最后，身体空间按照自我需求和偏好形成的内在表达塑造外部空间。

可见，一方面，不同层面的空间结构相互渗透叠加，把整体和局部联结在一起，把虚拟与现实交织在一起。另一方面，社会经济和知识的发展进程先天具有分割化的倾向，而资本与权力的介入加速了这种割裂。使得资本空间最终呈现出多面性与多重符码化。因此，列斐伏尔提醒道，"绝对不能认同清晰明澈的空间表象，原因恰恰在于，这些空间本身已经提供了明晰的表现。"[1]

（二）资本空间的生产过程

马克思认为："一切生产都是个人在一定社会形式中并借这种社会形式而进行的对自然的占有。"[2] 资本生产说到底是人通过特定的历史形式占有自然。资产阶级事先夺走了劳动者的劳动资料和劳动对象的空间，使得劳动者同他的天然的试验场即土地相脱离，产生了可以自由买卖的活劳动以及自由买卖的财产。因此，资本实质上是历史性的支配关系，这种关系蕴含着权力。资本生产空间的过程是权力、资本和社会共同作用的结果。因此，按照资本空间生产的理论逻辑，其生产顺序应当是：权力的空间化、空间的异化、空间的商品化、空间的拜物教。

第一，权力的空间化——领域化。权力的空间化意味着资本将自然偶然获取的支配结构逐渐转化为历史性的必然控制结构，从而获得了控制资源以奴役他人的"合法性"。权力存在于人类行动中并通过人类行动得到运作。"权力产生于支配结构的再生产，支配既包括人类对物质

1　Henri Lefebvre, *The Production of Space*, translated by Donald Nicholson-Smith, Oxford: Blackwell, 1991, p. 189.

2　《马克思恩格斯全集》第三十卷，北京：人民出版社，1997 年，第 28 页。

世界的支配（配置性资源），也包括对社会世界的支配（权威性资源）。"[1] "每个个人以物的形式占有社会权力。"[2] 资本家最初通过圈地运动强行占用配置性资源，从而获得了先于生产之分配的权力，再对生产工具与社会成员进行分工，这种分配方式就是生产关系。长此以往，生产关系逐渐成为生产制度，使得偶然性的生产结构转化为必然性的控制制度在时间与空间中扩展开来。自此，资本家又占有了权威性资源从而得到了支配工人的权力。

权力的空间化意味着，人被领域背后的权力所支配。资本通过权力操纵手中的资源与规则对空间分别进行宏观的（全球）、中观的（城市）、微观的（建筑）的规划与构建，从而控制了人类的流动方式与行动范围，人们的生活方式更为自由，但也更不自由。换言之，空间呈现出什么状态，空间中的人就会按照空间的意志而行动，人的存在本身就是空间的表达。譬如，"核心—边缘"的城市区间传递着资本聚集的信息，使得人们生活节奏更快，工作更为繁忙，日常生活空间也越来越向资源集中的核心区域聚集，从而更快地促进资本的增殖。

第二，空间的异化。权力的空间化会造成空间的异化。空间的异化，指人类自己建立的日常空间反过来脱离人的本性并奴役人类自身，表现为"无意识的强制"。尤其体现在城市中大型公共基础设施的构建，带来便捷生活的同时大大规训了人的行动范围与时间，成为推动资本增殖的大型"固定资本"。空间的异化源于异化劳动，源于异化劳动生产的越来越巨大的社会财富作为异己的和统治的权力与劳动相对立。"关键不在于对象化，而在于异化、外化，外在化，在于不归工人所有，而归人格化的生产条件即资本所有，归巨大的对象化的权力所有，这种对象化的权力把社会劳动本身当作自身的一个要素而置于同自己相对立的

1　［英］安东尼·吉登斯：《历史唯物主义的当代批判——权力、财产与国家》，郭忠华译，上海：上海译文出版社，2010 年，第 92 页。

2　《马克思恩格斯全集》第三十卷，北京：人民出版社，1997 年，第 107 页。

地位。"[1] 也就是说，资本空间仅传递了资本增殖的需求，并未告知人们应当关注自己的身体、自己的家庭、自身存在的价值等真实的属于人本身的东西。外在虚假需求实现的越多，只能越加弱化人们内在本真的欲求。人的身体空间也就沦为资本空间的生产工具。

第三，空间的商品化。资本主义生产关系下的异化空间在流通过程中表现为空间的商品化。空间的商品化指空间及其连续性被切断成为原子式的存在，可供切割与买卖。商品化的空间买卖表面指向物理空间，实质是空间中的资源，包括自然资源与社会资源。尤其在核心城市，建筑类型、地理位置、空气、交通等都成为了商品化的对象。空间商品化的关键在于空间能够被货币所瓦解并衡量。马克思认为，"货币本身就是共同体"，"凡是在货币本身不是共同体的地方，货币必然使共同体瓦解。"[2] 以货币为核心会形成"普遍的物化"社会，不仅瓦解了土地连续性，也瓦解了人类群体道德文化关联性的传承。资本空间的流动性使得土地的自然物质变换断裂，与土地相关的可持续性是生产的一般前提，但资本主义违背了这个前提。进而使生存在土地上的人们世代相连的地缘德性、文化的传承发生断裂，邻里村落成为公寓楼房，熟人圈的社会被撕裂成为陌生人社会，团结互助成为理性算计。

第四，空间拜物教。随着空间商品化的深入程度与影响范围的不断扩大，空间商品化最终会走向空间拜物教。空间拜物教指人们构建的空间反过来主宰人的行动并成为人类崇拜的对象和最终追求的目标。形成拜物教的原因，马克思认为，"商品形式和它借以得到表现的劳动产品的价值关系，是同劳动产品的物理性质以及由此产生的物的关系完全无关的。这只是人们自己的一定的社会关系，但它在人们面前采取了物与物的关系的虚幻形式。因此，要找一个比喻，我们就得逃到宗教世界的幻境中去。在那里，人脑的产物表现为赋有生命的、彼此发生关系并同

1　《马克思恩格斯全集》第三十一卷，北京：人民出版社，1998 年，第 244 页。
2　《马克思恩格斯全集》第三十卷，北京：人民出版社，1997 年，第 177 页。

人发生关系的独立存在的东西。在商品世界里，人手的产物也是这样。我把这叫作拜物教。"[1] 换言之，商品一旦进入交换过程，便会变得既具有物理意义又拥有了超感觉的属性的产物。使用价值与交换价值交织，商品这一集合构成了"假中有真、真中有假"的迷幻空间，人理性思考被麻痹了，只能以商品作为参照物，在"商品社会"中寻求社会地位、身份、权力等幻象。人们将资本空间中物与物的关系置于人与人的关系上，将物的需求视作自己的真实需求。人真正的精神需求就这样被不断压制，从而人们只能在食欲、性欲、娱乐、赌博等低级欲望中发泄自我实现欲求。

　　然而，从历史逻辑来看，在现实世界中，资本空间利用其流动性对世界各地的地方空间进行渗透，使得原有的世界格局从"全球（世界）—国家"的二维线性关系转变成为"全球（世界）—国家—城市"之间更为复杂的三维关系。具体说来，资本为了解决"过度积累"危机，通过锐利的资本嵌入他国的领域，拓展了资本生存的空间，增强了资本对于地方的渗透能力以及韧性生产的能力。这一结构性的深层变革改变了国家（权力）与城市之间的关系。随着信息时代的到来，资本流动空间的障碍（地方地理环境障碍和乡土社会障碍）逐渐消除。城市也日益脱离了原有的乡土社会，并且有些城市甚至突破了他国边界成为国际化都市，从而在不同层次、不同深度涉入一个全球互联的经济世界；与此同时，民族国家在一个流动性加速的时代显示出其强烈的功能演化和角色变化，与国际的空间分工接轨。

三、 资本空间的不平衡发展理论

　　不平衡的地理发展可以追溯到马克思所说的"原始积累"。马克思的原始积累是创造资本主义生产方式的过程，是生产资料和生活资料转

---

1 《马克思恩格斯文集》第二卷，北京：人民出版社，2009 年，第 139 页。

化为资本、直接的生产者转化为雇佣工人、生产者和生产资料相分离的过程。而且这种原始积累不仅是对内剥夺，而且离不开对外剥夺。资本原始积累通过贸易公司、贩卖奴隶和早期的殖民征服掠夺了大量的财富，为大规模的资本主义生产提供了资金。马克思将这个过程看作是"形成资本及与之相适应的生产方式的前史。"[1] 但是，原始积累过程在资本主义生产方式确立以后仍然存在，因为非资本主义经济成分仍然存在，对其挤压和剥夺也一直在进行。尼尔·史密斯（Neil Smith）与大卫·哈维都是从城市空间问题研究入手逐渐走向不平衡地理发展理论的。哈维通过资本的地理积累来研究城市空间构型模式；史密斯主要关注点是 20 世纪 70 年代以后北美内城的大规模绅士化运动，再从绅士化理论过渡到不平衡地理发展理论。史密斯认为，绅士化的争论围绕的论点在于："此运动主要是由资本逐利的本质造成，还是由中产阶级的消费文化导致的；在不同空间规模上，同时发生的绅士化模式能否得到统一的解释。"[2] 可以看出，空间不平衡发展理论内含这三种逻辑：逐利的资本地理积累逻辑、自由主义的霸权逻辑以及资本积累背后的政治权力逻辑。然而在考察这三种社会性逻辑之前，有必要对于空间不平衡的自然性地理发展逻辑进行探讨。

（一）自然性与社会性：空间不平衡的地理发展逻辑

没有一个社会进程在空间上是平衡发展的，换言之，空间不平衡发展是一种常态。因为先天地理资源、地理区位总会存在差异，人们在差异性地理基础上按照人们各自方式进行生产，所得空间自然也具有地理性与历史性的差异。在地理空间中，差异性体现为发展不平衡，在社会空间中，差异性体现为社会不平等。因而，这种不平衡是先天造就的。

1　《马克思恩格斯文集》第五卷，北京：人民出版社，2009 年，第 822 页。

2　Martin Brockerhoff, "Book Review on The New Urban Frontier: Gentrification and the Revanchist City", *Population and Development Review*, Vol. 23, No. 2 (Jun., 1997): p. 441.

如同爱德华·苏贾所言："（社会）灌输的非正义进入我们的地理（和历史时期）；它以最基本的方式体现不平等，它由个人行为和整个社会进程中不平衡的地理影响所产生。"[1] 在这个意义上，任何有意义的地理空间不可能存在完全的平等，总会存在变化与差异，但是并非所有变化和不平等都具有社会意义。

一方面，非社会意义的地理差异。先天地理区位差异与不同距离间的交流方式的变化会造成空间的集聚与分散，从而造就地理发展不平衡。"距离的相关物质的摩擦不仅使两个实物不可能同时占据相同的地方，也导致其他方面的不平衡。人们的行为与集体社会背景构成人类活动的真实'发生'，这会发生在特定的地方和空间，因此人们往往聚集在一起，寻求亲近以减少穿越距离时在实践和能源上的消耗。"[2]

另一方面，社会意义的经验主义差异地理。具有社会意义的经验主义地理就会与正义理论产生关联，因为人们在潜意识中，其缩短距离的行为本身就是一种社会地理行为，它具有潜在的主观倾向。除开地理空间布局的差异性，人们在地理上的行为很难完全均匀或者任意地分布在空间中，我们的行为和活动往往会或多或少出现节点，集中在特别的中心地带或集聚地带。由此产生的集聚中心位置和未集聚的分散区域会产生分配不均的优势和劣势。这是由人类空间组织的本性和规律与差异的地理空间相互作用最终产生的，是一种非正义的经验主义地理。

因此，苏贾认为，"不管什么样的特定来源，地理发展的不平等是创造和维持个体和社会的不平等，进而导致社会和空间的非正义的一个重要因素。不管如何界定平等，只有当我们远离和忽略人类生活的空间，我们才可以设想个人和集体完全平等这种情况。"[3] 也就是说，地理

1　[美]爱德华·W. 苏贾：《寻求空间正义》，高春花、强乃社等译，北京：社会科学文献出版社，2016年，第68页。

2　[美]爱德华·W. 苏贾：《寻求空间正义》，高春花、强乃社等译，北京：社会科学文献出版社，2016年，第68页。

3　[美]爱德华·W. 苏贾：《寻求空间正义》，高春花、强乃社等译，北京：社会科学文献出版社，2016年，第69页。

差异与人类社会两种空间及其发展变化的差异性决定了空间不平衡的地理发展必然性，并且人类活动不仅受到地理不平等的影响，在生产和发展这些不平等的现象中也起着重要的作用。

（二）社会经济性：不平衡地理发展的资本积累逻辑

诚然，空间不平衡是地理发展的常态，但是，资本空间的发展的不平衡性有其独特的地理景观。马克思认为，资本必然会因边际递减效应使得利润率逐步下降，从而遭遇自身的界限，形成资本危机。最后从历史性的角度得出结论，资本必将走向灭亡。值得注意的是，马克思在此过程中利用历史必然性压抑了资本的幸存逻辑。与马克思不同，哈维反而将资本生产的空间性引申出来并重点研究了资本空间积累造就的城市空间构型模式，资本利用空间再生产出了更为严重的空间发展不平衡与社会不平等。

按照资本生产规律，资本空间生产在地理空间中不断扩张，并呈现出"核心—边缘"的地理对立模式。前文述及，资本希望通过利用时间消灭空间来达到利润大幅增殖的目的，同时也意味着残酷的、更新换代式的创造性毁灭，哈维称之为"空间修补"。然而，一方面，资本增殖需求的无限性与实际空间的有限性存在矛盾。"资本按照自身逻辑不断调整生产、交换和消费的地理分布，从而塑造人与人之间的社会关系。虽然关于商品和劳动力的信息可以在网络空间上流动，但是商品和劳动力本身尚且不能做到这一点。"[1] 因而，创造完全不存在空间障碍的世界是不可能的。另一方面，资本形态的快速转换与空间资本的固化形式存在矛盾。例如，只有通过发生在特定空间的积极生产活动，资本才能自由地完成流动。这里所说的资本包括各种形式的资本，从货币到有形的商品、人力资本以及服务等。但是，投资于土地的资本在不遭受破坏的

1　[美]大卫·哈维：《资本之谜：人人需要知道的资本主义的真相》，陈静译，北京：电子工业出版社，2011年，第185页。

情况下，是无法流动的。附着在土地上的固定资本或许有助于可流动资本的流动，但若流动资本并不遵循固定资本确定的地理路径，固定资本的价值就会遭受损失。

正如马克思所言，资本在自己的领土内遇到了障碍。障碍本质上是人的需求与资本需求不符，即便资本通过精心算计空间构型、人的显性需求甚至潜在需求，既定的空间也永远无法满足人们的所有个性化需求。"资本永无休止的循环和周转的要求与逐渐僵化的城市环境（想想纽约和东京所投入的数额巨大的固定资本）之间的脱节变得越来越戏剧化。"[1] 并且，造成这种脱节的原因不仅在于资本的积累逻辑，还在于新自由主义的决策因素。实际上，不存在单纯经济上的资本积累，积累过程必然与政治权力相联系。

（三）政治经济性：不平衡地理发展的新自由主义霸权逻辑

随着全球化浪潮的到来，城市化也成为了繁荣进步的标志。尤其是发展中国家，乡村的城市化成为必然趋势。然而，这种城市化并未深入开发乡村的地方性特点，而是通过建造标志性的城市建筑、城市景观等吸引外资达到整体发展的结果。并且，这种发展模式蕴含着资本空间不平衡发展的必然逻辑，因而资本的进入不会使所有人受益，最终仍旧会呈现出"核心—边缘"（剥削、被剥削）的不平等趋势。哈维指出，这种城市企业化的思维方式往往得到的结果就是"面包缺少了，马戏表演还是成功了"；实质性的改进失败了，表面的改善大行其道；形象完全战胜了本质，其背后弥漫着新自由主义的霸权逻辑。

新自由主义，一方面使资本积累的条件最大化，反对国内经济的干预，无视对社会就业或发展产生什么不良后果。20 世纪 70 年代以来，随着凯恩斯主义的失败，新自由主义逐渐进入世界舞台中心，并且成为

1　[美] 大卫·哈维：《资本之谜：人人需要知道的资本主义的真相》，陈静译，北京：电子工业出版社，2011 年，第 187 页。

美国霸权话语的一种理论基础。其策略是大力推行财产"私有化"、最大程度去除国家的"管制化"以及最大程度清除限制资本流动的国家与国家之间的阻碍；另一方面，新自由主义反对民主，崇尚独裁。抛弃民主和通过议会来制定政策等途径；同时压制一切限制资本积累和社会团结（如工会）的形式，推行国家福利（如医疗、教育和社会服务等）的最小化。新自由主义的主张与社会民主国家所提倡的充分就业、最大限度地提高全体公民生活福祉的策略完全相反。

因此，新自由主义说到底是政治性的，它提倡的与它实质拥护的二者充满了各种矛盾。哈维在《新自由主义和阶级权力的复辟》（2006）中认为，新自由主义"一方面需要维持金融体系的完整性和稳定性，另一方面却制造投机性的不可测和周期性的不稳定；一方面鼓吹竞争，另一方面却通过力量的垄断来压抑竞争；一方面极度提倡个人（公司）的自由，另一方面为了维持统治制造压迫关系。新自由主义宣称是为了经济的发展，为了全体民众的美好生活；而事实上，这一目标与其带来的严重的社会不公平存在着激烈的冲突。"[1] 因此，新自由主义的实质在于，按照精英阶层的意志将一切资本化，并以牺牲底层民众以及小资本者的利益为代价，从而达到对所有者资本积累的权力中心和金融机构进行再配置的目的。换言之，新自由主义的目的在于构建一种加大不平等"剥夺性积累"[2] 的增长机器——经济的与政治的。新自由主义的"剥夺性积累"逻辑无法真正带领所有人走向富裕，因为它压抑了人们的创造性，所得"财富"是抢夺而来的，这样得来的经济的繁荣必是短暂的。

1　杨宇振：《资本空间化——资本积累、城镇化与空间生产》，南京：东南大学出版社，2016年，第37页。

2　哈维指出，剥夺性积累有四种主要表现：（1）私有化，比如把国有企业变成私有财产，把财富从公共领域和大众手里转移到私人和特权手里；（2）金融化，成为通过投机、掠夺、欺骗和盗窃来进行分配活动的主要手段；（3）危机管理和操纵，已经成为人为地将财富从贫穷国家再分配给富裕国家的"精巧艺术"，而其中，国家干预和国际机构的主要功能就是生产剥夺性积累，同时保证不造成全面的崩溃和民众的全面反抗；（4）国家的再分配，通过分配机制的调控，把财富从社会底层导向社会上层流动。参见杨宇振：《资本空间化——资本积累、城镇化与空间生产》，南京：东南大学出版社，2016年，第37页。

譬如，美国成功的秘密在于通过在世界各地进行包括直接投资和政权投资在内的经营，抽取高利润的回报。

这种新自由主义的霸权逻辑会带来严重社会后果。皮埃尔·布迪厄（Pierre Bourdieu）认为，新自由主义看重经济发展、不计社会成本，使得社会越加不公平，底层民众越加贫困，文化生产独立性越加薄弱（同化为全球性商业文化，主要指欧美文化）。与之相对应的是，国家、政府组织、社会公共机构等公信力、执行力等都受到了普遍质疑和严重损毁。在国家和经济的上层，甚至企业内部，弥漫着社会达尔文心态，极度崇拜和献媚"赢家"，只注重财富的结果，而不注重是否遵循合乎德性的过程。这种以经济作为唯一评判指标的做法，推翻了所有的道德价值判断标准。哈维认为应当创造出一套不同的价值观，即开放的民主——专注于争取社会平等以及经济、政治和文化公正的开放的民主。然而，在新自由主义占统治地位的整体框架下，任何平等、公正的提倡一旦要涉及政治领域，定会失去其应有含义。

（四）社会政治性：不平衡地理发展的帝国主义政治逻辑

新自由主义的这种"剥夺式积累"是在新帝国主义的背景下进行的。新的帝国主义与二战前的古典帝国主义存在根本区别，即新帝国主义不再追求表现为领土兼并和殖民征服的直接政治统治，而是注重以经济全球化发挥垄断资本权力的控制作用。从帝国主义论到新帝国主义论，实质上是对资本主义不平衡地理发展的历程所做的一种政治理论的把握。"在新帝国主义时代，前资本主义的积累逻辑消亡，暴力蜕变为资本积累的单纯手段，体现了新帝国主义的本质特征。新帝国主义研究的进一步发展将聚焦于垄断资本主义新阶段，即霸权国家的政治权力与经济权力在全球范围内结合形式的新变化。"[1] 因此，新帝国主义问题不

---

1 陈人江：《从帝国主义到新帝国主义：本质内涵与问题意识辨析——兼评国际左翼的帝国主义理论》，《教学与研究》2015 年第 7 期。

仅与资本主义经济发展问题相关，更受到战争等超经济暴力形式的极大影响（尤其是美帝国主义）。

可见，资本主义的殖民方式有两种：政治殖民与经济殖民，分别对应着经济殖民地和政治殖民地。而新帝国主义与经济殖民地相联系（非暴力统治的经济附庸）。战后发达资本主义国家正是运用这种方式对落后国家进行统治。因此，也可反向看出经济上的控制和垄断并不必然引起政治上的控制和垄断。

从空间角度，帝国主义可以看作是资本主义对非资本主义的空间剥夺。各帝国主义国家之间的竞争的目的是殖民地，而新帝国主义国家争夺的则是资本。在帝国主义以自我为中心实现资本全球化以后，呈现出全球的"核心—外围"的不平衡地埋发展。因而，体现为中心资本主义对外围资本主义的支配与剥削。比如，在同一资本体系内部，不同部门之间，抢占核心资源程度不同也会造就部门与部门间的生产不平衡。因此，资本主义生产必定会导致不平衡发展。如今，美国等发达资本主义国家，在新帝国主义时期里，通过核心知识和技术（核心资本）运用战略性手段对发展中国家（外围资本）进行层级式剥夺。剥夺性积累正是通过空间不平衡再生产出更大的不平等，从而为核心资本获取更大的增殖速率！但这也使得中心资本阶层逐渐沦为"食利者"，仅依赖以往的资本积累无偿占有边缘资本，失去了生产性与创造性。

资本空间正是通过新帝国主义这种新型的空间积累模式消耗过剩的资本，从而达到延缓经济矛盾，获得持续收益的目的——哈维称之为"空间修复"。这种做法虽然在一定程度上满足了其他区域的市场需求，增加了资本利用率，但也在空间生产过程中再生产了新帝国主义的权力关系，使得弱国遭受更大的剥夺和奴役。

第二章　资本空间的伦理内涵

　　资本空间是资本家、政治家长期操纵空间建构所得的产物。因此，资本空间绝不是价值无涉的，相反，特定的资本空间必然表达着特定精英阶层的意志，尤其是资本家与政治家的金钱欲与支配欲。这些意志隐藏在普通民众的日常生活空间中，常被粉饰成"文明"而备受人们推崇。并非是资本家与政治家的伪装非常高明，而是因为资本空间在事实上确实给人们带来了自由感、愉悦感，即便这种快感是转瞬即逝的，人们也无法将其"戒除"。因为，归根结底，资本空间并非是人类生活的大敌，它是人们走向解放的必经的阵痛过程。

第一节　资本空间的道德本性

一、资本空间"价值中立"的假象

　　价值中立（value-neutrality）或称价值自由、价值无涉（value-freedom）是西方社会科学研究中出现的一种带有客观主义色彩的方法论原则。在经济学研究中要求研究者在经济推演中摒弃任何社会价值、个人情感或伦理观念，将经济学置于纯粹科学的领域，以得出精确的经济结论。然而，事实证明，这种自以为的"严谨"只是假象，任何由经济学家参与制定的经济改革政策必然会包含一定的价值判断和价值偏好。价值中立原则成为了掩盖社会特殊团体私利的"挡箭牌"。"在当今中国经济社会发展的大背景下看待自由主义经济学家的'价值中立'立场，就不能只是将之看作一个经济学研究的方法论问题，更应视为一个与中国的经济社会变革和发展有着密切关联的现实问题。"[1]

（一）经济学的价值中立观念

自由主义经济学家总会试图将经济学拉进自然科学的范畴，规避价值的检验，认为经济学是"去道德化"的价值中立的科学。他们擅自将价值中立等同于"道德中立"，认为经济学是建立在严格逻辑演绎推理之上的自然科学，它不应受到社会价值尤其是道德价值的影响。在对经济现象进行观察、探索、解释和决策过程中，只陈述事实，摒弃价值判断与个人好恶，采取一种"不偏不倚"的科学态度。

马克思·韦伯早在19世纪末20年代初在关于社会科学方法的讨论中就提出了价值中立的观念。他为了批判经济学伦理化与主观化的倾向，吸收了实证主义社会科学方法论中的价值中立的思想。在韦伯的观念中，经济科学研究与价值还处在既对峙又相互关联的关系中，韦伯之后的西方经济学者，则逐渐将二者对立起来，他们以经济的科学性反对经济的价值性。例如，西方自由主义经济学家的代表弗里德曼（M. Fridman），在经济学与价值判断的关系问题上，坚持"价值中立"的立场。认为经济学不能也不应当涉及价值判断。然而，这种使社会经济科学强行完全合乎自然科学标准的实证主义方式，忽视了人的自主性与自由性，造成了经济理性的过度膨胀，以至于最终将经济自由等同于社会自由，将资本自由等同于个人自由。

1　孙春晨：《经济学能超越价值判断吗——基于弗里德曼"价值中立"观点的分析》，《中州学刊》2014年第11期。

（二）资本价值观的核心：自由胜过了一切

完全自由的市场可以自动整合一切资源，因此资本的自由代表一切。资本主义的市场经济是资本主义核心价值观形成的经济基础。自由（不平衡）发展自身并没有利益群体上的偏向，它由市场决定，某一个地方以某一个方式得到发展是因为它和市场的需要相吻合，而这些发展也必将依照市场法则惠及相关人等，从而最终提升公共福利。换言之，如同曼德维尔所言，私人的恶德会带来公众的利益，以市场为导向，最终必然可以通过"看不见的手"自动整合一切资源，使大家共同受益。因此，西方资本主义社会要求经济的绝对自由以及个人的绝对自由，自由市场经济是整个西方社会核心价值观的基石，也同时奠定了当代西方市场本位和个人价值至上的核心价值理念。这些宣称所有的增长都能增进公共福利的观点并不正确，增长可能只惠及一小部分人，甚至于在很多方面，其结果都是负面的。

（三）资本价值观的霸权逻辑：自由导致的不平等是正义

资本主义认为，在起点公平和机会均等的前提下所产生的分配结果是正义的。然而，资本主义的平等只是自由，强调的正义只是程序正义。资本主义的平等观只是市场交换的平等，机会或者规则的平等，忽略了实质的起点与结果的不平等；同理，资本主义的正义强调程序的正义、过程的正义，不考虑实质的正义。此时的"平等"和"正义"等同于"自由"，在"平等"与"自由"间并未建立起保持平衡的张力。在这种逻辑下，结果的不平等只是个人能力不足导致的结果。这点从马克思对商品的分析中就能看出：马克思认为"商品是天生的平等派"，商品的量化价值尺度，抽象掉了使用价值的质（社会关系）的差别，以至于个体差别被隐藏了，呈现出"金钱平等"的假象。

这样的平等一旦置于实际社会空间中就消弭殆尽了，因为这些行动者对空间的交换价值和使用价值的追求不同：资本家与工人即便获得相同的货币，货币的来源完全不同，再加上资本主义的制度决定了工人拥有再多的资金也只能被资本家剥夺；金钱的获得是一回事，使用是另一回事，资本家与工人的生活空间不同，阶层视野不同，资本家懂得买房产再投资，而工人只懂得买房住宿；由于资本家与工人的先天占有空间资源不同，金钱转变为资本以及资本的增殖潜能也会随之不同。可见，自由分化无法避免，不作为的"平等"、"正义"反而会加大分异。

因此，资本主义的其他价值观（平等、民主、博爱等等）相对于自由而言都是形式，自由，尤其是精英阶层的自由才是社会意志的真正表达。亚里士多德认为，正义就是各司其职。补全这句话，正义应当是各司其职、各尽其能、各得其所。而这必须建立在社会整体资源可以共享的基础上才可能真正实现，但若缺乏合适的社会规范势必义会造成社会秩序混乱。然而，秩序往往意味着分层、独裁、霸权。在自由与平等间维持一个永远平衡的张力着实困难。

（四）　资本空间价值中立的理念造就了阶层壁垒的固化

价值中立的资本发展理念不仅会掩盖实际社会中先在的不平等的生产层级，还会关闭人们试图在社会层级中向上流动的欲念，使得社会阶层壁垒固化。再加上社会的精英阶层可以进一步利用城市空间作为资本利益集团控制生产和再生产私利的工具，使得边缘的普通民众丧失了话语权，从而进一步加剧不平等的支配结构。

第一，资本主义的生产方式在一定程度上解放发展了人的潜能，但只要生产结构、生活空间不变，普通群众所处社会层级也难以变动，这种"潜能"只能被再次"资本化"。现代科技下，社会劳动结构变得更为新颖，人类劳动可以从物质生产中解放出来，投入诸如艺术、科学等精神生产，从而自由发展人的创造性潜能。但是，形成资本唯一的财富形式（价值）是以直接的劳动时间的耗费为基础的，以劳动时间为尺度、交换价值为目的的资本主义结构不容许"潜能"完全实现。价值与使用价值之间的相互作用会再次使无产阶级的劳动成为必要劳动，为资本家所驱使并为资本增殖服务。因此，资本的空间本质就是奴役他人的空间，盗窃他人时间的空间。"现今财富的基础是盗窃他人的劳动时间，这同新发展起来的由大工业本身创造的基础相比，显得太可怜了。"[1] 在此过程中，人们所得自由并非人类的自由，而是资本的自由，是资本家的奴役他人的自由。

第二，精英团体掌握着权力与空间核心资源，他们可以利用空间优势进一步制定富有地缘政治色彩的协议为自己服务。不占有或占有稀少资源的普通民众只能被排除在生产核心之外。这使得财富越来越多地聚集在可以操纵资源和规则的资本家、精英、发达国家手中。尤其在后金融危机时期，从生产前的区域分工与资源分配开始就已然不平等了，建立在不平等结构之上的生产越多，被剥削的也越多；发达资本主义国家在经济发展放缓时单方面执行大规模量化宽松的金融政策，将货币贬值的危机转嫁他国。这样只能造成更为严重的两极分化，生产出更为巨大的不平等空间，造成社会动荡。

二、 资本空间的矛盾特质及其伦理悖论

资本空间绝不是价值中立的存在，它蕴含着资本家与政治家的增殖欲与权力欲，最终导致了不平等现象的产生和贫富差距的增大。社会空间本应体现为差异性空间、个性化空间（不存在统一衡量标准），然而，在日常生活中，资本空间以量化模式统一了一切（同质化），并以市场需求为导向将一切"颠倒的"呈现出来（异质化），造成了一系列空间伦理悖论。

（一） 资本空间的矛盾特质： 同质化和异质化

资本空间的同质化是由内而外的，从生产结构、外在呈现到政治机

1　《马克思恩格斯全集》第三十卷，北京：人民出版社，1998 年，第 100 页。

制表达，可以从以下三个方面进行理解：从整个商品系统的生产角度，生产性消费与资本空间一样，具有同质性（homogeneity），即不同成分间可用同一标准衡量其性质。资本以货币的量化尺度将各个特殊产品重新编码，统一以价格和商品印象的抽象表达呈现在人们面前。这种统一的交换价值尺度遮蔽了产品特殊的生产者的身份、生产者的情绪以及雇佣者与生产者等的特定社会关系，还有产地、产地环境、运输方式等等具体的空间信息。此时的商品系统呈现出统一化、普遍化的抽象形态，这正是资本的同质化功能带来的。从地理空间的形态角度，全球的城市化建设过程中，城市建筑的外貌、形态、功能等均开始呈现出千篇一律的样态，城市的地方性历史、文化、习俗、德性规范等地理文化特性被普遍化的城市化建筑割裂了。从地缘政治角度，城市空间生产的同质性带来了"核心—边缘"的地理面貌，城市空间表达的是精英阶层的意志，处在低阶层的边缘群体则被排出于城市空间之外，失去了话语权。"一个人的价值是由他所生产的东西的价值决定的；换句话说，他已经不是一个自为的存在了。他不过是大众化生产的一个工具。他为了别的东西而存在，而不是为了他自身而存在。"[1] 社会的同质性的在于生产结构的同质性。资产阶级作为生产资料的拥有者，将无产阶级视为生产的工具，且相较于资产阶级、中产阶级，只有无产阶级被排除在利润之外。相应的，城市空间排除了边缘空间群体，国际空间排除了边缘国家群体。

　　资本空间异质化的关键在于颠倒了"需求—生产"（人与物）的关系。换言之，资本空间异化、物化的生产方式是属于物、属于他人的支配式生产，而非属于人自身的生产。对商品的需求往往是在资本操控之下的虚假需求。诚然对商品的需求也在一定程度上满足了人们的需求——人们能从这种虚假需求的满足中寻求到暂时的快感，暂时实现了

1　谈瀛洲：《巴塔耶：浪费与越界的精神意义》，包亚明主编：《后现代性与地理学的政治》，上海：上海教育出版社，2001年，第247页。

"自我价值"。但从整体来看,商品需求的满足与人的本真生活关联不大。"在一切社会形式中都有一种一定的生产决定其他一切生产的地位和影响,因而它的关系也决定其他一切关系的地位和影响。这是一种普照的光,它掩盖了一切其他色彩,改变着它们的特点。这是一种特殊的'以太',它决定着它里面显露出来的一切存在的比重。"[1] 资本就是这种"以太",它塑造出了看似能满足一切愿望的万能的空间。

从外在呈现来看,资本空间的同质化与异质化显著地体现为社会空间的差异和整体的结构性共存,但结构和形式的同质性无法完全掩盖社会空间内部的差异性,最终表现为一系列空间伦理悖论。

(二)空间悖论与空间伦理悖论

空间悖论,指物理空间的大小、方位等与人体实际感知空间的大小、方位等产生了逻辑矛盾。空间悖论从古到今一直存在,但作为一个问题获得关注还是近几年的事情,资本主义空间生产对日常生活的快速发展和扩张,使得空间悖论问题逐渐显现在人们的视野。大致表现为四个方面:一是,总体人类生产空间扩大并改善,但同时给人带来越来越大的压迫感与紧缩感。二是,空间中的交通、住房给人带来更多的行动自由,多种类的居住自由,但同时人的行为也受到更大的交通管制与城市空间压迫。三是,城市公寓的居住方式使得人类交往空间碎片化,造成时空错位。空间距离最近的邻居互不相识,其他社区或城市的单位同事们才是真正的朋友圈;近在咫尺的家人鲜有言语交流,远在大洋彼岸的手机网友却相互熟识。四是,集装箱的货物运输方式由于核心—边缘空间差异很有可能造就如下时空悖论:由于集中运输,远程运输不仅成本低廉甚至因为靠近郊区首先到达;城市中心的短距离运输由于空间拥堵不仅增加了运输成本还拖延了运送时间,反而晚点送达。

资本空间的伦理悖论可归纳为四类:第一,空间拥堵造成的资本增

---

1 《马克思恩格斯文集》第八卷,北京:人民出版社,2009年,第31页。

殖的高效性与满足人们需求低效性之间的悖论。作为资本运作的城市中心，资本看似得到了最为高效的增殖，但资本所得利润很大一部分却耗费在解决城市中心的空间拥堵成本中。因而，此时资本增殖效率会随着资本空间的集中程度增高而降低。该悖论的实质在于资本的增殖逻辑与人类社会的发展逻辑相冲突，资本集中带来生产的高度集中从而使得大量劳动力往城市中心涌入，但资本增殖的无限性与物理空间的有限性造成了无法协调的矛盾，城市需要花费大量的精力用于城市秩序的维护、城市基础设施的建设、城市社区的管理等等，造成了大量的人力、地力的浪费。

第二，人们在消费空间中所得快感与所需幸福感之间的悖论。根据马斯洛的需求层次理论，人的需求从低级向高级层次可分为生理需求、安全需求、社交需求、尊重需求和自我实现五类。由于资本空间中所有产品构成的社会系统发挥了作用，模仿了社会本质（地位），构成了某种社会"意义"，使得以往的价值发生了"滑动"，物品在资本空间中作为商品获得了新的用途等级。因而，消费似乎能满足人的任何层次的需求，由低到高。但"为消费而消费"的狭隘逻辑只教会人们实现商品的交换价值，从未关注商品使用价值的实现，人们最终获得的只能是消费的快感以及愉悦感消逝后的虚无感，而非真实的幸福感。能带来快乐并不一定能带来幸福，而能带来幸福的必是拥有愉悦感的。虚实交织、革新速度极快的消费空间没有相对固定的风向标，很容易令人失去理性批判精神，最后只能将"永恒"的购物的愉悦感当成幸福感。

第三，社会城市空间的大、快捷、丰富多彩与人的自身空间感受的小、拥堵、空虚的伦理悖论，换言之，外在空间越是丰富，人的内在空间就越加虚无。该悖论的实质在于，人的外在城市空间虽是人自己建造的，但它已不是人的空间，而是资本的空间。人们建造资本空间越大型，人就越被空间所奴役。人的身体空间是开放的、可塑的容器，外在生活方式、环境、文化会从方方面面对人进行塑造，使之适应环境发展，因此，以脱离社会空间的方式来回归人的真实空间是不可能的。要真正回归属人的空间就需要从根本上区分对空间的"占有"和"寄居"的关系,人需要在适应空间的同时与资本空间博弈,最后从中寻求人与空间关系合适的张力点。

第四,人们在政治空间中资本交换自由与所得权力不自由之间的悖论。实际上,自由悖论并不存在。一方面,因为资本交换的自由本就是建立在不自由、不公正、不平等的基础上的,资本交换的自由实质是资本增殖的自由,并非指向人自身的自由。资本家在雇佣劳动以前就已通过圈地运动先天地占据了有利空间资源,拥有了雇佣他人的权力,劳动者早已自由得一无所有,失去了拒绝出卖劳动力的权力。另一方面,资本的消费空间也越来越不自由,随着空间资源的减少,消费权也将成为特权。资本空间带来了繁荣的表象,也带来了危害。人们可以便捷地获得丰富的消费品,但日常消费品的社会地位却愈来愈低;以往唾手可得的东西如今却成为了特权者才能享受的财富,譬如纯净的水、空气、优雅的居住和生活环境、空间和时间等等。

三、 资本空间对人的批判理性的剥夺

资本空间同质化与异质化的生产特质相互作用,造成了一系列空间伦理悖论,致使人们在资本空间中失去了参照物,陷入"迷幻"空间中,从而剥夺了人的批判理性。人们身处其中,习惯了黑暗(奴役)还要为黑暗(奴役)辩护。

资本空间的同质化与异质化显著地体现为社会空间的差异和整体的结构性共存,但结构和形式的同质性无法完全掩盖社会空间内部的差异性。同样的,资本空间的同质化与异质化也对应着社会关系的"平等"与"不平等"。事实上,资本主义的平等只是不平等的一个功能,资本空间的生产与特权结构的自我维系均需要不平等存在。不平等只是表象,资本主义经济结构本身才是原因所在。平等、自由、民主只是抽象的存在,财富的增长必然需要建立在不平等的基础上。资本主义的平等

指在需求的满足和物质与财富的使用价值面前人人平等，在交换价值面前并不是人人平等，而是被分化了。"无论财富的绝对量多少，都含有一种系统的不平等。……对于'不平等的'社会秩序来说，对于特权的社会结构来说，这是自我维系的必要条件。……平等本身就是不平等的一个功能（次要的、衍生的），与增长完全是一码事。"[1] 而且，消费只能加重社会分异，无法带来自由，包括交换自由。资本空间中的消费并没有使整个社会更加趋于一致，就像学校并没有使大家获得一致的教育机会一样。因为消费自由的背后蕴含着特权结构，只要权力结构仍旧存在，那么分化只能被加剧，即便人们能够享用相同的物质和精神财富。"但这种平等完全是形式上的：看起来最具体，而事实上却很抽象。正是这种抽象的、同质基础之上，在这种拼写或电视机里宣扬的抽象民主基础之上的反方向上，真正的分辨体系才能更好地加以实施。"[2]

再加上，不平等的生产与消费事实在商品空间中获得了价值，即不平等作为一种"善"的存在成为了人们需要实现的价值，成了人们的追求。一方面，波德里亚认为，消费产品通过符号性表征，相互连接可以获得异质的社会属性。"因为其本身或单个（汽车、剃须刀）看并没有什么意义：惟有意义的是当它们汇聚在一起的时候的形状，与这些物的关系以及它们的整个社会'前景'。那里总有一个区分性的意义。它们自己把这种结构的决定性转嫁到符号的（细微的差别）的物质性上——而且人们不知道它们是通过什么奇迹摆脱的。……这种盲目拜物的逻辑就是消费的意识形态。"[3] 这点与马克思的关于商品拜物教的观点类似，不同之处在于波德里亚注意到了拜物教形成中商品群的系统空间结构的力量。另一方面，"极大丰盛"的浪费型消费，使得非生产性消费成为一种价值。"极大丰盛"的浪费型消费指摧毁、破坏、死亡。如同让·波德里亚所言，"今天，生产的东西，并不是根据其使用价值或其可能

1　[法] 让·波德里亚:《消费社会》，刘成富译，南京：南京大学出版社，2001 年，第 38—39 页。

2　[法] 让·波德里亚:《消费社会》，刘成富译，南京：南京大学出版社，2001 年，第 45—46 页。

3　[法] 让·波德里亚:《消费社会》，刘成富译，南京：南京大学出版社，2001 年，第 46 页。

的使用时间而存在，而是恰恰相反——根据其死亡。……其惟一的目的不是增加而是去除商品的使用价值，去除它的时间价值，使它屈从于时尚价值并加速更新。"[1] 浪费型消费的泛滥被资本空间赋予了符号化意义，使"极大丰盛"只有在浪费（更新换代）中才产生实际价值。于是，浪费型消费甚至成为了一种日常的义务，一种接近于赋税的强制性指令，束缚了经济秩序，使得消费空间中的人们不自觉参与。因此，消费空间作为资本空间的最终阶段，资本流动性更强。浪费型消费以消费符号、消费文化的形式，被逐步纳入到生产性消费空间中，进一步构建了资本空间。

最后，不平等以及奴役行为充分内化在资本空间中，于是获得了文明的"通行证"。日常生活中的奴役行为已几乎无法察觉，因为它们与社会空间的方方面面融为一体。我们并非对不平等的行为、特权现象等视而不见，而只是将行为的发生归因于金钱，然后将问题搁置。事实上，能够奴役人类的只有人类自身，掌握着世界大部分财富的精英团体往往是资本空间的权力背后的操控者。诚然，资本空间的增殖确实促进了人类社会的高速发展，但我们需要设定一个资本的道德底线：也许世界上存在任何自由，但绝不存在奴役的自由。

四、 资本空间形态变迁中的德性与人性

资本空间从地理空间扩张到消费空间，从居住空间到政治空间的过渡，表面看来在于资本的产能过剩，急需高消费进行消耗，更关键的在于作为生产主体与消费主体的人群流动、生产方式、沟通途径和人的个性的变化。人的身体作为资本空间争夺的最终场所，是开放的、可改造的。生产空间的割裂、转型、重组，消费空间构造出的消费符号、消费文化逻辑，均从生产、生活及精神上对人的思考方式直至行为方式进行

1　［法］让·波德里亚：《消费社会》，刘成富译，南京：南京大学出版社，2001 年，第 29 页。

引导、控制，变外在被动强制为主动获取，将人从心到身塑造为"合格的"生产者、消费者。

（一）德性的变迁：从"特殊"到"普遍"

其一，传统乡村的地缘道德转变为城市的陌生人道德。一方面，城市化将乡村强行撕裂、分割为同质化的空间，土地及其中的人们道德文化传承被强行切断。在相对稳定的土地空间内，人们依靠血缘宗亲、家风家训等形式通过世代传承形成差序格局的道德规范。当资本进入乡村，土地被规划为更为便捷的道路、桥梁、商场等，人们住进了分割成封闭空间的社区和公寓楼，人们的传统道德规范力度大大减退，更毋论传承。另一方面，"核心—边缘"的城市结构致使人们的生活空间与工作空间相分离。当下许多普通群众买不起住房，只能不断在居住地与工作地间疲于奔命，碎片化的人际关系造就了割裂的人格。个人身体空间的完整性被残害，个人的自由行动能力提高了，但自由行动的空间被分割、格式化，即"不得不"做。因此，"熟人圈"的地缘道德已无法承载工业化的快速交往方式，"放诸四海而皆准"的陌生人道德则更受欢迎。

其二，全球的空间重组造就了间性空间从而形成了更具活力、更为包容的德性规范。"间性空间"（也称"阈限位置"）一词源自于后殖民批评家霍米·巴巴的后殖民空间批判理论，指的是文化之间发生冲突、交融和相互趋同的交叉位置。间性空间是一种文化混杂空间，但不同文化并非永远处于不断对抗的过程，它们有可能达到一个"中间状态"。在"中间状态"（或称"第三空间"）中，不同的文明不再处于对峙的状态，原来处于不同空间的文明以相同性共存于同一个空间。道德与文化一样，也受空间变化的影响。新型的道德文化正是在这种差异化空间相互交融的中间状态中形成的。或言之，任何一种道德文化都是多元德性文化的产物，越是道德文化相互冲突的地方，道德沟通越是频繁，形成的新型道德文化就越是繁荣、越有活力。譬如，美国的唐人街，其中的道德文化早已交融。正如霍米·巴巴所言，"文化混杂性的过程引发了一种不同的东西，一种崭新的以前未被认知的东西，引发了一个意义和表征的谈判的新时代。"[1]

其三，传统的德性评价转变为可量化的"有用"经济评价。换言之，仅通过对个人拥有的空间要素的量化考察便得出个人能力的评价。一般衡量标准表现为：在同级地理区域，拥有更多空间的人享有更多的自然资源以及更高的权力；在不同层级相同量化空间，越是靠近资本生产核心区域，则占有更多社会资源以及更高的社会地位。人与人之间的德性评价呈现出空间性的层级化。此外，量化标准导致了是否"有用"成为了唯一衡量尺度。资本提倡生产的有用性的信念体系，贬低了生产的创造性（即便提倡创造性，也是建立在以有用性为最终目的的前提下）。"以资本为基础的生产，一方面创造出普遍的产业劳动，即剩余价值，创造价值的劳动，那么，另一方面也创造出一个普遍利用自然属性的人的属性的体系，创造出一个普遍有用性的体系，……只有资本主义制度下的自然界才真正是人的对象，真正是有用物。"[2] 资本的普遍有用性体系将资本主义社会生产的结果视为资本存在的永恒的、先天的条件，将资本的存在视作"应然"，创造出了社会成员对自然界和社会联系的普遍占有。资本通过这种狭隘的普遍占有无视一切民族的、地理的界限和偏见，摧毁一切阻碍生产力发展、扩大需求、生产多样化的自然和精神力量的桎梏。

（二）人性的"蜕变"：从人性自由到资本自由

首先，资本主义的生产方式简化、物化了人性。"一般劳动"作为特定的历史存在正适合资本主义的生产方式。一般劳动指向以交换价值为目的的量化价值尺度，这种尺度量化了不同"质"的人性，认为人性中的一切要素均可折算成抽象的可换算的符号，用于衡量和交换。由此

---

1   Homi K. Bhabha, *The Location of Culture*, *Routhledge*, New York: Routledge, 1994, p. 2.
2   《马克思恩格斯全集》第三十卷，北京：人民出版社，1997年，第389—390页。

得出的人性是简化的、抽象的、破碎的。碎片化的人性失去了批判理性，极易被狭隘的资本增殖逻辑所引导。

其次，人在差异空间的眩晕、迷失使得人性本身都成为消费空间的客体。"消费者与现实世界、政治、历史文化的关系并不是利益、投资、责任的关系——也非根本无所谓的关系：是好奇心的关系。……好奇心与缺乏了解，指面对真相所产生的同一个整体行为，是大众交流实践普及和系统化了的行为。因此，这也是我们这个'消费社会'的特点：在空洞地、大量地了解符号的基础上，否定真相。"[1] 消费空间虚实相交，给予消费者"万能"的错觉，造成了可以通过消费来实现自由、平等、人生价值的幻象。人们面对这汹涌而来的信息量，一时难以消化处理，更是无法理性对待，便会迷失自我。甚至于人本身（消费主体）在不知不觉中成为了被消费的对象。因而，人性不仅被物化且自我物化，不仅他人，自己也将自己视为工具。人性一旦物化便可以物之标准进行量化衡量，由此人性成为消费空间的客体。

第三，人格的资本化致使勤俭节约型人格转变为奢侈浪费型人格。资本生产"迷幻"的消费空间，消解人的批判性思维，使得伦理规范沦为"道德绑架"消费者的武器：浪费等同于时尚，节俭等同于落伍；过年送礼为孝顺，不送礼为不孝……甚至于浪费为善，节俭为恶。以使用价值为目的的人的需要尚有满足之时，以交换价值为目的的资本则没有。消费者将资本的需要当成自己的需要，将奢侈的东西当成生活的必需品。这是因为人们在消费空间中消费的不是商品本身，而是隐藏在商品背后的社会属性。商品的时尚性、价位、产地等都成为了商品消费者社会地位的象征。

最后，消费空间以"美德"为名，使消费者主动愿意被"文明"盘剥与奴役。一方面，资本空间构造了属于自身的消费符号文化，从言语、符号上引导和控制人性，例如圣诞节、春节、母亲节等节假日与人

1　［法］让·波德里亚：《消费社会》，刘成富译，南京：南京大学出版社，2001年，第13页。

性品性挂钩，甚至人为创造出"双十一"的消费日；将对名牌衣服、箱包的高消费视作时尚、潮流；歪曲"礼尚往来"的本意，将交互消费作为日常交往的一部分。另一方面，从城乡划分到居民区和商场的划分、商场建筑物的构造、超市物品的布局、路径的设置等等，一切地域空间的划分均以利润为空间导向，从视觉、听觉、触觉、味觉、嗅觉的五感上对消费者进行刺激，引发消费冲动。所有的这些均已潜移默化地成为人们日常的一部分，使得人们很少能意识到自己的消费被控制了，反而将自己的消费行为视作自由决定。

　　人的德性经过上述过程，得到了"完美"的资本化蜕变，由身体到心灵。隐藏在资本空间背后的，是资本主义自由的霸权逻辑，使得空间的丰富性永远只能是"为他"的存在，而无法进驻到人的内心。资本空间最终只能走向"空无一人"的繁华都市。因为所有人都沦为了增殖工具，真实的人消失了。大卫·哈维也感叹道，"我们处在这样一个世界，强调占有性个人主义和金融投机主义的新自由主义道德观，已经成为人性社会化的模板。我们处在这样一个世界，推崇消费的享乐主义文化正逐渐成为它最大的特征。它打破了小家庭是资本主义坚固的社会基础这一神话，慢慢地、一点点地开始接受多元文化，承认妇女的权利和男女平等。最终的结果就是，在城市硬件设施建设方面取得了人类历史上前所未有的辉煌成就的同时，人们作为个体却感觉越来越孤立、焦虑、短视，甚至神经衰弱。"[1]

第二节　资本空间的正义问题

　　从最广泛的意义上说，空间正义问题涉及的范围极广，以空间大小

---

[1] ［美］大卫·哈维：《资本之谜：人人需要知道的资本主义的真相》，陈静译，北京：电子工业出版社，2011年，第171—172页。

为衡量单位，则最小的应当是身体空间的正义问题，最大的应是地球外部的宇宙空间的正义问题。身体（肉体）空间的正义主要涉及肥胖症、器官移植、克隆人、堕胎、干细胞研究等人的外在显性行为；宇宙空间的正义主要涉及太空垃圾、太空战争、太空经济、太空移民等一系列未划界的空间资源分配、空间权力和空间义务等问题。这里资本空间的正义问题的考察范围处于这二者之间。

一、 空间正义[1]的提出

（一） 日常生活中的空间正义问题

随着科技水平的提升，空间压缩感使地球成为了"地球村"。整体空间感的缩小使得空间和空间中的资源在人类的感知当中成为有限的存在，资源稀缺性和空间有限性妨碍了人们空间发展的自由，使人们不得不开始思考资本空间扩张方式的合理性以及不平衡区域发展中的资源分配等空间正义问题。因此，空间正义问题越来越成为人们关注的焦点。具体表现在以下方面：

一是，乡村不合理城镇化带来了乡村自身的发展危机。农村的生态环境被大肆破坏；宗庙、祠堂等传统文化建筑遭到毁坏；当地稀缺生态资源严重流失；农村本土伦理文化失传；农民"六失"问题（"失地"、"失业"、"失居"、"失保"、"失学"、"失身份"）[2]。二是，城乡二元对立格局再生产了空间发展的不平衡状态，造成严重的资源分配不平等。城乡空间呈现出"核心—边缘"结构，导致二者权力关系不对等，乡村空间成了城市资源的储备池。公共基础设施在城乡空间的分布不平等。

1　本书中"非正义"的含义是包含在正义范畴内的，因而文中提及的"不正义"与"非正义"含义是等同的，均指不公正、不合理、不平等等正义问题。

2　参见任平：《空间的正义——当代中国可持续城市化的基本走向》，《城市发展研究》2006年第5期。

比如，核心教育资源、医疗资源、就业机会资源等集中在人口稠密、生产力水平和文化水平较高的城市，乡村的基础资源在质与量上均无法与城市相比。此外，国家经济、政治政策倾向于城市空间与城市居民，导致城乡资源再分配的不平等。三是，城市空间内部的不正义现象。农业转移人口无法真正融入城市成为城市居民，二者城市资源享有的空间权利不平等。在城市内部，形成了城市居民与务工农民的"微"二元对立格局——城市土著居民对外地人持有"歧视"心态。此外，城市空间功用性分区带来了城市区域规划改革问题；城市环境污染、拥堵、嘈杂；城市空间造就的过度消费问题。四是，全球空间正义问题。国际化劳动的空间模块分工问题；发达国家与发展中国家的剥夺与被剥夺；国际战争抢夺空间资源问题；战乱国家难民安置问题。

综上，空间正义问题大致涉及以下几点：（1）空间不合理的改造问题；（2）空间不平衡发展造就的资源分配不均问题；（3）差异化空间造成的利益与伤害分配不正义问题；（4）差异化空间中享有的权力与权利配置失衡问题；（5）特定空间区位造成的垄断性问题；（6）战争造成的空间资源掠夺问题。

造成空间正义问题的原因在于：一方面，资本主义空间关系发生重组，深化了资本主义剥削形式、统治模式和财富的生产与分配方式；另一方面，空间资源占有与分配的不均、空间权力与权利配置的失衡、空间收益与伤害分配不公等问题也造就了新的空间不正义问题。苏贾认为，"涉及空间正义的区域或者空间正义问题发生地的形成，不仅源于上述对地域便捷的外在划分和统治权力的影响，也源于对位置进行选择这一内在过程，以及由此而来的总体分布效果。在此意义上，位置是容纳事物的空间所在，空间正义和非正义可以被看作无数与位置相关的决定产生的结果。"[1] 因此，空间正义问题之间往往是紧密关联的，无法做

1　[美]爱德华·W.苏贾：《寻求空间正义》，高春花、强乃社等译，北京：社会科学文献出版社，2006年，第44页。

出简单的区分并给出单一的解决方案。不平衡的经济地理可以再生产不平等的地缘政治；不平等的社会生产结构也可再生产出不公平的社会资源配置；不公平的空间政策也可再生产出不正义的地理景观。

可见，空间不正义是一种常态，但空间正义才是"应然"状态。人们往往关注后天的空间分配不正义与空间生产的不正义，却经常忽略先天空间差异造就的不正义。这意味着，先天自然或社会发展导致的不平等，不管直接还是间接，每个不平等的个人或集体所具有的优势和机遇都可以被视为空间不正义。这种构思空间正义问题的思维逻辑如下：任何事物都存在差异，任何差异都将导致不正义，那么任何事物皆不正义；因此，不正义是实存、是永恒，正义才是偶然；那么，不正义是先天存在的，且政策调节后的正义也是一种不正义，所以不正义是常态。然而，正因为空间非正义不可避免，实现一个更加公平的社会才显得尤为重要。正如马丁·路德·金从伯明翰监狱所宣布的那样，"任何地方的非正义对任何地方的正义都是一个威胁，但这更应该被视为是人们认识到的突显的正义空间的召唤，而不是对我们所发现的种种不公正待遇的识别和反应。"[1] 因此，先天空间差异造就的空间不正义，这个无法避免，本书暂不探讨。下文主要针对空间中的资源分配不正义以及空间生产的不正义两个方面进行空间正义问题的探究。

（二）空间正义的含义

空间正义指空间资源分配和空间生产的社会正义，即空间中的分配正义与空间自身的正义。戈登·H. 皮里在《论空间正义》一文中提出，如果把空间视为事物发生和社会关系演变的绝对"容器"，那么"空间正义"就是"空间中的社会正义"[2] 的简单缩写。这种"空间正义"主要关注正义的分配。然而，"在'空间正义'这个词看来，前缀

1　[美] 爱德华·W. 苏贾：《寻求空间正义》，高春花、强乃社等译，北京：社会科学文献出版社，2006 年，第 69—70 页。

2　Pirie, Gordon H. "On Spatial Justice", *Environment and Planning*, 1983, A (15): 471.

（spatial）表示的不是概念内容，而是概念语境。将概念的空间作为社会产品而不是社会背景才可能产生空间正义实质的概念。"[1] 可见，不能仅看到不正义的结果，更要看到不正义的空间生产过程。

空间资源分配正义关注的是结果正义，落脚点在于权利；空间生产正义关注的是空间生产过程正义，落脚点在于权力。空间资源分配正义，指社会应保障公民作为居民不分贫富、不分种族、不分性别、不分年龄等对必要的生产和生活空间资源、空间产品和空间消费及其选择的基本权利。空间生产正义，指利用国家"公"权力使社会空间生产与再生产过程中社会关系的不平等保持在可控范围内，以"公"权控制"私"权，减缓社会两极分化，从而保障最少受惠者的基本空间权利。也就是说，空间生产正义是保障空间资源分配正义的前提。

二、　相关空间正义理论的考察

资本空间货币化了一切，包括"善"和"正义"。因此，资本空间正义一般都是功利性的，它将善视为可量化、可通约的存在。换言之，生活中的任何不足均可通过适量"善"的分配进行弥补，以保持善在总量上的均等性，但均等性并不等同于正义。正义，就是各司其职，各尽其能，各得其所。因此，实质正义还需考虑个人禀赋、能力、个性化需求等自由因素。面对发展不平衡的资本空间，实施差异化的正义策略才最符合当下国情。

（一）功利主义的空间正义

空间具有极强的"共同性"、"社会性"，当空间作为公共生活本身被政治经济学的功利主义全方位占据后，正义成为了借助于成本—效益分析而实现的"理性选择"的工具。譬如，边沁试图对正义进行量化定

1　Pirie, Gordon H. "On Spatial Justice", *Environment and Planning*, 1983, A (15): 471.

义，以求得最大多数人的最大幸福为正义的标准，在"芝加哥学派"发扬光大后成为全球公共性政策的合理性基础。功利主义的空间正义以社会善的总量最佳为衡量标准，且善可通约。这种空间正义理论过度强调了社会制度支配力，忽视了作为空间主体人的主观能力与真实需求。

　　资本空间的新自由主义的不平等说到底也是功利主义的"正义"，是一种"正义的不平等"，即功利主义的正义的不平等。乔洪武认为，新自由主义的不平等主要表现在以下五个方面："第一，推动社会进步的不平等是正义的。第二，个人应该为自己选择所带来的不平等负责。第三，由天赋机遇等带来的不平等是应得的。第四，为维护法律与道德的平等而存在的经济不平等是正义的。第五，基本平等之上的不平等是符合道德的。"[1] 一方面，为了多数人的整体效用而牺牲少数人的利益是正义的，从而推导出，为了精英者的大资本利益而牺牲平民的小资本利益是正义的。另一方面，按照功利主义原则，不应当对分配结果进行干预。穆勒指出，在消除了私有制中妨碍生产的不平等和不公正因素，并且假定"每个成年男子或妇女都能自由使用和发挥其体力和脑力；生产手段——土地和工具在他们之间公平地分配，这样，就外界条件而言，任何人都处于同一起跑线上。也可以设想，在原先分配时就对自然的损害给予了补偿，并让身体虚弱的社会成员在分配上占些便宜，以取得平衡。但是，这种分配一经实施，就再也不受干预；个人要靠自己的努力和一般机缘来利用其所分配到的物品。"[2] 这样的劳动尺度并没有达到事实上的平等，他默认了不同等的个人禀赋，且规避了劳动者其他个人方面的主观需求和境况等因素。

　　因此，功利主义的空间正义，其叙事方式仅涉及了社会公共生活的诉求而偏离了个人品质、主观能动性的范畴，忽略了人的理性情感需求和能力，将个人身心等同为政治经济的"增长机器"。

1　乔洪武、师远志：《正义的不平等与不正义的不平等》，《马克思主义研究》2015 年第 6 期。
2　[英] 约翰·穆勒：《政治经济学原理及其在社会哲学上的若干应用》，赵荣潜等译，北京：商务印书馆，1991 年，第 229 页。

（二）能力正义的空间正义

空间中的人都是具体实存的，存在于不同的社会层级，拥有不同的个人能力，处在不同的社会境遇，享受不同的空间资源，拥有不同的个人价值追求……针对如此多元的人类生活品质的构成要素，两位政治哲学家阿玛蒂亚·森和玛莎·纳斯鲍姆各自构建了多元能力理论（Capabilities Approach），强调了人性品质的多元性与不可通约性。能力理论重拾亚里士多德正义中的人的目的维度，以人性的视角来对抗资本空间中"拜物教"式的正义观念。

阿玛蒂亚·森认为，对于不同的人，同样的资源产生的效果不同，他首先将能力与正义联系起来。一方面，森提出了"可行能力平等（Capability Equality）"。他将人们追求好的生活所涉及的因素分为以下不同阶段与层次：物资、能力、实现—效用，并将平等的标准设在了能力层次，批评了以其他层次为平等标准的理论。另一方面，森详细说明了信息空间的选取对道德判断具有根本的影响。信息空间可分为效用信息空间和益品信息空间，过于强调效用信息，则会造成对人的精神反应的关注和过度依赖从而无视人的其他方面（如能力）；过于强调益品信息，则会造成对人的资源的关注和依赖过度而具有拜物教倾向。在森看来，可行能力信息空间包括两个基本方向的内容，"一是作为良态的可行能力，具有这样或那样的能力本身就是好的；我们可以运用它们也可以不运用它们。二是作为能动性的可行能力，个人运用这样或那样的能力去促进个人良态的实现或者个人目标的实现（它不一定是与个人良态正相关，比如为了 X 目标而斋戒就可能有损个人良态）。"[1] 因此，森认为，能力是一种自由，是实现可替换的功能组合的实质性的自由。换言之，它们不只是栖息在个人体内的能力（abilities），还是由个人能力和

---

[1] 秦子忠：《以可行能力看待不正义：论阿玛蒂亚·森的正义理论》，《上海交通大学学报（哲学社会科学版）》2016 年第 3 期。

政治、社会以及经济环境在结合后所创造的自由或机会。可见，实质性的自由是一种混合能力（combined capabilities），是在特定的政治、社会和经济境况下所具有的选择和行动的机会总和。

玛莎·纳斯鲍姆承认社会契约的传统正义理论是我们社会拥有的最强大且相对完善的正义理论，然而一旦面对多样化的行为主体，契约正义就体现出局限性。譬如，罗尔斯的分配正义论无法解决"四个难题：（1）残障人士；（2）跨国界的正义；（3）动物以及大自然的其他部分所应得的；（4）替后世人做准备等"。[1] 这些难题的本质在于，以代内正义和代际正义的空间性视角进行考察，正义行为主体发生了重大变化，该主体拥有的权力与其能力不匹配。一方面，社会边缘空间的群体（残障人士、妇女儿童、底层民众等社会地位较低的群体）没有话语权，失去了维护自己权利的基本能力；另一方面，对处于更大空间格局中的行为主体，该正义原则无法起作用，需要另外考察新型正义类型：国际正义、生态正义、代际正义。纳斯鲍姆接手了这几个难题并发展了自己的可行能力路径的正义理论。纳斯鲍姆认为人性尊严得以维持，十项核心能力的充裕是必须要实现的，而政府的作用就是让民众有能力追求一种有尊严，并在最低限度意义上的丰富的生活。因此，一种体面的政治秩序必须保证全体公民在最低限度的水平上有十种核心能力。[2] 她的基本主张是："人性尊严应得到尊重，这就要求公民在以上所述的全部十种领域内都发展出最低限以上的能力，而具体所定的最低限应当是充裕的。"[3] 纳斯鲍姆认为这样的能力清单并非一成不变的，应当保持开放的

1　王国豫、荆珊：《从诗性正义到能力正义——努斯鲍姆正义理论探究》，《伦理学研究》2016年第1期。

2　十种核心能力分别是：生命（life）；身体健康（bodily health）；身体健全（bodily integrity）；感觉、想象和思考（senses, imagination and thought）；情感（emotion）；实践理性（practical reason）；归属（affiliation）；其他物种（other）；娱乐（play）；对外在环境的控制（control over one's environment）。具体参见［美］玛莎·C. 纳斯鲍姆：《寻求有尊严的生活——正义的能力理论》，田雷译，北京：中国人民大学出版社，2016年，第26页。

3　［美］玛莎·C. 纳斯鲍姆：《寻求有尊严的生活——正义的能力理论》，田雷译，北京：中国人民大学出版社，2016年，第24页。

可辩驳性，挑战者可以论证其中一个或多个项目并非核心，并交由常规政治过程加以决议，而非给予特别保护。

而在资本空间中，货币化、普遍化的社会关系越来越局限于浅层次的被动式接触，人与空间、人与人的关系失去了主动性与深入性。面对这样的现实，森与纳斯鲍姆提出的能力正义理论强调了空间道德的主动性、在地性、多样性。而这种主动性的道德养成需要行为主体具备一定的基础能力，能力正义正是为了保护人们执行道德的能力（维护尊严的能力）而提出的。能力不仅局限于个人内部，也包括已经实现或可能实现的进行选择的机会，是可以通过后天训练或发展出来的特质和能力。因而，能力的发展不可脱离社会、经济、政治和家庭。社会要务就是支持这项能力的发展，包括提高基本的教育资源、强化身体和情感健康资源、对家庭提供合理的关爱和维护的制度支持、合理顺应时代的教育体制等等。

所以，能力正义说到底就是为了保护底层民众维护自身尊严的能力——草根的尊严。由于资本空间中的两极分化趋势不可遏制：即便经济增长再快，穷人也无法享受所在地区的普遍繁荣果实，其收益首先会流入精英的口袋。并且穷人缺乏维护自身权利的能力——他们没有社会地位，没有足够的知识储备，在政治上没有话语权。因此，资本空间的分异只能加重阶层壁垒的固化趋势。针对这类问题，能力的核心含义是："每一个人可以做些什么，又能够成为什么？"[1] 换言之，能力是实质性的自由，是将每一个人当做目的，所问的不仅是总体或平均福利，而是每一个人可以得到的机会，它关注的是选择自由。如同马克思在《资本论》中所言："在平等的权利之间，力量起决定作用"。政府的作用就在于保障人的选择自由，这是一种实质性的自由——人有能力选择行使或不行使某项权利。最终，"能力理论关注的是根深蒂固的社会不

1　［美］玛莎·C. 纳斯鲍姆：《寻求有尊严的生活——正义的能力理论》，田雷译，北京：中国人民大学出版社，2016 年，第 14 页。

公正和不平等，尤其是因为歧视或边缘化所导致的能力失败。它将一种紧要的任务交托给政府和公共政策——也就是要提升由人类能力所定义的全体民众的生活品质。"[1]

（三）　差异原则的空间正义

功利主义与能力正义的争论可以视为社群主义与自由主义的正义论辩。这种论辩主要针对分配的不公平，而忽略了空间本身的正义问题。爱丽丝·玛丽·扬在《正义与政治差异》（1990）一书中超越了自由主义和社群主义对正义的论辩，提出了"差异的承认"基础上的"差异政治"正义论。她认为，仅将空间视为封闭社区的做法无视了种族、性别、阶级和其他方面的不公正，并且"经常没有看到多元化的政治潜力和不同种族混合的社会群体，就如在建立联盟时可能会发生的情景一样。"[2] 扬认为应当把支配和压迫作为考察不正义的起点，而不仅仅是集中在分配的公平性上。也就是说，将关注点从空间中的分配不正义转移到空间生产方式及过程的不正义中来。

资本空间的生产过程一般均表现为剥夺式的积累过程。而剥夺在扬看来，就是压迫，压迫也就是非正义。"压迫分为五个不同但相互作用的形式：剥削、边缘化、无能为力、文化帝国主义和暴力。"[3] 剥削究其本质是一个阶级的问题。社会结构的关系，社会进程和机构的做法，是一些人积累经济财富，同时由其他人通过工作场所以及在家里的行动来限制这种积累。边缘化作为一个非正义模式，包括削弱充分参与社会生活、社会资源的可及性，尊重人口的特定阶层，系统地降低他们的生活质量。无能为力特别强调政治权力、参与性、代表以及自我表达能力的

1　[美]玛莎·C. 纳斯鲍姆：《寻求有尊严的生活——正义的能力理论》，田雷译，北京：中国人民大学出版社，2016年，第14页。

2　[美]爱德华·W. 苏贾：《寻求空间正义》，高春花、强乃社等译，北京：社会科学文献出版社，2006年，第75页。

3　[美]爱德华·W. 苏贾：《寻求空间正义》，高春花、强乃社等译，北京：社会科学文献出版社，2006年，第75页。

白白丧失，无论是基于阶级、种族、性别抑或是任何其他的人类属性。文化帝国主义是一个主导形式，即一个群体或文化服从于另一种几乎看不见的形式，在信仰和行为上失去了他们显著的差异，类似于殖民统治的概念。暴力涉及社会和体制容忍甚至孤立暴力行为的做法，并将这些看作是日常生活的可以接受的部分，提高某些个体和群体的危险等级。越是处于社会底层和城市边缘空间的民众，越是会遭受上述非正义的重叠压迫，直至成为赤贫。

因此，在实际的政治决策和空间规划、空间资源分配的层面，"空间正义"应当超越传统的正义争辩，统一其概念。尤其针对资本空间不平衡发展的地理景观，很有必要探讨其差异正义政策的制定和实施。

罗尔斯的差异平等正义原则，为当代不平衡地理景观的统筹发展提供了基本的价值理念。正如王露璐所言，"罗尔斯始终强调通过有效的制度安排实现公正，这也为当前我国城乡统筹发展中的制度建设提供有益的理论资源。"[1] 罗尔斯的"两个优先原则"正是针对功利主义的"形式的平等"提出来的，他的目的是为了达到"事实上的平等"，即对先天不利者和有利者使用并非同等的而是不同等的尺度。因而，罗尔斯的正义原则是以层级化的视野对不平等的调整策略，但不同尺度间的差别是"量"的差异，并非"质"的。换言之，在罗尔斯看来，"善"是可通约的，对"最少受惠者"进行物质补偿是可行的，即以收入和财富作为衡量的指标。譬如，针对城乡空间资源的分配不平衡问题，应当将政策向失地农民、留守群体等弱势民众倾斜，尤其要保障医疗、教育等基础设施的尽可能完备。因此，这类空间正义观简单说来是对新自由主义的不平等进行再分配与再调整的策略，是一种功利性的"理性选择理论"。它将人与人之间质的区别简化为量的要素进行衡量，究其不平等、不公正之处以"社会善"的总量最佳为衡量标准并加以控制。

1　王露璐：《新乡土伦理——社会转型期的中国乡村伦理问题研究》，北京：人民出版社，2016年，第180页。

可见，罗尔斯的差异正义理念具有较强的可操作性，但其主要针对了社会公域，并未关注人的个人私域，这是不完备的。因为，一方面，仅关注空间与空间、地方与地方之间的地缘性政治经济关联，无法揭示出一个人的不幸与另一个人的满足之间的关系。由此可见，差异正义理念用整体的功用性掩盖了私人剥削和压迫关系，默认将个人理性与社会理性视为以物质利益的最大化为目标。另一方面，仅关注资本空间塑造的政治经济空间中的"经济人"与"权力人"的一般特性，忽略了"道德人"特定地方性丰富情感特质及其能力高低。无法揭示出人们内心深处的真正恐惧、企望与爱，排除了人们的同情、利他等可能情感，抹杀了人与人之间的个性与创造性的差别，很难让人们由内而外拥有意义感与获得感。尤其在法律制度的实际施行中，人们需要重新考察地方德性的张力对法律政策的"回流"，造成的地方政策的重整。因此，政府策略必须与地方性伦理的研究相结合，从而才能利用"接地气"的策略"借力"，使改革之所需成为地方民众之所需，最大限度地减小改革阻力，真正做到以人为本。

三、 资本空间正义的具体内涵

无论是功利主义的空间正义、能力正义的空间正义还是差异原则的空间正义，都不能离开特定的地方空间的真实政治经济状况来探讨，否则，"离开了制度来谈个人道德的修养和完善，甚至对个人提出各种严格的道德要求，那只是充当一个牧师的角色。"[1] 因此，罗尔斯对制度的道德评价和选择优先对于个人的道德评价和选择，这里涉及一个评判标准的排序问题。罗尔斯的评判标准是社会善优先于个人善，但社会善一旦处在资本空间中，往往就会转变成"经济善"，与个人品质及社会生

---

1 ［美］约翰·罗尔斯：《正义论》，何怀宏等译，北京：中国社会科学出版社，1988 年，第 22 页。

活品质无关，评判标准成为功利性的了。阿玛蒂亚·森并不赞同排序的方法，因为一旦涉及悲剧性选择，两种选择皆对主体产生伤害，从而任何排序都不完全。而纳斯鲍姆不认同森的这种做法，她认为，完全、绝对的排序会让人误入歧途，但并非所有悲剧性困境都不能进行完全排序。在这种情况下，就应当将事情置于具体社会时空情景中，综合联系社会政治政策、经济策略、个人能力等，不要将行动主体的双手人为束缚，而要将个人特定的能动性也考虑其中。当然，这必须建立在社会规则能够保证人们最低限度维护自我尊严并获得基本权利的能力的基础上。空间正义的内涵应将功利主义原则与能力正义原则二者结合起来，以能力正义生活品质和道德性为目的，以功利正义的调节原则为手段，与空间中的分配正义、空间生产的正义相互结合。

一方面，空间中的分配正义角度。对资本空间中的分配不正义进行审视和调节，分配的底线在于保障底层民众的最低限度生活物质基础，因为极端的贫困是道德的大敌。而分配又可分为两种，事前分配与事后分配。人们更多地关注事后分配而忽略了作为生产关键部分的事前分配。虽然事后分配也能成为下一循环的事前分配，然而，若要寻求不平等的本质原因，必然需要不断向前追寻。事前分配可以成为生产性分配，这点在下文会讲到，这里首先关注事后分配。

一般说来，对于资本空间中的事后分配的正义关注主要集中在以下几点：第一，具有价值的空间资源与机会是否得到公正分配，尤其是教育资源，以保障弱势群体维护基本自我尊严的能力。此外，还包括就业机会、医疗保健、公共交通、教育机会、良好的空气质量等等，这里的公平不是绝对的平均、绝对的平等，而是对弱势群体做有利的差异化安排。以实现哈维的"最少的优势领地"和最穷居民的财富最大化。第二，政治空间资源的分配应当得到保障，尤其保障底层民众能够自主维护自己基本利益的权力与能力。换言之，充分保障公民和群体平等的参与有关空间生产和分配的机会，尤其是增强底层民众的话语权与自主权，并提高不同空间内团体自我解决各自空间内问题的能力。从而使得民众或团体有能力也有权力维护自己的合法利益，杜绝资本的单方面的强行介入和家长式统治模式对空间权力的单方面控制。第三，空间中的分配正义不仅在于空间利益，更在于空间责任的分配与承担。因此，空间正义要求保护不同空间群体的环境正义、代内正义甚至代际正义。在资本空间的传统工业化地理扩张中，经济发展往往是以损害弱者或者没有发言权的未来人的资源享有权为代价的。换言之，环境污染的主体与环境责任的受众往往不一致，这就需要区域与区域、国家与国家间联合起来共同商讨制度环境策略，诉诸公平。

另一方面，空间生产的正义角度。对资本空间中不正义的空间生产加以限制并进行合理导向，从而减缓阶层壁垒的固化与两极分化的加大。城市空间分区、规划、建筑的固有不正义能够进一步生产出不公正，以致城市系统的日常运转本身成为不正义的存在。因而，从城市规划以及建筑规划与建设一开始，就应将其置于空间经济、政治与群体中进行综合考量，增强空间韧性，杜绝空间的分异扩大化的趋势。第一，城市建设与空间规划中，应当避免对贫困空间的继续剥夺。资本空间主导的日常生产逻辑使得穷人等弱势群体在空间中生产出自己的相对力量，并将这种力量固化在空间中，加重了自身被剥削程度。而对边缘空间与区位的歧视又加重了弱势群体的分配不正义。因此，寻求空间正义应当将弱势群体从这种边缘化的社会层级压制中解放出来，开放其进入公共空间的权利，促使其参与社会生活，让其"发声"。第二，空间政治组织对空间政策的制定，应当兼顾弱势群体的利益，在减少剥夺的同时，保持空间政策开放性，以减缓社会层级分化。"空间的政治组织是空间不正义的重要来源，比如不公正的选区划分，城市投资的'红线歧视'，排斥性的分区规划、制度化的居住隔离等，空间正义要求不断消减政治组织和制度安排带来的空间不正义。"[1]

---

[1]　曹现强、张福磊：《空间正义：形成、内涵及意义》，《城市发展研究》2011 年第 4 期。

第三节   资本空间中的权利问题

"前现代语境下，空间与主体的关系主要是空间与权力的相互关系；现代性条件下，空间与主体的关系主要是空间与权利的关系。权利意识的觉醒是现代性区别于前现代的重要特点。"[1] 因此，随着资本空间由对外扩张逐渐转变为对内深化，现代语境下的空间正义问题凸显出来，而空间正义的本质就在于空间权力的合理分配以及空间权利的恰当诉求。

一、 空间权利的内涵

空间权利根源于财产权。在物权法上，空间指土地上下一定范围的立体上的位置。对空间所享有的支配和利用的权利就是空间权。随着科学技术水平的提高，人类利用空间的手段和能力也不断提高，不仅扩大了空间的使用价值属性，也提升了空间的交换价值潜能。空间本体是客观存在的，然而，低水平的技术无法充分开发出空间的利益属性。人类对空间的利用水平也在不断提升，从平面到高空或者地下资源的开发能力的增长，都使得空间具有前所未有的经济价值。

第一，空间权利包括多层内容。从全球化角度，在政治地理学与伦理意义上，空间权利主要指国家的领土权、领空权、领海权。从市场化角度，在经济地理学与伦理意义上，空间权利主要指市场主体在什么区域拥有经营权等。从城市化角度，在城市地理学与城市伦理含义上，空间权利本质是城市的空间资源及其分配的权力，是寻求正义、民主和公民权利的城市基础。第二，权利有消极权利和积极权利之分。空间权利本身是消极权利与积极权利的统一，即消极接受与积极获取的统一。消

---

1   陈忠：《主体性的微观走向与空间权利的城市实现——对城市权利的一种前提性反思》，《哲学动态》2014 年第 8 期。

极权利是一种资格性权利，是获得或接受某物的权利；积极权利是一种行动性权利，是靠自己的能力和行动得到某物的权利。而城市权利实际上是行动论意义上的积极权利。第三，空间权利是空间与主体关系的主体性建构问题，空间权利反映了特定主体享有的空间自然资源与社会资源水平。随着人类逐渐进入后现代社会、城市社会，人的主体性的基本对象转换为作为社会生产的产物的空间，能否生产、占有、使用空间，日益成为衡量主体性的重要尺度。空间权利是城市现代性语境下人的主体性的基本内容。城市是一种综合性的关系存在，是人的社会性的一种空间化实现，权利关系是城市的基本关系。

因此，在资本空间语境下，作为日常的积极的空间权利，一般指向的都是城市权利。随着城市化的影响和作用的日益增大，城市权利的重要性日益突现，成为空间权利的核心所在。城市权利是城市现代性、城市社会语境下主体性建构的具体形式和时代焦点。正如列斐伏尔所言，"都市现实的危机比某种其他的危机更为重要、更为根本。"[1] 城市权利是人与城市关系中的主体资格、主体素质与主体能力。陈忠认为，城市权利观可以分为四种[2]：以技术—经济权利为核心的理性主义城市权利观、以社会—政治权利为核心的结构主义城市权利观、以文化—生活权利为核心的人本主义城市权利观、以生态—环境权利为核心的生态主义城市权利观。

二、城市权利理论

（一）列斐伏尔的城市权

城市权最早是由列斐伏尔提出的概念，在他看来，城市权是寻求正

---

[1]　亨利·列斐伏尔：《空间与政治》，李春译，上海：上海人民出版社，2008年，第63页。

[2]　陈忠：《城市权利：全球视野与中国问题——基于城市哲学与城市批评史的研究视角》，《中国社会科学》2014年第1期。

义、民主和公民权利的城市基础，其本质是城市的空间资源及其分配的权力。城市中的弱势群体处于城市权的缺乏状态，这种力量关系的不均衡是城市日常生活的正常运作导致的。具体表现为，在现代性条件下，空间与空间生产日益丧失其客观性、中立性，城市空间中的社会资源分配越来越不平等、不公正。"空间是政治性的。空间不是一个被意识形态或者政治扭曲了的科学的对象，它一直都是政治性的，战略性的。"[1]在一个不平等的资本、官僚等级社会，作为空间生产的城市变迁，本质上已成为拥有资本和权力的利益集团实现自己意识形态，再生产自己利益和权利的工具。广大的普通民众已丧失了城市权利，或者说原本就没有城市权利。

因此，在社会与政治权利层面推进、实现城市权利的普遍化，是克服城市问题的一种制度选择，是一种积极权利实现的保障。列斐伏尔提出，"我们的政治任务就是构思和重建一种完全不同的城市，它不再重蹈全球化、城市化资本横行所造成的可怕困境。但这需要我们创造一场旨在改变城市日常生活的，充满活力的反资本主义运动。[2]因此，夺回城市权需要弱势群体为取得更大的社会权力和更多的资源而斗争，即弱势群体的目标在于寻求对塑造城市空间的更大控制权。另一方面，在列斐伏尔看来，城市权利是一种作为城市主体而进行的积极城市行动，是一种积极权利。列斐伏尔区别了居所（habitat）和去居住（inhabit），正是为了强调作为积极权利、行动权利的城市权利。"如果人们只能被动地接受城市发展的结果，而没有途径、没有可能参与城市发展的规划、过程与结果管理，那么，人们是否真正拥有城市权利将十分可疑。在要求、资格与行动的统一中，能否不断获得行动论意义上的城市权利，是城市现代性语境下衡量人的主体性的真实性的一个现实标准。"[3]

1　亨利·列斐伏尔：《空间与政治》，李春译，上海：上海人民出版社，2008年，第46页。
2　[美]戴维·哈维：《叛逆的城市——从城市权利到城市革命》，叶齐茂、倪晓晖译，北京：商务印书馆，2014年，"前言"第9页。
3　陈忠：《主体性的微观走向与空间权利的城市实现——对城市权利的一种前提性反思》，《哲学动态》2014年第8期。

具体表现在：第一，城市权利与差异权相结合，以保证空间层级的上下流动性。针对同质化、碎片化的国家以及市场支配不平衡发展的控制力，列斐伏尔将城市权与差异权、保持不同的权利结合起来。以保证边缘民众（对工人、移民、"边缘人"甚至"特权阶层"）对城市空间实践观的表达权以及其核心区域与特权地区的使用权，从而缓和底层族群被边缘化、同质化、层级化的趋势。"城市权，辅之以差异权和知情权，能使作为城市居民和服务使用者的公民权利得到调整、具体化和更易实现。"[1] 第二，城市权利意味着人们（尤其是普通民众）能够作为行动主体有效地参与公共生活中城市决策、城市管理和城市利益、城市责任的分配。列斐伏尔认为，城市居民单凭主宰城市这一事实，便拥有明确的空间权利，即公开公正地参与城市空间生产的过程，得到和享用城市尤其是更宝贵的城市中心生活的优势，并享受健康、教育和福利等公共服务的权利。城市发展往往由普通群众所推进，但城市发展的成果往往由少数精英所享有，城市发展带来的环境污染代价却由日常主体来承担。第三，城市权利是在城市中获得基本保障的资格，是城市身份的象征。城市权利也就是"不被排除于城市中心和中心发展之外。"[2] 创造财富的人未必能够获得财富，生产城市、发展城市的人甚至不能获得城市居住者身份。在这个意义上，城市权利也就是一种共享城市发展成果的主体资质，一种保障人们平等分享城市权益的城市制度。

城市权利的提出说到底是对于资本空间中财富分化、社会分层的缓和和改良，无法从根本意义上彻底根除资本主义社会基本矛盾。因为资本主义的社会空间不仅主导着社会生产时间，还掌握着权力。因此，唯有通过更大规模的革命运动来彻底根除自身时间政治与空间政治，才有可能推翻和替换资本积累中的整个资本主义制度以及与此相关的剥

1　[美]爱德华·W. 苏贾：《寻求空间正义》，高春花、强乃社等译，北京：社会科学文献出版社，2006 年，第 95 页。

2　Henri Lefebvre, *The Urban Revolution*, Minneapolis：University of Minnesota Press, 2003, p. 150.

削阶级和国家权力体制。所以，城市权利的主张只是实现这个目标的中点。

（二）其他学者的城市权理论

列斐伏尔的城市权思想影响了一大批西方学者。大卫·哈维认为，城市权利是具体的社会权利，本质是不同阶层在城市问题与对象上的利益配置问题，调整社会关系是建构城市权利的根本。因此，城市权利体现为一种按照我们的期望改变和改造城市的集体权利。人们可以通过改造城市来塑造人与人之间的关系。实际上，哈维的这个观念源于马克思主义——人类在与自然界的不断斗争中，不断地改造自然，同时也不断地改造着人们彼此间的关系。可见，城市不仅是经济体，也是一个社会与政治有机体。

相对于列斐伏尔注重政治哲学视角的城市权解读，大卫·哈维主要从资本积累的地理学视角着手，揭示出人与空间之间的关系。哈维认为，"列斐伏尔对城市发展与工业资本主义关系的理解尽管重要，也存在问题。"[1] 资本逻辑主导下的社会关系、社会权利的不平等，是当代城市权利的根本问题。"这就需要从人的社会实践而不是哲学出发来理解空间的本质。"[2] 在他看来，正是工业资本主义决定城市的本质，而不是相反。"空间和时间实践在社会事务中从来都不是中立的。它们始终都表现了某种阶级的或者其他的社会内容，并且往往成为剧烈的社会斗争的焦点。"[3] 尽管城市权利、社会正义与空间、地理相关，但城市权利的根本是社会权利。因此人的阶级关系是理解城市问题与城市权利的基点。哈维和列斐伏尔在对城市权，以及对过去和未来的诠释等许多方面

1　Henri Lefebvre, *The Urban Revolution*, Minneapolis: University of Minnesota Press, 2003, Forword, p. xvii.

2　David Harvey, *Social Justice and the City*, Athens: The University of Georgia Press, 2009, p. 306.

3　戴维·哈维：《后现代的状况——对文化变迁之缘起的探究》，阎嘉译，北京：商务印书馆，2003 年，第 299 页。

都是一致的。他们的分歧主要在于，如何具体对待城市空间性的因果以及社会和空间过程的相互关系。哈维即使在其最新的著述中，也更加看重资本积累等社会力量的决定性作用，而列斐伏尔则主张社会因果和空间因果之间更加辩证的平衡。

在丹·米歇尔（Don Mitchell）看来，城市权利不同于财产权，"城市权利意味着一种居于首位的权利：自由的权利，在社会中保持个性的权利，拥有居住地以及主动选择是否居住的权利。（此外，）进入城市的权利、参与的权利、支配财富的权利，是城市权利的内在要求。"[1] 城市权利主要包括"话语"和"行动"两个层面，在话语和行动的统一中，城市权利的主要对象是自由的公共空间，"没有人可以自由的行动，除非他有可以自由行动的处所。"[2] 权利是人在复杂关系中的具体主体性、主体资格。在米歇尔看来，城市权利的核心是公共空间问题，在私有制语境下建构城市权利的根本途径是通过制度调整、重构公共空间。这样，实现城市权利的关键就在于不断增强表达性的空间性能力和力量。苏贾认为，城市权利是一种空间权利。空间由三种空间构成，第一空间是物质性空间，第二空间是精神性空间，而第三空间，就是作为物质性与精神性空间相统一的空间，其本质是由多样异质人口所组成，与日常生活主体紧密联系的空间。苏贾认为，"拓展第三空间是实现城市权利的基本路径"。[3]

可见，米歇尔与苏贾强调城市权利的目标均在于保持民众主体的个性、创造性、流动性，提倡民众对公共空间的参与程度，从而保证城市空间的开放性、多样性及其发展活力。防止城市空间区域固化，社会分层壁垒加厚。

1　Don Mitchell, *The Right to the City*: *Social Justice and the Fight for Public Space*, Guilford: The Guilford Press, 2003, p. 18.

2　Don Mitchell, *The Right to the City*: *Social Justice and the Fight for Public Space*, Guilford: The Guilford Press, 2003, p. 27.

3　[美] 爱德华·W. 苏贾：《寻求空间正义》，高春花、强乃社等译，北京：社会科学文献出版社，2006 年，第 93—94 页。

三、 从空间完善走向权利保障

上文述及，空间中的自然地理区位的不同是产生差异的源头，再加上社会交往与个人选择的差异，使得空间发展呈现出越来越不平衡的状态。资本与权力的外在介入，加快了空间的分异，使得底层民众被彻底边缘化了，生活在城市空间的"夹缝"中。然而，这不应当是城市空间的应有状态。人人应当拥有平等地享有适当的住房、医疗、教育以及公众投资和政府补贴等公共服务的选择权；应当平等地享有收益分配的权利；自然也应当承担公共区域的空间责任。苏贾认为，"空间责任是在其他政府机构力不能及的情况下形成的一种内部区域福利制度。"[1] 这样，所有市政府都认识到地方政府的土地决策所带来的负面效果，从而产生有关土地或者空间责任的法律原则。哈维认为，人们可以通过改造城市来塑造人与人之间的关系，那么，空间权利视角便提供了一种全新的权利解放视角：打破空间隔离，走向空间开放——从完善空间走向保障权利。

因为空间是动态的、开放性的、可建构的存在，且其中蕴含着权力关系，因此通过改造空间来塑造人与人之间的关系从而达到保障权利的目的是可行的。马西在《保卫空间》（For Space）一书中认为，空间的含义包括三个核心观点："第一，我们认为空间是相互关系的产物；是经由大到地球、小到苍蝇的事物相互作用构成的。第二，我们将空间理解为在同期多元化意义上多样性存在的可能性领域，不同的轨迹共存的领域，因而也是异质性同时共存的领域。……多样性和空间是相互构造的。第三，我们认为空间总是处在建构之中。"[2] 换句话说，空间总是处于被构造的过程之中，空间的发展则是开放的，具有无限可能性的。

1　[美] 爱德华·W. 苏贾：《寻求空间正义》，高春花、强乃社等译，北京：社会科学文献出版社，2006年，第47—48页。
2　[英] 多琳·马西：《保卫空间》，王爱松译，南京：江苏教育出版社，2013年，第13页。

"关系"在这里指的就是事物间的一种互动关系，这样的关系也内在地包含了社会关系特别是权力关系。

因此，追寻着空间脉络，空间权利的实现不仅在于权力的下放，更在于底层民众捍卫以及提升权利的主动性。人们可以通过合乎空间本真性质的改造来达到保障权利的需求。在此，可以从三个角度对空间进行审视：关联性、多样性和开放性。这正是针对资本空间的三大趋势（空间异化、空间极化、空间控制）提出来的。具体说来，第一，关联性，将空间理解为相互关系的产物。正好与近年来兴起的一种反本质主义的意识形态相契合。这种意识形态不是接受已然构建的实存实体，而是强调事物间相互关联及其建构性。因此，它对基于不变的认同观念之上的本真性诉求抱有警惕的态度。这意味着，人们拥有的权利并非独立的、静止的个体，权利的实现需要与其他主体与权利相互关联，形成空间共同体才可能获得权利的真实理解及其实践条件。第二，多样性，将空间视为存在多样可能性的领域。多样性的空间观强调的是空间边缘群体的权利的实现。提倡对多样性权利诉求的尊重，防止空间成为政府与资本家等精英阶层的意志统治工具。第三，开放性，看到空间永无休止的动态性。开放性意味着空间从来不是一个封闭的系统，总是处于永远流变的状态。相应的，空间权利并非"死物"，是一个动态的权益维护过程。人们无法永远占有权利，只能处在一个不断努力实现自己权利的过程之中。

第三章　马克思、恩格斯及相关研究者对资本空间的分析

马克思认为，土地和劳动力是产生所有财富的源泉，资本只有占有并驾驭二者才能真正驾驭财富。"土地和劳动力是资本有机体发展的前提，也是资本发挥总体性作用的焦点问题。资本没有支配土地所有权，就无法获得廉价而充足的劳动力，也就无法完全按照资本的意志自由发展，无法实现致富欲。"[1] 因此，马克思对资本空间的政治经济学批判有两种路径：一是，资本积累的空间化路径。通过资本主义土地所有制，利用地租的形式使土地资本化，并在土地上建造商品化的空间继续收取租金。二是，劳动的空间化路径。通过资本主义生产方式的分工特点，使劳动和劳动力碎片化、量化、资本化，从而达到充分占有劳动时间和空间并奴役劳动者的目的。资本从这两条路径出发，潜移默化地侵蚀人的社会空间，最终达到奴役人的目的。

第一节　资本积累的空间化路径：资本占有土地及其空间

资本空间，就是资本利用权力占有空间、生产空间并利用空间再生

---

[1] 彭宏伟：《资本总体性：关于马克思资本哲学的新探索》，北京：人民出版社，2013年，第239页。

产来加速权力关系空间的增殖过程。但资本对社会空间的占有并非只存在于资本主义社会。从封建社会开始，资本在土地所有权和地租中就开始萌芽了。土地空间的范畴不仅包括土地自身的物质成分还包括与土地构造差异相关的社会构架。资本正是在资本主义土地所有制的运作下，一步步将土地资本化，将土地之上的空间规划资本化，使得城乡分离，直至城市空间乃至大都市形成。如同马克思所言，"资本一旦合并了形成财富的两个原始要素——劳动力和土地，它便获得了一种扩张的能力，这种能力使资本能把它的积累的要素扩展到超出似乎是由它本身的大小所确定的范围，即超出由体现资本存在的、已经生产的生产资料的价值和数量所确定的范围。"[1] 此时，人们在土地上进行劳动、建造房屋、改善交通等等生存的动机就会越来越被资本的获利动力所取代。

一、 资本主义土地所有制、地租与土地空间资本化

（一）土地所有权

土地所有权指土地所有人在法律规定的范围内占有、使用和处分土地，并从土地上获得利益的权利。而资本主义的土地所有权指土地所有者凭借土地所有权的垄断，以收取地租的形式从产业资本家手中把雇佣工人所创造的一部分剩余价值，即超出平均利润以上的余额据为己有。在《资本论》中，马克思认为资本主义土地所有权是从封建土地所有权或小土地所有权演变而来，是资本主义生产方式在农业发展中的结果。马克思指出"在这个意义上，土地所有权的垄断是资本主义生产方式的历史前提，并且始终是它的基础，正像这种垄断曾是所有以前的、建立在对群众的某种剥削形式上的生产方式的历史前提和基础一样"。[2] 可见，资本主义土地所有权是土地所有权一个独特的历史形式，其重点在

1　《马克思恩格斯文集》第五卷，北京：人民出版社，2009 年，第 697 页。

2　《马克思恩格斯全集》第二十五卷，北京：人民出版社，1975 年，第 696 页。

于必须保持土地所有者对土地所有权的垄断，并且需要将土地所有权转化为与资本主义生产方式相适应的经济所有制。换言之，将封建社会小土地所有权转化为资本社会大土地所有权。

小土地所有权资本化后就成为了大土地所有权。小土地所有权在封建社会占统治地位，但经由资本主义生产方式冲击后，工业化大生产取代了小农经济，大土地取代了家庭共有地，封建社会走向解体，小土地所有权虽仍小范围存在，但已势微，大土地所有权取而代之。"小土地所有制按其性质来说排斥社会劳动生产力的发展、劳动的社会形式、资本的社会积聚、大规模的畜牧和科学的累进的应用。"[1] 所以，小土地所有权的农业、小手工业、小型作坊等生产方式是与资本主义社会化大生产相矛盾的。当农业等小微生产业从属于资本以后，相应的大土地所有权就产生了。

大土地所有权产生的关键在于所有权的独立和经营权的分离，土地所有者从社会生活的操纵者转变为收租人。土地作为纽带将土地所有权与地租联系在一起，土地所有者因拥有土地所有权而获得地租；农业资本家凭借拥有土地经营权而获得平均利润。"土地所有者从生产过程和整个社会生活过程的操纵者和统治者降为单纯土地出租人，单纯用土地放高利贷的人，单纯收租人，——这些事实却是资本主义生产方式的独特的历史产物。土地取得土地所有权的形式，是资本主义生产方式的历史前提。"[2] 由此，农业生产方式取得了资本主义社会化的转变，地租也独立出来取得了资本主义的经济形式。

（二）地租

简单说来，地租是土地所有权在经济上的实现。在资本主义农业生产中，实际的耕作者是赤贫的农业雇佣工人，即租地农场主。租地农场

---

[1] 《马克思恩格斯文集》第七卷，北京：人民出版社，2009 年，第 912 页。

[2] 《马克思恩格斯文集》第七卷，北京：人民出版社，2009 年，第 999 页。

主对土地只拥有使用权，因此，他必须每隔一定期限按契约支付给土地所有者一个货币额。另一方面，地租也是一种剩余价值。从社会整体层面出发，整个社会剩余价值总和就是资本利润和地租之和。"资本利润（企业主收入加上利息）和地租不过是剩余价值的两个特殊组成部分，不过是剩余价值因属于资本或属于土地所有权而区别开来的两个范畴，两个项目。它们丝毫也不会改变剩余价值的本质。"[1]

　　地租大致可分为四类：级差地租、绝对地租、垄断地租、建筑地段地租与矿山地租等非农用地租。第一，级差地租。级差地租有两种形式：级差地租 I，级差地租 II。前者指资本的量相同，投资的土地不同，此时，由于土地先天优势不同（肥沃程度和区位优劣不同）带来的有差异的超额利润所转化而成的地租。后者指针对同一地块，以追加投资为手段，从而获得较高的劳动生产率所产生的超额利润所转化成的地租。第二，绝对地租。马克思认为，绝对地租是土地所有者凭借土地私有权而取得的地租，是农产品价值超过社会生产价格的差额，是价值的一部分。土地私有权的垄断，是绝对地租存在的原因。马克思认为，随着社会生产的发展，农业落后于工业的历史现象将会消失。他说：当"农业资本的平均构成等于或高于社会平均资本的构成，那么，上述意义上的绝对地租，也就是既和级差地租不同，又和以真正垄断价格为基础的地租不同的地租，就会消失。这样，农产品的价值就不会高于它的生产价格"[2] 可见，绝对地租的形成及其来源具有较为特殊的历史性。第三，垄断地租。垄断地租，作为地租的特殊形式，指凭借拥有的少数自然条件极其优越的土地的垄断所有权而占有的商品垄断价格超过价值和生产价格所形成的超额利润。这样的土地又可分为两类：能生产某种珍贵农产品的地块以及位置特别优越的建筑地段或蕴藏稀有矿藏的矿山的地块。第四，建筑地段地租与矿山地租等非农用地租。建筑地段地租，资

1　《马克思恩格斯文集》第七卷，北京：人民出版社，2009 年，第 929 页。

2　《马克思恩格斯文集》第七卷，北京：人民出版社，2009 年，第 862 页。

本家为租地建造住宅、工厂、仓库、车站、码头等各种建筑物而向土地所有者缴纳的地租。建筑地租也同样具有级差地租、绝对地租和垄断地租三种形式。

（三）土地及其空间的资本化

土地与资本结合可以产生巨大的权力，使工人没有属于自己的容身之处。土地"这种土地所有权一旦和产业资本结合在一个人手里，便会产生巨大的权力，使得产业资本可以把为工资而进行斗争的工人从他们的容身之处地球上实际排除出去。在这里，社会上一部分向另一部分人要求一种贡赋，作为后者在地球上居住的权力的代价，因为土地所有权本来就包含土地所有者剥削地球的躯体、内脏、空气，从而剥削生命的维持和发展的权力。"[1] 因此，土地资本化是资本侵占土地空间的必然形态，因为它在此过程中，不仅掌握了土地及空间资源，还通过资本的雇佣劳动的规则，无偿占据了统治地位和劳动力。换言之，土地资本化无偿占有了不断增殖的价值。

第一，土地资本化。土地资本化本质上是地租资本化，地租资本化是地租形式长期变迁的结果。随着生产力的发展，封建地租经历了劳役地租、实物地租、货币地租的转变，其中支付地租的分别是剩余劳动力、剩余劳动产品、剩余货币——它们均是资本的剩余价值的表现形式。其中货币地租作为封建地租的最高级形式，已初步具备了资本主义生产方式的雏形，使得地租资本化成为可能。马克思说："随着农产品作为价值（商品）而发展的条件和它们的价值的实现条件的发展，土地所有权在这个未经它参与就创造出来的价值中占有不断增大部分的权力也发展起来，剩余价值中一个不断增大的部分也就转化为地租。"[2] 土地的买卖与土地的价格的出现便是必然的了。这样，一个没有价值而具有

1　《马克思恩格斯文集》第七卷，北京：人民出版社，2009 年，第 875 页。
2　《马克思恩格斯文集》第七卷，北京：人民出版社，2009 年，第 720 页。

价格的商品也就形成了。

土地价格与土地所有权资本化。土地价格并不等同于地租，而是地租的资本化，地租则是土地所有权的经济实现形式。换言之，地租是以地价形式投入土地的资本的利息，能产生平均利润之上的超额利润。地价就是地租的集中表现，"土地价格不外是资本化的因而是提前支付的地租"[1] 因此，先有地租并经过货币地租而出现地租资本化后才形成土地价格。可以得出结论：土地价格并不是土地的价值，而是地租资本化后购买地租的价格。影响土地价格变化的因素比较多，不能从土地价格的增加直接得出地租增加的结论，也不能从地租的增加直接得出土地产品增加的结论。马克思说："土地的购买价格，是按年收益若干倍来计算的，这不过是地租资本化的另一种表现。实际上，这个购买价格不是土地的购买价格，而是土地所提供的地租的购买价格，它是按普通利息率来计算的。"[2]

第二，土地及其空间的资本化。土地及其空间的资本化指，土地空间在资本积累的过程中，土地作为固定资本在资金投入时得到了物理、化学甚至社会性质的提升，从而提高了土地的生产力和市场竞争力。值得注意的是，这里将土地视为固定资本，因此对土地的连续投资会持续带来收益。"土地的优点是，各个连续的投资能够带来利益，而不会使以前的投资丧失作用。不过这个优点同时也包含着这些连续投资在收益上产生差额的可能性。"[3] 在此，土地空间不仅仅是社会生产力进步的结果，经过人类再生产后的土地更是社会生产过程中的强大助力。一是，提高土地农业生产力。土地原有自然力总有耗尽的一天，为了农产品丰收的目的，必然需要对土地人为注入资本以提升土地生产力。二是，提高土地的社会特殊性和市场竞争力。人们可以对拥有一般自然属性的土地顺应市场需求进行人为的改造，并赋予其新的社会属性，从而快速提

1　《马克思恩格斯文集》第七卷，北京：人民出版社，2009 年，第 913 页。
2　《马克思恩格斯文集》第七卷，北京：人民出版社，2009 年，第 697 页。
3　《马克思恩格斯文集》第七卷，北京：人民出版社，2009 年，第 883 页。

高土地的市场竞争力。譬如，农家乐、森林公园等都是建立在土地自然属性之上的市场性改造。

可见，土地资本化中土地是作为静态的原材料而存在。土地及其空间的资本化则将土地视为劳动产品、生产工具和固定资本……总而言之，将其视为资本循环过程中的一个动态环节而存在。土地资本化作为农业生产力的重要形式，主要涉及级差地租、绝对地租和垄断地租；土地及其空间资本化不仅涉及前三种地租，还更倾向于建筑地段地租与矿山地租等非农用地租等工业领域和服务业领域。"不仅人口的增加，以及随之而来的住房需要的增大，而且固定资本的发展（这种固定资本或者合并在土地中，或者扎根在土地中，建立在土地上，如所有工业建筑物、铁路、货栈、工厂建筑物、船坞等等），都必然会提高建筑地段的地租。"[1]在农业中，如果将土地视为农业生产工具，那么各个连续的投资总会获得收益的。而一旦仅将土地视为操作的空间基地起作用，那么，相应的投资是否能获得收益就不一定了。进一步来说，若将建筑作为土地空间的资本化，将建筑空间视作可供出租和买卖的商品，此时租金的增长规律相较农业土地投资而言就更为复杂了。

二、 资本主义生产造就城乡分离

在马恩的论述中，"城乡分离"常等同于"城乡对立"，前者一般指城市的出现及其发展趋势，后者更倾向指不同劳动分工和生产关系之间的矛盾状态。在马恩看来，人类历史上有两次大的城乡分离。第一次在古代社会，工商业劳动和农业劳动分离，从而引起城乡分离与利益对立。恩格斯将城市与乡村分离称为"第一次社会大分工"；第二次城乡分离（或者说"城乡对立"）指向伴随着产业革命出现的现代性的"城市化"过程。大工业的到来"把自然形成的性质一概消灭掉（只要在劳

---

1 《马克思恩格斯文集》第七卷，北京：人民出版社，2009 年，第 875 页。

动的范围内有可能做到这一点），它还把所有自然形成的关系变成货币的关系。它建立了现代的大工业城市——它们的出现如雨后春笋——来代替自然形成的城市。"[1] 土地资本化指向物质劳动与精神劳动的对立，土地及其空间资本化指向社会化大生产与资本主义之间的矛盾。

（一）活劳动的分离和生存空间的对立

城乡分离首先是第一次社会大分工造成作为活劳动的"人"的分离和对立——人的畸形发展。这种畸形发展有两种：人的身心的畸形分离和人的生存空间的畸形分离。

其一，第一次大分工造就了城乡居民身心的畸形发展。"第一次大分工，即城市和乡村的分离，立即使农村居民陷于数千年的愚昧状况，使城市居民受到各自的专门手艺的奴役。它破坏了农村居民的精神发展的基础和城市居民的肉体发展的基础。……由于劳动被分割，人也被分割了。为了训练某种单一的活动，其他一切肉体的和精神的能力都成了牺牲品。人的这种畸形发展和分工齐头并进，分工在工场手工业中达到了最高发展。"[2] 第一次大分工使得城乡居民的精神和肉体某一方面得到过度强化，虽然生产力得到了提升，但人的完整性被打破。身心的畸形发展成为了自由全面发展的阻碍。

其二，城乡分离的重要特点在于城市劳动力人口持续增加，农村居民不断减少，从而造成了城镇化背景下人们生存空间的分离与对立。城乡分离促进了人群迁移，传统乡村家庭结构遭到破坏，人的传统生存空间分离开来：人们工作、居住两地奔波；过年过节庞大的返乡流；城市发展越来越繁荣但也越来越拥挤；留守村庄和村庄衰败的现象。传统乡村家庭结构遭到了毁灭性的破坏，乡土文化也难以得到恰当的传承。从而，人们的传统生产空间、生活空间、精神文化空间均发生断裂。

1　《马克思恩格斯文集》第一卷，北京：人民出版社，2009年，第566页。
2　《马克思恩格斯文集》第九卷，北京：人民出版社，2009年，第308页。

（二）生产方式的分异和生态空间的对立

第一，生产方式不同会造就城乡居民劳动方式的分异。城乡分离与城乡对立的因素并不相同：劳动分工造成了城乡分离，劳动协作造就了城乡对立。简言之，工场手工业和大工业分别造就了城乡分离与城乡对立。劳动方式的不同使得城市生产者与乡村劳动者产生了分异，造成了：分工协作与独自工作；大规模有组织与单独自由散漫；集中生产与零星分散劳作等等。

第二，资本主义工业生产方式与农业生产方式相比具有反生态的本性，会人为打断自然发展的延续性。在资本主义的制度下，马克思提出"物质变换断裂"的概念。"物质变换断裂"指人类社会和自然界之间物质交换关系的断裂，从而破坏了人类社会持续发展的可能性。"资本主义掠夺式的农业制度和城市污染所造成的城乡分离，以及人类和动物的排泄物无法有效收集并返回农业，是造成土壤贫瘠的两大根源。李比希强调，只有建立在归还原则基础上的理性农业才能根本解决土壤贫瘠问题。在李比希的影响下，马克思开始系统批判资本主义生产对生态的负面影响，指出资本主义制度必然会导致人和自然物质变换的断裂。"[1] 乡村生态资源被资本主义生产方式侵占后，耕地被占用，水质被污染，空气变得污浊……生态系统的延续性遭到了严重破坏。只有改变工业生产方式，将其融入可持续发展的生态产业链中，才能规避先污染后治理的老路，建造绿色乡村和绿色城市。

（三）公共权力在空间中的重新配置

城乡分离造成城乡民众的阶层分异。马恩在《德意志意识形态》一书中说道："随着城市的出现也就需要有行政机关、警察、赋税等等，一句话，也就是公共的政治机构，也就是说需要一般政治。在这里居民

---

1   王雨辰：《生态学马克思主义与生态文明研究》，北京：人民出版社，2015年，第201页。

第一次划分为两大阶级，这种划分直接以分工和生产工具为基础。"[1] 因此，城乡对立、脑力劳动和体力劳动的对立等等这样的分工形式就造成了两大阶级的存在：资产阶级和无产阶级。阶级就其实质而言，是个经济范畴。城市与乡村在资本主义生产过程中，城市体现了其中心地位，乡村则呈现出边缘的从属功能。因此，城市对乡村具有统摄性。

城市对乡村具有统摄性，表现在两个方面：第一，表现为城市对乡村经济的、政治的甚至精神上的支配作用。城市以其精神及方法、目的和政治与经济上的决策支配乡村，使乡村成为了依附性的存在，成为了生活资料、生活规则以及精神产品的供应者。譬如，所有真正的工业社会历史都是在城市中上演的，乡村人脱离了城市日常只能处在一种无法抗拒的失语状态，所以，乡村农民具有的情感和舆论主要由城市的刊物和日常言论规定和指导。第二，表现为城市利用资本主义生产关系对二元空间结构进行再生产，从而加大对乡村的剥削和掠夺。城乡对立使农村在经济、政治和文化方面落后于城市，资本进入农村会给农村的资源和居民带来更大的剥削和奴役。城市集聚生产方式的实质在于城市对空间资源的占有比乡村密集得多，使得城市生产效率、沟通效率、文化交流效率比乡村大得多。"城市本身表明了人口、生产工具、资本、享乐和需求的集中；而在乡村里所看到的却是完全相反的情况：孤立和分散。"[2] 城市一方面充分挖掘自身内部的空间资源，另一方面又从成本较低的乡村进行开发和扩张。乡村盼望着资本的进入，资本虽然能提高农村生产力，给农村现代化建设尽一份力，但资本并不会使所有人受益，也不会带来真正的平等，乡村资源及乡村劳动力会受到更为严重的压榨和剥削。例如，资本家可以以较低的价格收购农村土地和房屋，并用之以重新建造公寓楼、商铺或其他建筑，资本家又可以以较低的工资薪酬雇佣产生的剩余劳动力，农村劳动者在此经历了多重剥削。

1　《马克思恩格斯全集》第三卷，北京：人民出版社，1960年，第57页。
2　《马克思恩格斯全集》第三卷，北京：人民出版社，1960年，第57页。

（四） 对马恩城乡分离思想的相关评论

在马恩的相关论述中，城乡差别主要是"现代"与"传统"、"文明"与"愚昧"的差别。总的来讲，马恩肯定城乡分离作为劳动分工的合理性、必然性，认为是历史的进步。《资本论》指出："一切发达的、以商品交换为中介的分工的基础，都是城乡的分离。可以说，社会的全部经济史，都概括为这种对立的运动。"[1] 在这个意义上讲，城市商品货币经济的发展与农村封建生产关系的瓦解，是一种社会进步，但并不意味着城市对乡村的剥削和掠夺是正当的。马克思认为，"只有使人口尽可能地平均分布于全国，只有使工业生产和农业生产发生密切的内部联系，并使交通工具随着由此产生的需要扩充起来——当然是以废除资本主义生产方式为前提，——才能使农村人口从他们数千年来几乎一成不变地栖息在里面的那种孤立和愚昧的状态中挣脱出来。"[2]

总之，马恩主要看到了城市与乡村分离对人类社会和自然生态产生的消极作用，对资本主义城市化带来的生产专业化、集中化，对劳动者职业素养的提升等积极历史趋势肯定不够。资本主义生产关系在城乡分离之后也产生了新的发展趋势：资本进入乡村后形成的市场经济秩序广泛地取代了传统封建的血缘宗法制度，大大扫除了城乡生产和交换领域的"障碍"；科技发展带来的产业革命大大提升了生产力，使得城乡劳动方式和生活水平的差别在某种程度上缩小了。

三、 城市建筑空间的资本化

资本向乡村扩张过程中，资本通过占有土地及其所有权，利用土地及其空间的资本化，以收取租金的方式赚取剩余价值，使得土地这样的

1　《马克思恩格斯文集》第五卷，北京：人民出版社，2009 年，第 408 页。
2　《马克思恩格斯全集》第十八卷，北京：人民出版社，1964 年，第 313 页。

不变资本或固定资本转变为可变资本重新进入流通领域。如同资本空间必然会生产城乡对立空间一样，资本空间也会生产住宅过剩和生产住宅短缺，这是资本主义制度造成的。但一旦资本进入社会大型公共设施建造中，由于交换价值实现的缓慢性，就有可能走向自身的毁灭。

（一）　建筑空间的商品化生产

资本生产（土地意义上的）建筑物的目的是地租。并非城市中所有的建筑物的目的都是租金，例如历史博物馆、公园、文化古迹等建筑属于公益性基础设施，虽偶有收取维护费用，但并非纯粹以营利为目的。只有拥有工业化的生产方式、千篇一律的建筑风格，且以建筑买卖、租赁为目的的建筑才是以地租为目的的资本空间。因而，此时建筑空间已然成为商品，建筑的建造和生产就是空间生产。恩格斯认为，"在迅速发展的城市内，特别是在像伦敦那样按工厂大规模生产方式从事建筑的地方，建筑投机的真正主要对象是地租，而不是房屋。"[1] 即便如此，房租与土地地租也是不同的存在，但地租的增加也会引起土地之上房屋空间租金的增加。"一方面，土地为了再生产或采掘的目的而被利用；另一方面，空间是一切生产和一切人类活动的要素。从这两个方面，土地所有权都要求得到它的贡赋。对建筑地段的需求，会提高作为空间和低级的土地的价值，而对土地的各种可用作建筑材料的要素的需求，同时也会因此增加。"[2]

虽然地租的增加在一定程度上会影响房租，但是房租在去除地租因素时只能获得资本主义生产的平均利润，所以房屋租赁是正常的商品交易经济关系。一方面，房租不过是逐步实现的住宅的交换价值或价格，并通过一定期间的使用权价格表现出来。商品所有者将商品卖出的目的在于取得商品的交换价值，由于商品使用价值不同，那么消费它们所用

1　《马克思恩格斯文集》第七卷，北京：人民出版社，2009 年，第 875—876 页。
2　《马克思恩格斯文集》第七卷，北京：人民出版社，2009 年，第 875 页。

时间也不同。"使用期限很长的商品就有可能每次按一定的期限零星出卖使用价值，即将使用价值出租。因此，零星出卖只是逐渐地实现交换价值；卖主由于不把他预付的资本和由此应得的利润立刻收回，就要靠加价即收取利息来获得补偿。加价即利息的高低并不是任意决定的，而是由政治经济学的规律决定的。"[1] 另一方面，在理论上，房屋租赁在去除地租因素时只能获得资本主义生产的平均利润。假定去除资本家的欺诈、市场恶性竞争等等不稳定因素，纯粹从房屋租赁这一经济现象入手，房屋经历了漫长的时间终于无法居住了，最终房屋所有者只剩下地皮（如果这属于他），房屋居住者则一无所有。"大家知道，扣除地租的上涨部分以外，房主每年收入的房租平均不超出所投资本（包括利润在内）的 7%，并且还得从中开销修缮费等等。一句话，租赁合同是一种最普通的商品交易，在理论上，它并不比其他任何交易对工人有利些或有害些，只有涉及劳动力买卖的场合是一个例外。"[2] 可以看出，其中隐藏着一个生产价格公式：成本 + 平均利润 + 地租[3]。因此，纯粹土地意义上的房屋建造和房屋租赁扣除成本和地租不会得到超额利润。

　　然而，一旦城市房屋建设进入空间生产的领域，房地产商在完全资本主义条件下就可以获得高出平均利润的超额利润——级差地租和绝对地租。城市土地重在空间的利用，因而对城市土地的投资，不仅在房屋建造，更在于房屋周围基础设施的建设。换言之，房屋的区位对于城市来说极其重要。区位不同，土地级差地租不同，土地之上的房价也各不相同。但级差地租的超额利润最终会与产品的价值相一致，不会超过价值。垄断地租与级差地租不同，垄断地租带来的价格会远远超过价值。若土地所有权被垄断（人为垄断），即房地产商是土地所有者，或者是一定时期的土地占有者，就可获得绝对地租。房地产商因此可以最大限

1　《马克思恩格斯文集》第三卷，北京：人民出版社，2009 年，第 250 页。
2　《马克思恩格斯文集》第三卷，北京：人民出版社，2009 年，第 216 页。
3　熊映梧：《马克思的生产价格理论、地租理论与社会主义经济建设》，《学术月刊》1983 年第 5 期，第 1—8 页。

度地谋求私利来抵抗自己的利润率被平均化，从而可以在超额利润基础上获得一个垄断价格。

（二）　短缺的居住空间的生产

所谓住房短缺，指因人口突然增加或房租大幅提高所导致的住房缺乏和居住环境的恶化。住房短缺并非偶然现象，它是资本主义社会形式的必然产物。因此，正是资本的内在积累机制，生产出了"过剩"与"短缺"。"过剩"的形成正是源自于对"短缺"的剥削和掠夺，住房短缺与住房过剩总是共同存在的。"这种住房短缺并不是现代特有的现象；这甚至也不是现代无产阶级所遭受的不同于以往一切被压迫阶级的、它所特有的许多痛苦中的一种；相反，这是一切时代的一切被压迫阶级几乎同等地遭受过的一种痛苦。"[1] 关于住房短缺的解决方案，萨克斯在不改变资本主义生产方式的前提下，提出了三种主要解决途径："小宅子制"、"移民区"、"工人自助和国家帮助"。在当下中国房地产调控政策中，也可看到这三种解决方式的影子。

第一，小宅子制。顾名思义，给工业区每个工人都分配一间小屋子。小宅子制的不妥之处：一是，工人一旦拥有自己的房子后就会与土地建立联系，从而失去了无产阶级的自由性，可任由资本家控制。因此，小宅子制与其说是为了工人的利益，不如说是为了资本家的利益。二是，分配小宅子只能治标不能治本，实际上工人仍旧以无酬劳动的方式支付了房租，房屋缺乏的实质在于资本主义的制度。萨克斯先生认为这样工人就拥有了自己的经济独立地位，就能成为资本家。但资本家与工人的不同之处并不在于拥有多少财产，而在于劳动方式的差异。资本就是对他人无酬劳动的支配，所以只要雇佣劳动仍旧存在，雇佣工人手中的资本最终还是会流向资本家。假设工业地区的工人每个人都有免费住房，住房费用就不会计入工人的劳动力价值中。"但是，劳动力生产

1　《马克思恩格斯文集》第三卷，北京：人民出版社，2009 年，第 250 页。

费用的任何降低，即工人生活必须品价格的任何长期降低，'根据国民经济学的铁的规律'，也就等于劳动力价值的降低，所以归根到底会引起工资的相应降低。因此，工资下降的平均数量就会相当于节省下来的房租的平均数量，也就是说，工人住自己的房屋还是付了租金，不过不像以前那样以货币形式付给房东，而是以无酬劳动形式付给他为之做工的厂主。"[1] 工人投在住房上的储蓄确实在某种程度上成为了资本，但这个资本并不归工人所有，而是归雇佣工人的资本家所有。因此，重要的不是住房本身，而是资本主义制度。

第二，移民区。移民区指在大城市工厂周围建立工人专属住宅区域来解决住宅短缺问题。但事实证明，建立的一切社会主义的东西发展到最终都会成为资产阶级的东西。在英国、法国曾经建立过这类"试验性"的移民区，成为了较为繁荣的工厂乡村，最后形成了整座工厂城市的中心，于是仍旧出现了工厂城市的各种弊端。因此，"移民区"无法根本解决住宅短缺问题，反而会加重资本家对工人的进一步剥削。

第三，工人自助和国家帮助。工人自助意指，通过工人与工人的相互联合构建一个专门的社会购房协会，通过定期扣除公积金或提供贷款等方式互帮互助，来买房。但实际上，收入低的工人根本买不起房，且由于协会成员的复杂性，最终这样的协会只能沦为房地产投机性组织。另一方面，国家不能够也不会愿意消除住房灾难。"国家无非是有产阶级即土地所有者和资本家用来反对剥削阶级即农民和工人的有组织的总权力。……总资本家，即国家，也并不会做出更多的事情。国家顶多也只是会设法在各地均衡地推行已经成为通例的表面掩饰工作。"[2] 因此，作为资本家的国家为了整个国家的运作考虑，不愿意解决住房问题。且国家单方面也没有解决问题的能力。住宅不但需求量很高，而且是有寿命的。因此，国家不仅需要支付住宅的建造费用，还需要不间断地给予

1　《马克思恩格斯文集》第三卷，北京：人民出版社，2009 年，第 281 页。
2　《马克思恩格斯文集》第三卷，北京：人民出版社，2009 年，第 299 页。

住宅修整的后续费用。国家提供的资金对于庞大的住宅需求来说也只是沧海一粟而已。

恩格斯在《论住宅问题》中深刻剖析和证明了这些做法都是徒劳无功的，认为只有从根本上消灭资本主义生产方式才能真正解决住宅缺乏。恩格斯说："当资本主义生产方式还存在的时候，企图单独解决住宅问题或其他任何同工人命运有关的社会问题都是愚蠢的。解决办法在于消灭资本主义生产方式，由工人阶级自己占有全部生活资料和劳动资料。"[1] 但即便工人阶级取得了政权住宅短缺问题也无法立刻解决。只有先解决城乡对立的社会问题，即消灭农业生产和工业生产的对立问题，才能真正解决住宅问题。如今，农业利用工业产业化的生产模式变得更为高效，工业生产也追求生态的可持续性变得更为环保。随着科技的进步，城乡的统筹协调发展，城乡对立的问题必定会慢慢解决。从而才能真正避免炒房，根本解决住宅短缺问题。

（三）　城市公共基础设施空间的生产

从某种意义上说，城市居住环境的好坏不在于住宅本身，而在于住宅周围的城市公共基础设施的完善与否。因为，建筑地租和房租与住宅的区位息息相关。一个处于城市繁荣中心的住宅区位可以比城市边缘的住宅获得多得多的自然资源和社会资源。因而，资本可以将城市基础设施视为固定资本进行长期投入。虽然知道后续绝对会有所收益，但基础设施这样的大型商品的使用价值必然需要分多次才能释放开来实现其交换价值。基础设施的收益是一个漫长的过程。一般说来，大型公共设施的建设开始都是亏本的，而一旦营利后其回报却也是相当丰厚。这种丰厚与一般的小型消费品的生产是不可同日而语的，这是空间生产的多轨资本循环带来的结果。

但也存在这样的可能：随着生产力的高速发展，资本高度集中并拥

1　《马克思恩格斯文集》第三卷，北京：人民出版社，2009 年，第 307 页。

有能够投资社会性、国家性甚至国际性的公共设施之时，由于这类公共设施生产中的剩余劳动并未进入流通领域（没有交换价值），这项投入对于资本来说是非生产性的、非资本性的，甚至很长一段时间会被视为"沉没资本"（例如：开发大西部工程、"一带一路"倡议、乡村振兴战略等等），但对于整个社会发展来说却是生产性的，不仅会呈现为经济效益，还可呈现为社会效益。此时的资本"达到了它的最后形式，在这里资本不仅按它的实体来说自在地存在着，而且在它的形式上也表现为社会力量和社会产物。"[1] 固定资本的发展表明生产力发展水平的发展程度越高，财富一般发展程度越高。要求创造出的财富不是用在享乐型生产，而是用在非直接生产的劳动中去，此时的流动资本转变为固定资本，资本的空间化产物由此体现为社会性空间的产物。因此，固定资本的发展也表明财富一般发展的程度，或者说资本发展的程度。当资本主义的私人劳动均体现为社会劳动时，资本就达到了最高发展程度。在此时，"过剩人口（从这个观点来看），以及过剩生产，是达到这种情况的条件。"[2] 这样，在必要劳动以外，就为整个社会成员创造了大量可以自由支配的时间。因为劳动节约时间可以增加个人充分发展个性的自由时间，而个人的充分发展可以成为最大生产力。

直到此时，资本就达到了最高发展，即社会公共设施的建设已摆脱国家而转入由资本自身经营的领域。"当社会生产过程的一般条件不是由社会收入的扣除，不是由国家赋税创造出来（那时，表现为劳动基金的是收入，而不是资本，工人虽然同任何别的工人一样是自由雇佣工人，但他在经济上毕竟处于另一种关系中），而是由作为资本的资本创造出来的时候，资本就达到了最高发展。"[3] 只有到达这个历史阶段，所有的一般生产条件（如道路、运河、桥梁）等等才能由资本而不是由代表共同体本身的政府来兴建。此时的资本空间化的过程也是存在的，只

---

1 《马克思恩格斯全集》第三十卷，北京：人民出版社，1997年，第528页。
2 《马克思恩格斯全集》第三十一卷，北京：人民出版社，1998年，第103页。
3 《马克思恩格斯全集》第三十卷，北京：人民出版社，1997年，第530页。

是增殖过程缓慢得多，而这种缓慢正是与资本空间的流动性和变革性相悖的，资本空间也在基础设施建造的同时得到了消解。

第二节　劳动的空间路径：资本占有劳动的空间
分工和劳动力的空间

　　劳动是人维持自我生存和自我发展的唯一手段，也是资本追求的剩余价值的源泉。劳动分工作为资本运作的基本特征，不仅可以将复杂的生产和再生产化约为简单明确的劳动，还可以通过不同个体有组织的协调合作，大大提高生产效率。分工与劳动力的结合是资本主义生产方式的两种形式。"生产资本，或与资本相适应的生产方式，只能有两种形式：工场手工业或大工业。在前一种情况下，占统治地位的是分工；在后一种情况下，占统治地位的是劳动力的结合（具有相同的劳动方式）和科学力量的应用，在这里，劳动的结合和所谓劳动的共同精神都转移到机器等等上面去了。"[1] 而资本正是通过对劳动分工和劳动力的支配权——雇佣劳动，通过不同领域的合理分工协作占有劳动的空间分工并生产劳动力的空间关系。

一、资本利用权力占有劳动的空间分工

　　资本主义的生产说到底指"资本同时雇佣人数较多的工人，因而劳动过程扩大了自己的规模并提供了较大量的产品的时候才开始的。人数较多的工人在同一时间、同一空间（或者说同一劳动场所），为了生产同种商品，在同一资本家的指挥下工作，这在历史上和概念上都是资本

---

[1] 《马克思恩格斯全集》第三十卷，北京：人民出版社，1997年，第588页。

主义生产的起点。"[1] 资本正是通过对雇佣劳动的支配权，不仅支配了工人的劳动分工、劳动时间，还支配了劳动场所的分配。而传统经济学只看到了分工对生产力增长的作用，忽略了对劳动的地理空间和区位空间的考察，实际上，劳动分工在演进过程中会因空间区位和空间组织方式不同而带来不同的生产结果。

（一）劳动分工与劳动的空间分工

马克思认为一个民族的生产力发展的水平最明显地表现为该民族分工的发展程度。劳动分工在经济思想史上一直被视为生产力增长的关键，因为通过合理的秩序对分工进行安排可以将资源的优化配置达到极致，从而推动生产力的发展。经济学家阿伦·杨格（Allyn A. Young）认为，"分工水平取决于分工水平"，强调了经济的长期增长需要促进分工演化的良性循环，即分工可以自我强化，循环积累。实际上，要真正达到分工良性循环的最高境界是很难的，因为分工本身会因为生产经营方式和空间场合的变更而不断自我演进。一方面，同一空间中，分工不同的工人数量与质量都在不断变更。为了维持整个在场工人的正常生产不仅需要统筹安排不同岗位的不同工人比例，为了扩大生产，对工人生产技能进行提高或者对人数进行扩充的同时还需不断变更工人比例。另一方面，不同空间中，由于地方性的空间规则不同，相应的经营方式和分工方式也必然不同。如同马克思所言，"一个民族内部的分工，首先引起工商业劳动同农业劳动的分离，从而也引起城乡的分离和城乡利益的对立。分工的进一步发展导致商业劳动同工业劳动的分离。同时，由于这些不同部门内部的分工，共同从事某种劳动的个人之间又形成不同的分工。这种种分工的相互关系取决于农业劳动、工业劳动和商业劳动的经营方式（父权制、奴隶、等级、阶级）。在交往比较发达的条件下，

---

1   《马克思恩格斯文集》第五卷，北京：人民出版社，2009 年，第 374 页。

同样的情况也会在各民族间的相互关系中出现。"[1] 因此，劳动分工发展到极致，必然会走向劳动的空间分工。

劳动的空间分工，指劳动分工在演进过程中将空间作为生产变量，并且在空间背后权力的支配下，呈现出的空间经济的人文地理现象。换言之，决定劳动空间分工的，不仅仅是资本的经济积累的需要，还包括国家支配空间分工变动背后的空间组织的变化。劳动的空间分工说到底是政治经济意义上的。在 1979 年，马西在《区域问题的意义何在》一文中首先提出了"劳动的空间分工（spatial divisions of labor）"概念，她将马克思的结构分析和空间的社会属性结合对劳动空间分工进行研究，"产业结构—生产关系的空间结构—社会结构重组和变迁—阶级冲突与不平等—空间分布非均衡发展—产业结构"成为了马西的政治经济学取向的劳动空间分工分析架构。因此，虽然劳动空间分工本应属于区位经济学范畴的理论，但马西看到了空间经济学背后的政治性，她在《劳动的空间分工》一书中说明了总论点，"在一个国家内部种种支配性空间分工之间发生的重大变动背后，是生产关系的空间组织的变化，是再次所说的生产空间结构（spatial structures of production）的发展和重组。空间结构的这种变动，是对经济和政治的、本国的和国际的阶级关系变化的反应。它们的发展是一种社会过程和冲突过程，产业地理学是一个斗争的对象。世界并不只是资本积累的需要的结果。"[2]

劳动的空间分工的关键在于，将空间视为一种生产资料。在同一产品生产内部空间的分工阶段，空间往往从专业化经济、生产成本、交易成本等多方面对生产施加影响。只有当分工演进到某一特定阶段，空间才会成为一种生产资料，空间的生产进一步推进分工的演进。因此，分工、空间、社会关系是相互作用循环往复的推进过程，从而促使劳动空间分工不断发展。在马西看来，生产在空间中是有体系地组织起来，而

1　《马克思恩格斯文集》第一卷，北京：人民出版社，2009 年，第 520 页。
2　［英］多琳·马西：《劳动的空间分工：社会结构与生产地理学》，梁光严译，北京：北京师范大学出版，2010 年，第 7 页。

非随机的，该系统演化的根本动因源于利用空间不平等逐利。列斐伏尔认为"空间是一种生产资料"。可以看出，劳动空间分工的内涵不可简单归纳为劳动在地理空间中的反映，因为资本空间是流动的，表现在地理上，是经济区位的流动性。资本可以利用地理发展不平衡的性质，通过权力变更经济区位来降低劳动成本进行再生产（虽然再生产出的仍旧是不平等）。因此，劳动空间分工＝劳动分工×空间。如同石崧在《从劳动空间分工到大都市区空间组织》一文中所言，"'劳动空间分工＝劳动分工＋空间'的简单推理并不成立。在本质上更准确的理解应该是劳动分工在演进过程将空间作为生产变量，从而呈现出的人文—经济地理现象。形象地说，劳动空间分工＝劳动分工×空间。"[1]

因此，劳动分工演进过程中的空间说到底是一种变量。马克思早在《资本论》中指出，劳动分工是为了更好的协作，而恰当的协作不仅可以扩大劳动的空间范围，从而提高生产力，也能缩小劳动的空间范围，从而缩减劳动成本。在此，马克思将空间视作一种变量进行描述，因为空间并非一成不变的，与不同的劳动分工结合会产生不同的生产效果。"协作可以与生产规模相比相对地在空间上缩小生产领域。在劳动的作用范围扩大的同时劳动空间范围的这种缩小，会节约非生产费用（faux frais），这种缩小是由劳动者的集结、不同劳动过程的靠拢和生产资料的集聚造成的。"[2] 具体说来，劳动的空间分工演进过程可以参照斯科特（Scott，A. J.）的劳动过程和空间因素的分析方法。劳动空间分工可分为空间集聚与空间分散两种形式，空间集聚与空间分散又可分别划分为纵向一体化和纵向分散两个方面。其实这种区分是以小规模的规模生产为逻辑起点，以空间扩张为过程。对空间分工的集聚与分散过程的较为清晰的论述路径如下：纵向一体化和空间集聚——纵向一体化和空间分散——纵向分散和空间分散——纵向分散和空间集聚。

1　石崧：《从劳动空间分工到大都市区空间组织》，博士论文，华东师范大学，2014 年，第 79 页。

2　《马克思恩格斯文集》第五卷，北京：人民出版社，2009 年，第 381—382 页。

（二）劳动空间分工的资本化和权力化

单纯从区位经济学领域进行考察劳动空间分工的资本化，指劳动的场所及其区域分工是以资本空间积累需要为指向的。资本会自动向生产成本低廉的区域移动，通过不平衡的发展差异来赚取利润。这种描述在一定程度上能够反映出资本、劳动、空间、分工之间的关系，但将空间分工的发展纯粹视为"看不见的手"（市场经济发展规律）运行的结果。这种考察方式将空间视为一种"非人"的存在，并且完全忽略了资本空间中蕴含的权力因素。

一方面，资本空间的集聚会导致空间垄断力的形成和财富的破坏。空间集聚与空间分散的劳动空间分工过程说到底是一种资本空间的积累过程。但实际上，在积累过程中随着空间的集聚和资本的集中会带来权力的垄断和对财富的破坏。垄断力的形成并非是一种经济发展的异常情况，而是一种系统性难题的"寻租"活动。致富有两种方法：创造财富或夺取别人的财富，前者对社会有贡献，而后者在夺取别人财富的过程中会破坏原有财富。"寻租"就属于剥夺式积累。史得格里兹（Joseph Stiglitz）认为寻租（剥夺式积累）过程中，"经济交易中的垄断力与政治过程中的垄断力平行运作，配合得天衣无缝。"[1]

另一方面，资本空间可以利用空间分离来对抗雇佣人员组织内部的内聚力，在减少雇佣成本的同时，弱化雇佣团体的反抗意识。资本对空间的投资具有极其强大的地理流动性。因此，部门的设置可以一再改变区位以避开组织良好的劳动队伍（拥有工会），从而降低了劳动成本，并重新确立了资本对劳动的控制权力。"资本的空间流动性，被利用来对付劳动在地理上的团结。最终，在所有这些当中暗含的是，资本可以

1　David Harvey, *Seventeen Contradictions and The End of Capitalism*, London: Profile Books Ltd, 2015, pp. 132 - 133.

以劳动无法利用的方式积极地利用距离和分异。"[1]

二、 资本占有劳动力空间

资本空间通过劳动分工的不断演化造就了劳动的空间分工图景，演进的推动力除了资本积累，还隐藏着权力的引导。在其社会属性中，劳动的空间分工体现为拥有地方性的劳动者进行有秩序的分流和迁移。进一步来说，指具体地方的具体劳动者在资本和权力的指引下不断在地方和跨地方间的奔波，从而造就了劳动力空间。劳动力空间迁移的实质在于，作为劳动主体的人已经被资本化、商品化了，资本、市场成为了商品化劳工的指路标。由于资本的无限增殖的特性，劳动力空间也总会处在不断变动的过程中，主要体现在以下几个方面：

（一） 劳动力的空间流动及其层级化

劳动的空间分工会造成劳动力的空间流动。从逻辑上讲，资本的空间流动是劳动力空间流动的前提，而这必须保证资本家手中拥有足够多的初始资本。但劳动力的空间流动轨迹并不完全由资本决定，它还与劳动自身价值的高低及所得工资的多少相关联。其中劳动力的价值大小与商品一致，是由社会必要劳动时间决定的。由于"我们已经假定劳动力是按照它的价值买卖的"，[2] 因此，劳动力价值的等级在一定程度上会影响劳动力空间的层级化面貌。

第一，劳动力从乡村向资本集中的城市流动，造就了"核心—边缘"的对立空间。人类在经历社会大分工后，农业与手工业、商业分离：农业生产需要大量土地，农民大多分布在城市周边；手工业和商业需要人员和商品交换，人口密集的城市最适合不过。再加上机器化大工

1 ［英］多琳·马西：《劳动的空间分工：社会结构与生产地理学》，梁光严译，北京师范大学出版社，2010，第 55 页。
2 《马克思恩格斯文集》第五卷，北京：人民出版社，2009 年，第 267 页。

业的蓬勃发展，一方面，资本需要的大量没有田地的雇佣工人，另一方面，农业工业化也空出来多余劳动力，这些劳动力会大量涌入城市。使得城市日渐拥挤的同时，资本变得越来越密集，而农村则显得资本稀薄。于是，最终呈现出了"核心—边缘"的二元对立空间。

第二，劳动力从城市向城市周围的地区流动，形成劳动力空间的等级化。城市中劳动的空间分工不断演化，在促进生产力提高的同时，也增加了劳动者的岗位，再加上从农村不断涌入的劳动者使得城市规模不断增大。因此，城市资本的密度随着生产力和劳动力的增加而增加。随之而来的是级差地租的增加，对资本产生了离散力量，使得占用较大地理空间的企业向城市边缘搬迁。在此过程中，劳动力价值、劳动技能水平较低或缺乏竞争力的低级工人，他们无法支付日益增加的生活成本，也会随之流转到城市外围。而拥有知识技能水平较高的复合型人才则可在生产中带来更大的资本收益从而获得较高的工资薪酬，他可以留在城市中心。因而，在资本积累、劳动价值和工资的共同作用下，形成了劳动力地域的等级化。

第三，区域或国家之间的劳动力流动也遵循劳动力的等级规律，呈现出同一层级区域的平行流动轨迹。由于资本在区域间的流动会在一定程度上引起劳动力在区域间的流动，劳动力流动主要表现为高级劳动力在两个城市中心流动，而低级劳动力则在城市外围地区流动。换言之，含有高科技知识含量的企业或拥有极为优秀工作能力的人才不管在哪个城市中心工作都受欢迎，而技术含量较低的企业或低级劳力不管在哪个城市或国家中都会被城市排出在外围。发达区域只会因为高级劳动力的频繁建设而更为繁华，相反，不发达区域则更为破落。到此时，发达区域就会吞并周边不发达区域形成单一地区继续发展，并向外围再生产出等级空间。

（二）劳动力对地方空间的依赖性

劳动的空间分工不仅会造成劳动力的空间分异，甚至会拉开工人之间的社会差异，形成劳动力空间的等级化。但自相矛盾的是，正是劳动力之间的分异使得他们在空间生产过程中无法背离空间中的关联性而产生依赖性。换言之，资本全球化使得工人之间的相互依赖性越来越强。"某一个地方工人的行动或者不采取行动会给本国其他地点，甚或国际或全球其他地点的工人带来严重后果。"[1] 因此，现代的雇佣工人之间，无论喜欢与否，都不得不相互依存，地方空间的概念就是对这类依存性的界限描述。

劳动力空间的相互联结，使得地方空间的界限日渐模糊。作为劳动力的工人必然有其"地方性"。传统意义上的地方空间指劳动者日常物质生活和情感生活的物质场所，并且劳动者对该场所具有一定的认同感和归属感。如今经济全球化使得"地方性"与"非地方性"的界限愈加模糊。劳动者长期的生产、再生产、消费、生活等运动轨迹构成一个"整体性"空间——纯粹的办公室或者住所都无法简单概括为劳动者"地方性"的概念了。这意味着非地方已然越来越包括在地方内部，甚至地方的元素与延伸至更大空间的"远距离"事件、过程和制度紧密相关。

但是，劳动力空间的地方关联性无法催生地方空间的同质性。劳动力空间的流动性使得不同的地方空间卷入相似的经济、政治和文化流当中。高度的地方关联性给城市、国家、全球带来了相似的建筑、相似的道路、相似的生产模式、相似的管理模式、相似的品牌、相似的理念等等，但"相似"并非"相同"。马西认为，"非地方"的过程和现存的地方差异进行结合产生了独特的领域，地方用特别的方式"内化"了这些过程。这也是为什么不管在国外多么完美的经营管理理念在引入本土企业过程中总需要经过"本土化"才能让劳动者充分接受，否则会导致庞大的管理内耗成本。

此外，劳动空间的地方性对于劳动者来说不仅只有交换价值，还有

---

1 [英]诺埃尔·卡斯特利、尼尔·M. 科、凯文·沃德、迈克尔·萨默斯：《工作空间：全球资本主义与劳动力地理学》，刘淑红译，南京：江苏凤凰教育出版社，2015年，第8页。

使用价值和情感价值。一方面，一个集聚的企业可以得益于非交易的使用价值的相互依赖。因为地方除了可以作为交易场所，还可以"成为社交和面对面接触的场所，这些互动对于促进知识交换和经济增长所仰赖的创新非常关键。"[1] 这种情况大多发生在经济活动集聚场所，其中的先进知识技术和文化的交流极其快速，信息与信息之间的"粘性"使得知识是"随之而来"的，并不源于资本或权力的控制。另一方面，地方空间对劳动者来说还具有情感依附价值。虽然情感价值是无形的，但它对人的作用却是真实的。通俗地说，此处的"地方"就象征着"家"、"家乡"、"家风"等等拥有着道德文化内涵的空间。

第三节 资本空间发展中人的空间异化

劳动分工越来越细化，生产力和生产率得到了极大提高，其消极后果却被有意无意地忽略掉了。与此相反的是，我们忽略的才是资本生产的真正目的，我们引以为自豪的只是生产力提高之后的连带效应。"因为一如所有的其他资本运动，分工的首要目的是维持竞争优势和营利能力，而这可能与改善工作和生活品质完全无关，甚至可能与增进人类福祉的大目标完全无关。如果工作和生活品质改善了（事实显然如此），那只是一种连带效应……另一方面，我们也不能忽略这种运作带来的许多连带损害。"[2] 因此，市场竞争的激烈以及经济的繁盛是资本为了加速增殖自行制造的产物，说到底，这与人类生活的福祉并没有直接的关联。资本空间对人的社会空间进行了循序渐进的侵蚀：从分工到机器；从工作空间到生活空间；从乡村到城市；从物质到精神；从身体空间到

1　[英] 诺埃尔·卡斯特利、尼尔·M. 科、凯文·沃德、迈克尔·萨默斯：《工作空间：全球资本主义与劳动力地理学》，刘淑红译，南京：江苏凤凰教育出版社，2015 年，第 80 页。

2　David Harvey, *Seventeen Contradictions and The End of Capitalism*, London: Profile Books Ltd , 2015, pp. 112 - 113.

精神空间。再加上，资本空间原本就是虚拟与现实相互交织的产物，失去了批判精神的劳动者逐渐成为资本空间最好的载体。

一、 人的空间僵化： 从身体空间的机械化到人格空间的格式化

前文述及，社会大分工导致了城乡分离，表现为劳动的空间分工与劳动力的空间迁移。作为劳动主体的人的身体是外部空间争相占有的开放性容器，人性如何往往是人所处空间或世界的呈现。资本空间带来了工业化的经济空间，从而也塑造出了"功利化"的经济适用人：机械化的身体、分异的人格和淡漠的人性。

（一） 畸形的肉体与心灵： 劳动分工造就的身体空间的机械化

身体空间不仅包括人的肉体实在和精神空间，还包括肉体实践。因而，机械化不仅表现为肉体行为的僵化、单一，还表现为思想的固化，在失去批判和反思精神的同时，还失去了勇于担当的责任感。最后，不仅人，而且整个社会都成为了机器。

首先，资本的时间取代了工人的时间，资本生物钟控制了工人生产活动。一是，工人合理的工作时长很难被把控。工作日作为劳动者规范工作的前提，对劳动者具有极强的规训力，但却往往会受到忽视。由于工作日的长度与工资、商品等不同，是流动的，因而工作时间时刻会遭遇资本家任意延长的风险。二是，工资体制的罪恶。一旦工厂的管理制度经过时间的积淀固化后，就会获得法的规范力量，对工人进行管理。一些看似合理的：8 小时工作制、周末双休、法定假期；还有些看似不合理的：12 小时工作制、三班倒、全年无休。从绝对的意义上讲，资本制定的工作时间都是恶的，因为人的真正时间是具体的、特定的，整齐划一的模式无法满足所有人的需求，更何况有些工作安排早已超出了工作

日的身体界限或社会界限（譬如换班制——"资本幻想的产物"[1]）。但从相对的意义上说，不同的工厂、城市、甚至国家各自的生产力发展水平、工人地方性的作息传统有其各自的相对稳定性，它们可以按照特定资本所需，在满足工人基本需求的基础上，制定适当的工作时长以促使工人能够通过劳动创造出购买自己劳动的日价值。在这个意义上，资本的时间（工作日）有其善的一面，虽然是附带效应。三是，资本家与工人拥有平等权利，但资本家的权力大于工人。从资本家与工人互为买者和卖者的角度讲，二者本应拥有对等的权利。但占有生产资料和生产工具的资本家对工人拥有绝对的控制权，工人对自身权利的实现很难，唯有通过政治手段才能解决。更何况在当下，资本的时间已与工人的身心融为一体，工人早已失去了申诉自身权利的想法，他们体内的，是资本的生物钟。

其次，单一劳作方式造就了工人机械化的肉体。根本原因在于，不是工人使用了劳动条件，而是劳动条件使用工人。尤其在机器大工业发展起来后，工人只需简单的操作即可完成劳动过程，失去了学习较为复杂技能的机会。固定资本发展程度越高，机器对工人肉体的控制力越高，机器就越是排挤工人。"工人不再是生产过程的主要作用者，而是站在生产过程的旁边"[2]。随着科技的进步，机器进一步学习和进化，再加上社会分工愈加细化，工人劳动愈加简化，机器会不断分解并替代工人的劳动，机器自动化程度越高，工人就越是沦为"机器的附庸"，最终导致工人的肉体成为了机械的代名词。此外，肉体的机械化如果只作为对工人生产方式的状态描述，是一个中性词汇，那么机械化对肉体某项能力的提升有其善的一面——片面的工作方式有可能会将工人的单一能力发挥到极致。但物极必反，过度强化肉体的单一技能，无视工人的整体生理机能的发展，只会导致工人身体和心灵的病态发展，诸如职业病。马克思在《资本论》中也描述过这类情况："局部工人作为总体工

---

1 《马克思恩格斯文集》第五卷，北京：人民出版社，2009 年，第 335 页。
2 《马克思恩格斯全集》第三十一卷，北京：人民出版社，1998 年，第 100 页。

人的一个肢体，他的片面性甚至缺陷就成了他的优点。从事片面职能的习惯，使他转化为本能地准确地起作用的器官，而总机构的联系迫使他以及其部件的规则性发生作用。"[1] 可见，在一定程度上，肉体的机械化是一种防护措施，为了防止人的身体在重复劳动过程中受到损伤。因而，机械化的劳动并非一定指向罪恶，真正的恶在于机械劳动的强迫性。属人的劳动可以适可而止，资本的劳动则不行。

再次，单一、狭小、集中的工作环境以及分工合作的资本主义生产制度催生了工人机械化的肉体与异化的精神状态。一方面，统一的工作环境麻痹了工人的批判思维，从众心理让工人更快接受并适应工作状态。工厂车间的环境布局往往整齐划一，但也单调无趣。统一的色彩墙面、统一的操作台、统一的工作服、统一的操作……每个人都成为了海德格尔的"常人"，逃避责任，逃避自由，失去担当的同时也失去了表现自我理性思维的勇气。另一方面，工厂空间本身布局就隐含着对工人的监督力量。如同前文所论及的福柯的"全景敞视建筑"，每个工人缩在狭小的工作隔间中，再加上摄像头的普及，方便监视工人的同时也起到了震慑作用，使工人无法得知自己是否被监视。工人自己成为自己的监视者，从而只能继续从事机械化的劳作。此外，机器通过学习和进化后，吸纳劳动主体的智力的能力越高，机器对工人灵魂的控制力就会越高，此时的工人就越被机器所吸收，甚至可以塑造出自愿为工作机器服务的"新社会个人"。这样的"新社会个人"从事的是依托于资本主义制度的"结合劳动"[2]，分工合作的资本主义生产机制加强了"新社会个人"对他人、对制度的依赖性，专业化越强、熟练度越高的工人越是难以离开既定工作岗位从事新的工作，固化的思维限制了自己进一步发展

---

1   《马克思恩格斯文集》第五卷，北京：人民出版社，2009 年，第 404—405 页。

2   马克思对于"结合劳动"的论述是："劳动是一个总体，是各种劳动的结合体，其中的各个组成部分彼此毫不相干，所以，总劳动作为总体不是单个工人的事情，而且，即使说它是不同工人的共同的事情，也只是从这样的意义来说的：工人们是被结合在一起的，而不是他们彼此互相结合。"详见《马克思恩格斯全集》第三十卷，北京：人民出版社，1997 年，第 463 页。

的脚步，从而成为了"单向度的人"。

最后，身体空间乃至社会都成为了机器。机械化的生产方式会带来"僵化"的价值尺度，资本家与工人都只能以各自的"尺度"看待自身，因而最后，工人与资本家的身体空间都成为了机器。更进一步说，不仅人成为了机器，作为资本运作的城市空间，乃至世界，只要是雇佣劳动所及之处，最后都成为资本空间中的名为"资本"的运作机器。如同马克思所言："生产过程的智力同体力劳动相分离，智力转化为资本支配劳动的权力，是在以机器为基础的大工业中完成的。变得空虚了的单个机器工人的局部技巧，在科学面前，在巨大的自然力面前，在社会的群众性劳动面前，作为微不足道的附属品而消失了；科学、巨大的自然力、社会的群众性劳动都体现在机器体系中，并同机器体系一道构成'主人'的权力。"[1]

（二）分异的人格： 劳动的空间分工造就生活空间的碎片化

市场经济的发展带来了生产力的提高和经济的繁荣，看似人们能自由做到的事情更多了，但却也感觉更不自由，即"不得不"做或"不得不"这样做。这是"空间悖论"中的自由，是被"割裂"和"格式化"后的自由。因为，这些自由是资本的自由，市场的自由，他人的自由，并非人们真正内心渴求属于自身的自由。但对于什么才是真正属于自己的自由，人们却往往不得而知。从人性自身的角度进行分析，造成这种情形的原因在于人失去了自己的独立人格，存在的只是分异的人格。

分异的人格首先体现为割裂的人格。一方面，地理的空间不仅隔绝了人的日常生活圈，也阻断了人与地方归属感的养成。根据马西的劳动空间分工理论，劳动分工最终都会演进成为空间分工，在资本积累与权力的引导下，使得劳动者背井离乡的迁移成为常态。人们生活空间的"地方性"被打破，"地方"与"非地方"相互联结。由于现代交通极为

---

1 《马克思恩格斯文集》第五卷，北京：人民出版社，2009 年，第 487 页。

发达，一个人生活所涉及的地理区域可以相隔较远，"非地方"看似已成为"地方"的了。但值得注意的是，"非地方"永远也无法与"地方"等同，由于地理空间的断裂使得人们的"家的情怀"也随之割裂。各个空间只是空有形式而失去了人的真实情怀：工厂公司往往意味着工作空间，住宅意味着家，商场、酒吧、游乐场等意味着娱乐，学校意味着学习……这些空间被贴上了独特的功用性"标签"，限制了空间本性的同时也限制了人类自身。换言之，工作空间、居住空间、交往空间、娱乐空间等等，这些本应融为一体的属人的生活空间，由于功能性的空间分化，不仅在事实上产生了割裂的生活圈，而且还限制了人格的自我养成。另一方面，信息网络生活带来了脱离现实生活的人群。信息时代的到来带来了时空交错的虚拟空间，人们的交往已几乎不受地理限制。但不受限制的交往并未使得人们的情感更加交融，反而使其更为疏离，最极端的体现为"御宅族"。他们活在自己的异次元空间，将自己与他人隔绝，社会交际能力和生存能力极弱。他们完全颠倒了虚拟与现实，将自我社会价值的实现完全诉诸虚拟生活，失去了身为现实的社会的人的觉悟。

　　分异的人格还体现为同质化的人格。人格的同质化源自于资本空间的"格式化"、"标准化"，即事物的评判标准从差异化、个性化转变为标准化、规范化，资本空间的标准化尤其指向"功用化"。资本空间的"格式化"特性可以"化"除一切障碍，将地理的、民族的、道德的、文化的等等统一成为经济的、功利的，再用标准、文明、模范等词汇进行标榜，使之成为"常态化"。接着，辅之以价值评价，符合功用性、经济性、常态化即为"善"，过于脱离常规、不实用的即为"恶"。自此，经济评价超越了其他价值评价成为生活评价的主流。"格式化"人格的弊端在于：一方面，一旦人们需要表达自己的真实情感，尤其是对亲人、爱人、挚友，便显得套路、无力、形式主义，人们忘记了如何真正表达内心深处的所思所想，格式化的言行在此反而成为了沟通障碍。另一方面，格式化的人格使人养成了逃避自由的习惯，失去了批判理性

和承担责任的勇气。一味地"盲目"利他不懂拒绝，毫无主见以他人想
法为主，以市场或他人的需求作为自我需求（例如，还乡必定要"衣
锦"），将真实的自我迷失在财产与舆论当中。

究其本因，分异人格的产生，在于资本空间割裂了"本真"的人的
存在，使得人内在精神极其虚无。而资本空间的"有用性"价值体系趁
虚而入，经济人格取代了真实人格成为了现实存在。

二、 人的空间碎片化： 从孤立的乡村人到孤立的城市人

"某一民族内部的分工，首先引起工商业劳动和农业劳动的分离，
从而也引起城乡的分离和城乡利益的对立。"[1] 劳动分工带来劳动的空间
分工，最终会导致城乡分离。空间碎片化的同时空间中的人也变得孤
立，具体表现为乡村的封闭式孤立和城市的开放式孤立。而二者孤立的
根源都是资本空间的工业化生产方式，人、土地、乡村空间、建筑空
间、城市空间等都被资本空间碎片化为失去了人与土地、人与人羁绊的
孤立存在，以更有利于空间中资本的流动。

（一） 孤立的乡村人： 乡村空间的碎片化造就了封闭式的孤立

劳动的空间分工最终会造就城乡分离，乡村里人与土地联系的传统
格局遭到破坏。诚然，空间断裂造就的人格分异在一定程度上可以打破
封建文化带来的人与人、人与地的关系桎梏，促进人的独立性的养成。
但是，人与土地联系及传承的断裂造就了孤立的乡村和孤立的人性。

在此，需要区分"孤立"的乡村与"独立"乡村的区别。独立的乡
村指，在社会分工前，由于农业自给自足的生产方式以及交通、地理环
境的局限性，再加上各个乡村具有自身地方道德观的特殊性，因而形成
的乡土伦理具有相互排斥甚至相互冲突的性质。此时各个乡村间体现为

---

1 《马克思恩格斯全集》第三卷，北京：人民出版社，1960 年，第 24—25 页。

相互独立的状态，生产与再生产均有各自的秩序规范。孤立的乡村则指由于城市向乡村及其周边扩张过程中，使得乡村的空间格局发生极大的变动，不仅摧毁了传统乡村的完整生产格局，还使得乡村传统道德观受到冲击，导致了乡村发展的停滞。

孤立的乡村中，留守乡村和"城中村"是两个较为极端的例子。一方面，偏远乡村由于人才外流和资金短缺走向没落乡村。偏远乡村中的年轻男女外出打工，甚至在城市定居。劳动力外流，传统乡村成为留守乡村，留守乡村长此以往失去了人才、资金就会沦为孤立乡村，无法得到进一步发展，最终走向没落。另一方面，"城中村"由于城市规划的伦理缺失造成了地方区域动荡和道德规范混乱。城市扩张试图将周边乡村纳入版图，资本进入乡村，使得乡村局部（并非整体）的被强行改造为公路、桥梁、工厂、员工宿舍、市场等城市建筑，传统乡村建筑遭到的往往是接近毁灭式的摧毁。譬如，耕地成为建筑用地，填湖造城，环境受到污染，传统乡村的祠堂、村落建筑、民俗古迹等均被毫无继承性地摧毁。此外，未被改造部分，就成为了"城中村"，一般位处城市中的夹缝、边缘，成为孤立的乡村。城中村中，不仅土地使用混乱，非法出租、宅基地、违章建筑、倒卖等乱象丛生，基础设施不完备，居民居住环境和治安管理也极差，成为城市发展的"痼疾"。

一般意义上，孤立的乡村指，乡村在城市化的过程中，乡村的某些外部空间联结了城市甚至世界的"非地方"空间，而其内部的"地方性"则脱离了外在的功能性，使得乡村成为分裂且孤立的存在。此时的乡村确实经济发展了，但与乡村内在地方性联系紧密的地方文脉的传承已然被割裂了。诸如，孤立乡村的地方特色文化、特产、民俗建筑、村规民约等等均有失传的现象。

孤立的乡村人性是在孤立的乡村基础上形成的，在城市化进程中，传统乡村人无法快速融入城市群体和城市观念，失去了对新型土地和邻近关系的归属感，再加上自身乡村伦理文化的传承被割裂，使得乡村人成为了封闭而孤立的存在。第一，乡村传统文化建筑和乡土伦理传承遭到了毁灭性的破坏，传统乡村的家族格局也随之破裂，传统乡村伦理失去了其适用环境，使得乡村人无所适从。第二，乡村地方价值观的特殊性和独立性造就了乡村人价值观念的保守性。传统乡村人自给自足和小农思想已根深蒂固，离开了土地，他们不知道从事何种劳动。第三，乡村注重信任、情意的"熟人圈"价值观与城市注重契约的"陌生人"价值观相冲突。因而，孤立的乡村人是在经历城市化环境的快速变动后，乡村传统价值观受到动摇，新型价值观还未建立，呈现为"道德空场"的传统乡村人。

孤立的乡村最终将从"熟人社会"向"半熟人社会"再向"陌生人"社会的转变，乡村人也将最终与城市空间融为一体。乡村人的封闭式孤立是由农业分散的生产方式、相对封闭的地理环境和保守的乡土价值观三者结合共同造就的。当孤立的乡村人进入城市空间，在工业集中化的生产方式、开放的建筑环境以及经济为核心的价值观念共同作用之下，乡村人的价值观逐渐发生改变。随着转型时期社会市场化、信息化程度越来越高，社会公共空间的基础设施建设日益完善，信息、人类交流越来越集中，孤立的乡村人也终将走出封闭状态。如同王露璐所言："乡村社会从'熟人社会'到'半熟人社会'的转变，在扩大人际交往范围和改变交往方式的同时，也使越来越多的农民进入了一个'陌生人的社会'。由此，基于熟悉而产生的信任因'熟人'的萎缩而局限于相对狭窄的场域之中，相反，通行于'陌生人社会'的契约、规则获得了农民越来越多的观念认同并在其交易、交往行动中得以遵从。"[1]

（二）孤立的城市人：城市的空间造就了开放式的孤立

城市空间的开放式孤立是指，相较于乡村空间的对外保守性而言，

---

[1] 王露璐：《从乡土伦理到新乡土伦理——中国乡村伦理的传统特色与现代转型》，《光明日报》2011年1月18日。

城市空间具有对外开放性，但这种开放性却使得城市中的个人更加孤立。因为相较于乡村以整个村为主体的孤立格局来看，城市空间的孤立格局更小，甚至呈现出"原子式"的个人状态。这意味着城市空间中人与人之间的关系更多的是建立在契约之上，而不是人情。孤立的城市人性主要表现在以下几个方面：

首先，城市空间中人与人际关系的快速流动。流动与变革是城市空间的特点，也是资本空间的特点。城市空间中人的快速流动的本质在于物化的人也就是资本的快速流动。马克思在《资本论》中说道，"工业日益集中起来；这也是很自然的，因为在工业中，人——工人，仅仅被看做一种资本，他把自己交给厂主去使用，厂主以工资的名义付给他利息。"[1] 一是，由于城市空间中的人与土地的关联失去了乡村的归属感，且城市人口密度大，住宅、公司、商店集中，使得人们的搬迁和流动成为了常态。二是，城市空间的交通发达，使得人从一个地点到另一个地点的时间更短，越来越多的地方空间及其生产活动纳入了人们的日常生活。如前文所言，"非地方"越来越包含着"地方"之内了。三是，城市的工业化生产方式以及商品消费方式都具有极强的开放性、革新性，使得人的流动性加快。因而，人与空间的联系、人与人之间的关系失去了长期培养的空间，使得人际关系变得淡漠，人性变得孤立。

其次，城市空间中人与人的差异性。城市空间的开放性决定了城市对差异的包容，与此同时也促进了城市的发展。因而，城市可以汇聚来自五湖四海、性格迥异的人，使得不同的文化、道德观念、价值观得到交流与发展。而乡村空间拥有特殊的地方道德观，对于外乡人往往具有排外心理，因此，乡村人口壮大和文化交流远远不及城市。但是，城市的这种"同质化"无法真正掩盖人与人之间的"异质性"、"差异性"。正是由于城市汇聚的人与人之间具有地方价值观的差异性，使得城市的人际一般交往可以正常进行，而一旦真正涉及人生观、价值观等深层次

1　《马克思恩格斯文集》第五卷，北京：人民出版社，2009年，第482页。

的思想碰撞，就可能会产生较大的分歧。因此，城市中时常发生的伦理家庭纠纷、邻里矛盾、离婚率上升等现象在一定程度上都与地方道德观的差异有关联。如同沃斯所言："城市中的社会生产较明显的体现为没有个性特征，这是建立在某种正式关系和由不同组成的人口构成复杂的劳动分工的基础上的。因为这个原因，都市中的生活更具刺激性的同时也更异化。"[1]

最后，城市空间中人与人的算计性。城市空间说到底就是资本的生产机器，因而城市空间中的一切，从土地、建筑、住宅、商场，直至阳光、空气，甚至是人以及人与人之间的关系都会放在金钱的天平上进行衡量。再加上城市中的陌生人不像乡村邻里可以知根知底，在相互不了解的前提下，人与人的交往只能变得小心翼翼。因此，城市人际交往中，人与人之间虽看起来交往融洽，但也会保持恰当的距离，很少深交。人与人的交往看重的更多是理性的算计而非真实的情感。此时的个人看似拥有广泛的交际圈、朋友圈，但没有任何一个知己，成为了孤立的个人。

究其本因，因为"资本主义经济王国中的社会关系本身不是实证对象，而是客观的'形而上'之物。"[2] 人与人之间的社会关系被物化了，其衡量尺度——价值，说到底也是一种量化的存在。人作为物化本身，由于自身具有历史尺度的局限性，因而始终无法获得现实的社会关系。所以，物化的人必然是孤立的存在。人们孤立而又痛苦，但正是这种痛苦才能让人类发展自身。如同张一兵所言："物化的魔鬼成了上帝本身，人恰恰通过物化才痛苦地发展了自身。这是一种颠倒的历史。实际上这首先不是观念的颠倒，而是现实历史本身在资本主义经济中的客观颠倒。"[3]

1　[美]路易斯·沃思:《美国社会学杂志》，1938 年，转引自包亚明主编:《后现代性与地理学政治》，上海:上海教育出版社，2001 年，第6页。

2　张一兵:《回到马克思》，南京:江苏人民出版社，1999 年，第570页。

3　张一兵:《回到马克思》，南京:江苏人民出版社，1999 年，第574页。

三、 人的空间资本化： 从拜物教空间到空间拜物教

在马克思看来，拜物教意味着存在于其他人之间的劳动行为的社会关系被存在于物之间的关系掩盖了，商品拜物教、货币拜物教及空间拜物教都具有这样"谜样"的性质。其实并非只有"金钱至上"、"守财奴"等极端现象才可称为拜物教。日常生活中，人们去超市购买蔬菜、大米、玩具、厨具等日常用品，人们只关注价格多少，涨或跌，从未关注也很难真正得知商品背后生产者、劳动者、消费者之间的现实关系。譬如，该玩具是由快乐的劳动者还是由痛苦的劳动者制造的、蔬菜是来自于个体农户还是来自于大型种植基地、家电是国内生产还是国外进口的等等。透视这个现象的意义在于，可以透过地方的日常生活要素与其他地区的空间活动和劳动实践联系起来，从而以现实空间的角度对拜物教进行"祛魅"，使人的空间恢复日常生活的本来样态。

（一） 拜物教空间： 人的物化

拜物教空间大致可划分为两种：拜物教的生产空间和拜物教的消费空间。因此，拜物教并非只存在于商品交换环节，从商品生产之初，拜物教的萌发就已埋下。

拜物教的生产空间的主要特点是"同质化"，将现实个性的人与差异的地方空间转化为抽象的同质空间，市场价值高低决定了人的一切。形成的过程大致可归纳为以下四步：一是，"附魅"的关键：价值。个性化的劳动通过价值尺度成为彼此相等的产物，换言之，量化的价值尺度控制劳动产品的价值性质，通过社会必要劳动时间规定了价值。而能够"掩盖"真实社会关系的力量正是量化的价值尺度，即劳动产品的社会财富只有通过价值的量化（值多少钱），才能真正被认同。这样的量化价值只看到了抽象劳动，而非包含现实社会关系的劳动。二是，劳动产品通过价值尺度转换为商品。商品是社会空间虚拟与现实交织的社会实

践产物，它掩盖了劳动产品的社会实践属性，将劳动产品的物的性质反映成物的天然的社会属性。劳动产品一旦进入交换过程，就会变成可感觉又超感觉、使用价值与交换价值相互交织的产物——商品。商品形式的奥妙在于："商品形式在人们面前把人们本身劳动的社会性质反映成劳动产品本身的物的性质，反映成这些物的天然的社会属性，从而把生产者同总劳动的社会关系反映成存在于生产者之外的物与物之间的社会关系。"[1] 三是，需求决定生产。社会空间的真正状态应当是"生产—需求"，每个产品内在蕴含着特殊的德性，这是决定产品需求的关键。但如今，市场的一般需求决定产品生产量，市场决定劳动价值的高低。劳动产品是否具有创造性、知识性、德性、情怀等都不重要，重要的是有没有市场价值。最后，物决定人。人的社会属性通过物与物的关系反映出来，人成为了商品，人成为了货币。市场对产品的生产信息通过符号编码统一呈现在消费者面前，生产者、生产地、生产环境、生产者被奴役的关系等都化归为产品及其市场价格。此时价格的高低才是一切的表达。人的现实空间信息被掩盖了，抽象的交换自由掩盖了生产不自由。马克思说道："正是商品世界的这个完成形式——货币形式，用物的形式掩盖了私人劳动的社会性质以及私人劳动者的社会关系，而不是把它们揭示出来。"[2]

　　拜物教的消费空间主要特点是"异质化"，使抽象的同质空间呈现出"附魅"后的异质空间，让人产生可以通过消费实现一切价值的错觉。形成过程大致可归纳为以下四步：一是，人与人的特殊物化关系货币化。在"同质化"一切商品后，货币作为一般等价物出现了，成为一种拥有奇特的社会属性的自然物的形式。特殊的人与人、物与物的关系均可通过货币的外壳表现出来，于是产生了货币拜物教：人们会产生通过货币可以满足一切需求的幻想，从而崇拜货币，货币成为

1　《马克思恩格斯文集》第五卷，北京：人民出版社，2009年，第89页。
2　《马克思恩格斯文集》第五卷，北京：人民出版社，2009年，第93页。

人追求的目的。二是，货币化的商品属性自然化。商品通过价值的量化尺度，将商品的社会属性自然化，规避了产品原有的历史性质。具体表现为将商品的交换价值以价格形式即"大标数字"首先呈现，将商品中的使用价值用统一编码"内附"于商品包装之中，产地只是抽象的存在物，生产者检查者等基本都被忽略。马克思在《资本论》中也做出了描述："给劳动产品打上商品的烙印、因而成为商品流通的前提的那些形式，在人们试图了解它们的内容而不是了解它们的历史性质（这些形式在人们看来已经是不变的了）以前，就已经取得了社会生活的自然形式的固定性。"[1] 三是，物化关系永恒化。货币拜物教最终会发展成为资本拜物教。由于资本作为一种以物为媒介的人与人之间的社会关系，体现为物，并赋予物特殊的社会性质。资本拜物教会使人与人之间特殊的物化性质成为永恒的、自然的存在物。消费空间中的人通过消费商品就会产生消费能实现人一切价值的永恒的幻象。毕竟，资本拜物教只是资本有意为之的历史产物，不是自然形成的。因为"一旦我们逃到其他的生产形式中去，商品世界的全部神秘性，在商品生产的基础上笼罩着劳动产品的一切魔法妖术，就立刻消失了。"[2] 四是，人性资本化。人在消费空间中将人自身也视为商品、货币、资本。人们按照商品的价值尺度购买商品，不是人们选择商品，而是商品使人们按照它的独特尺度控制人们选择。在商品购物环境催生了人的虚假需求（资本的需求），并按照市场需求打扮自己，按照市场指向培养自己，将人际交往作为装点自身提高身价的筹码……最终将自己打造成为精致的商品。

（二）空间拜物教：物化人的再生产

商品拜物教、货币拜物教和资本拜物教均以物的关系掩盖了人的关

1　《马克思恩格斯文集》第五卷，北京：人民出版社，2009 年，第 93 页。
2　《马克思恩格斯文集》第五卷，北京：人民出版社，2009 年，第 93 页。

系，最终使人本身成为了商品，但这种考察忽略了空间维度。在实际生活中，真正的拜物教是所有的资本要素多轨迹共同运行的，它们共同构成"资本景观"从而形成空间拜物教对人性进行宰制。空间拜物教指的是人们构建的空间反过来主宰人的行动并成为人类崇拜的对象，成为人最终追求的目的。主要表现在以下四个方面：

第一，在已被资本景观满满充斥的社会空间中，人的价值只能通过物化方式实现。德波在《景观社会》一书中指出，景观已经成为当今资本主义生产方式的目标，我们所追求的，是一种让人目眩的景观秀。资本空间方方面面的流动和革新造就了这种景观秀，只要是人的感官，不仅是"五感"，还包括"社会的感官"（思维方式、理性、直觉等）均浸润在资本景观带来的信息流中。这些信息流无孔不入，使人们在明知受资本物化关系制约的同时，又无法不以物化关系为中介来实现自己的本真价值。这是因为"在资本主义的生产中，人类社会第一次创造出一个全面、丰富的劳动关系体系，人的'类本质'在价值交换打破地域局限的普遍性中，才出现真正的全面性。但是，这种人类主体的本质关系并不以自身的形式直接出现，而以物化的形式表现出来，它也必然要以主体（个体）间隔了的物化形式才能实现。"[1]

第二，资本空间景观具有意识形态功能。资本空间中呈现出来的景观，包括广告、电视剧、商场布局、城市规划等等，都是意识形态认同的，并且有意无意地支配着人们的欲望结构，使人们自愿被奴役。一方面，市场经济引领并培养人们的消费习惯，譬如，"双十一"购物节；另一方面，人们通过影视、书籍、网络等灌输的资本主义文化，并将追逐这种文化精神视为人生价值。如同德波所言，"通过审查而展现出来的景观，也必然是现存体制合法性的同谋。"[2]

第三，资本空间还能利用闲暇支配人们的大部分时间达到对人类的

---

[1]　张一兵：《回到马克思》，南京：江苏人民出版社，1999年版，第573页。
[2]　［法］居伊·德波：《景观社会》，王昭凤译，南京：南京大学出版社，2006年，第22页。

全面控制。真实的劳动应当是劳动与闲暇的统一，而资本的异化劳动带来了劳动与闲暇的区分。资本不仅通过雇佣劳动控制的人的劳动时间，还通过资本景观控制着人的非劳作时间。通过丰富多彩、五光十色的娱乐场所、商场、影视等统治着人们的日常生活，大大扩展了资本对人统治的时间和空间，使人们无意识的心理文化和虚假需求在生产之外被潜移默化的改造了。

第四，空间拜物教的最为可怕之处在于它能使得看似符合人性解放的空间再次资本化，"祛魅"行为再次"返魅"。譬如，回归田园般的自然生活看起来是符合人与自然和谐发展的有效方式，但遍地开花的"农家乐"服务却让这种生活成为了快餐式体验服务。"返魅"的原因在于构建的"自然人化空间"已经进入了资本循环领域，它只是空有"回归"的躯壳而无本真人性内在的物的存在。这种空间形式也只是再次以物的方式将"人性解放"表达出来而已。

第四节　资本、空间、权力：资本空间相关概念的理论渊源

从历史上来看，福柯首先看到了空间的丰富的、辩证的内涵，并将空间作为研究对象，与权力相联系，提出了"异托邦"的概念，但福柯的空间权力主要涉及微观空间领域。在其他空间学者的理论中也能寻找到福柯的空间权力的影子：不论是列斐伏尔的"社会空间内含着政治意义"，还是卡斯特的"集体消费、精英阶层操控的流动空间"以及哈维的"资本积累、时空修复与时空压缩"均蕴含着"空间结构即是权力结构"的内涵，真正将空间理念发扬光大的是列斐伏尔，他的空间观深受马克思主义的影响。列斐伏尔认为空间不仅仅是社会关系演变的静止"容器"或"平台"，相反，当代众多的社会空间往往矛盾性地相互重叠，彼此渗透，并且在资本主义条件下，空间在历史发展中产生，并随着历史的演变而转变。但列斐伏尔对政治权力集中于

日常生活分化的矛盾分析带有一定的主观色彩，夸大了这种矛盾现象的严重程度。卡斯特曾是列斐伏尔的学生，但后期与列斐伏尔的理念发生分歧，认为列斐伏尔背离了马克思主义。卡斯特将空间作为社会整体结构，将空间生产方式的效果看作是城市体系具有意义的方面，看到了"集体消费"与"流动空间"带来社会阶层分异加大的趋势。哈维也深受列斐伏尔的影响，并且他极为推崇马克思主义，提出了"历史—地理唯物主义"。哈维主要关注的是资本积累机制变化带来的空间形态结构的变动，试图在都市研究领域发展出一门政治经济学。然而，哈维的许多论证并非理论性的，而是经验性的。下文就按照上述历史的与理论的逻辑顺序对相关概念的理论渊源进行梳理。

一、 米歇尔·福柯："异托邦"的提出及权力空间的两种模式

在福柯看来，当下正处在一个"同时性"和"并置性"的时代，即我们所经历的世界与其说是时间意义上长期演化而成的物质存在，不如说是空间意义上点与点、团与团相互联结、缠绕而成的网络式存在。换言之，福柯批判了以往的以时间、历史为中轴的研究，强调了空间在分析人类社会中的意义。"遮蔽我们视线以致辨识不清诸种后果的，是空间而不是时间；表现最能发人深思而诡异多变的理论世界的，是地理学的创造，而不是历史的创造。"[1] 由于权力关系的实现必须通过地区、领地、区域等相关空间才能再现出来，空间是权力存在的"场"，所以，空间结构在一定程度上反映了权力结构。尤其在当下文明社会，利用特定的权力空间对人进行规训已不是监狱等暴力机制的"特权"，权力空间已与我们日常生活融为一体，通过"微观权力"，持续对我们产生着作用力。

1　[美] 爱德华·W. 苏贾：《后现代地理学：重申批判社会理论中的空间》，王文斌译，北京：商务印书馆，2004 年。

（一）空间的三个阶段与"异托邦"

福柯在 1984 年《他者的空间》的演讲中，对于认识世界的方式，提出了不同于传统唯物和唯心二分法的差异地理学方法，它认为该方法是一种更全面、更综合的批判性空间思维方式。他通过观察空间、知识、权力的交叉产生的"差异空间"，提出了"异托邦"的概念。

根据历史分期，福柯将空间分为三个阶段：定位的空间、广延的空间以及场所性的空间。第一，定位的空间指一种严格等级制的空间，以固化、静止的视野看待定位空间。城市与乡村、富人区与贫民窟、天堂与地狱等，空间的环境、秩序、层次、文化、氛围等等形成了截然相反的对比，且这种等级差异不会改变，是永恒存在的。第二，广延的空间是一种无限延展的、开放的空间，绝对静止的空间不存在，存在的只有相对空间。这个观念打破了静止、固化的定位空间观念，然而空间的过度延展失去了边界，模糊了空间与空间关系的差异性，最终导致是非不分、善恶不明。第三，场所性的空间，场所依靠关系来确定。与一般意义上的空间不同，场所体现了"具体"的社会关系，具有生产性和可操作性，与人们的权力和利益息息相关。"空间是一般性的，场所才是实实在在的、具体的；空间是无限的和中性的，而场所是有限的、有边界的和有所属的。因此，场所直接同个人资本和利益相关联，直接关系到个人的生死存亡，直接关系到个人的权力状况，也直接关系到个人的社会地位。"[1] 可见，场所性空间是关系的集合体。

场所性空间也就是福柯所说的"异托邦"（也称为"异质空间"），它是与一个不均匀的、多元性的、由诸多关系的对立统一而建构的一种空间。一方面，"异托邦"的不均匀、多元性意味着场所不同，与场所关联的关系也不同，并且它们之间不可通约。因此，"异托邦"不是大一统的空间，而是表现为多元化的空间存在，是具有不同个性和特色的主体

---

1   高宣扬：《福柯的生存美学》，北京：中国人民大学出版社，2005 年，第 315 页。

的组合。但另一方面，"异托邦"又是一种多元主体的共存与共生。譬如，在一个社会的历史中，这个社会能够以一种迥然不同的方式使存在的和不断存在的异托邦发挥作用；因为在社会的内部，每个异托邦都有明确的、一定的作用，根据异托邦所处在的这个文化的同时性，同一个异托邦具有一个或另一个作用。这使得多元的异质因素可以是同时的、并置的存在。

福柯认为，多元并置的"异托邦"才是真实存在的空间，永恒的、抽象的"乌托邦"只是虚幻的假象，因此，相异甚至对立的两种空间并存是完全可能的。然而，我们在日常生活中，时常只能看到我们自认为的"真实空间"：我们只看到了城市整洁的空间，没有看到工业垃圾和生活垃圾的非法倾倒与填埋对当地居民带来的侵害；我们只看到了风景优美、井然有序的森林公园，却没看到公园改造和游客游玩过程中对动植物生态系统造成的扰乱与破坏……我们只看到了"中心"群体的权力，无视了"边缘"群体的利益。可见，异质空间带来的不均质、不可通约性、不可抵消性必然会导致权力不平等关系的存在。

（二）权力空间

异质空间必将导致空间的不可通约性，不可通约意味着划分、边界、不均质。在社会关系空间中，偶然的不均质在历史的作用下会成为必然的不平等，使得一方对对方的依赖性大于另一方，使得异质空间最终导致权力的产生。在福柯看来，"一个建筑不再仅仅是为了被人观赏（如宫殿的浮华）或是为了观看外面的空间（如堡垒的设计），而是为了便于对内进行清晰而细致的控制——使建筑物里人的一举一动都彰明较著。用更一般的语言说，一个建筑物应该能改造人：对居住者发生作用，有助于控制他们的行为，便于对他们恰当地发挥权力的影响，有助于了解他们，改变他们。"[1] 空间结构反映了权力结构，权力可以利用空

1　[法]米歇尔·福柯：《规训与惩罚》，刘北成、杨远婴译，北京：生活·读书·新知三联书店，2007年，第195页。

间达到规训人、改造人的目的。

首先，社会空间是权力存在的"场"，特定社会空间不存在，相对应的权力也会随之消失。福柯认为，"权力的无所不在并不是由于它具有把一切联合在它那战无不胜的统一性之下的特权，而是由于它在每时每刻地产生，或者说在点与点之间的每个关系上产生。权力的普遍存在并不是因为它包罗万象，而是因为它来自于所有的地方。"[1]"场"无所不在，由于"场"依靠关系来确定，因而空间与关系相互作用会催生出新型的"场"，使得权力能够普遍存在，并能在使用过程中不断壮大，生产出权力的新特性。

其次，越是利用空间使用权力，权力影响的社会空间的广度与深度就会越大。比如，圈地运动后，资本家占有了有利的生产资料、社会关系、空间区位。资本家可以利用这种"场"的优势雇佣工人，进行进一步剥削，获得更有利的社会空间资源，从而获得更大的权力。

最后，空间权力是一种作用力虽小，但持续时间极其持久的力量。在福柯看来，"这种权力不是那种因自己的淫威而自认为无所不能的得意扬扬的权力。这是一种谦恭而多疑的权力，是一种精心计算的、持久的运作机制。与君权的威严仪式或国家的重大机构相比，它的模式、程序都微不足道。然而，它们正在逐渐侵蚀那些重大形式，改变后者的机制，实施自己的程序。"[2] 也就是说，空间权力虽无法强制决定空间中的行动者必须怎样行动，但可以潜移默化地影响行动者的行为倾向，从而最终达到规训的目的。

因此，福柯的空间是充斥着权力与不平等的内涵的。他认为全部的地理，从微观的生活环境"小策略"导致的地理，到全球地理矛盾与冲突领域，都不仅充满了不公平与压迫，而且还充满了潜在的解放机会。空间不是社会的容器，空间本身就是社会属性的表达。因此，空间不仅

1　[法] 米歇尔·福柯：《性史》，黄勇民、俞宝发译，上海：上海文化出版社，1988 年版。
2　[法] 米歇尔·福柯：《规训与惩罚》，刘北成、杨远婴译，北京：生活·读书·新知三联书店，2007 年，第 194 页。

可以表达出地理的好坏，并影响人们的行动效果，而且空间及其表达可以被再塑造。可见，我们自己造就了我们的地理，正义或者非正义。创造的过程并非单纯是我们自己选择而造就的，而是在过去的"社会—空间"形成过程和当前由长期的历史、社会构成的地理所产生的真实环境中，我们通过实践创造了自己的历史。因此，这样的地理是具有社会、政治、道德内涵的，会给我们带来正、反两个方面的影响。具体说来，他们能给我们带来好处和机会，能激励、解放、娱乐我们，并让我们有所作为；它们也能够限制机会、压迫、监禁、强制和剥夺力量，使我们无法作为。因此，地理不是社会生活的拷贝，而是由正义或非正义、主观与客观、具体现实和创造想象等因素相互交织的结果。

（三）全景敞视空间及其延伸："核心—边缘"空间模式

全景敞视空间，主要功能在于监视人、控制人。边沁（Bentham）提出了全景敞视建筑（panopticon）[1]（该建筑构造前文第一章第一节狭义的社会空间已有提及，此处不再赘述）。瞭望塔位置作为全景敞视建筑的核心是开放的、自由的空间，是周围信息的汇聚地；而边缘环形建筑位置是封闭的、被割裂的空间，处处受到监视，纵向的墙壁阻断了人与人之间的信息交流，被监视的人只享有极其有限的自由。由其构造可以看出，该建筑构架蕴含着权力结构：处于核心位置的人对边缘的人们享有监视权和控制权，边缘空间的人们任何微小的活动都受到监视，权力通过空间持续运作着，形成一种连续的等级体制，直到边缘位置的人自己成为了自己的监视者。如同福柯所言，"一种虚构的关系"依靠空间结构持续运作"自动地产生出一种真实的征服"。[2]

1　边沁（1748—1832），英国功利主义思想家，监狱改革的提倡者。panopticon，一般译为全景式监狱或敞视式监狱。但边沁认为这种建筑可广泛应用。故译者将其译作全景敞视建筑。详见［法］米歇尔·福柯：《规训与惩罚》，刘北成、杨远婴译，北京：生活·读书·新知三联书店，2007年，第224页注释。

2　［法］米歇尔·福柯：《规训与惩罚》，刘北成、杨远婴译，北京：生活·读书·新知三联书店，2007年，第227页。

福柯的全景敞视空间理论主要局限于微观的建筑空间领域，比如监狱、学校、疯人院、医院、工厂、商场等公共场所，鲜明的隔离，妥善安排的门、窗和出口等共同营造出全景敞视的构架，利用隐藏在空间中的"微权力"造就了秩序的井然。然而，纵观中观空间（城市空间）与宏观空间（全球空间），也均呈现出"核心—边缘"的空间模式，可以看做全景敞视空间的延伸。

城市空间的"核心—边缘"模式一般对应着城市与乡村、一线城市与二或三线城市、富人区与贫民窟、城市繁荣中心与城市阴暗间隙等；全球空间的"核心—边缘"模式一般对应着发达国家与发展中国家、国际化大都市与地方性自给自足城市等。一般说来，处于核心地位的城市、国家享有获得更优空间资源的权力，而空间资源又可分为空间自然资源与空间社会资源，空间社会资源包括人才资源、信息资源、技术资源、劳动力资源、资金等。空间资源总是倾向流向核心区域，使得核心空间掌握着边缘空间的主动权和控制权，边缘空间成为核心空间发展的资源蓄水池。当然，如今核心与边缘的差距越来越大，不仅是权力运作的结果，也是资本增殖结构本身不平衡带来的。

（四）层级监视空间及其延伸：层级空间模式

层级监视空间，主要功能不仅在于监视人，更在于训练人、改造人。福柯在《规训与惩罚》中引用了《普鲁士步兵条例》中的军队空间布局的例子，利用望远镜、透镜、光线等技术建造了"人群的监视站"，人与人互为监视的对象与监视的工具。因而，福柯认为军营是一个把一切变得明显可见来行使权力的范本。"在很长一段时间里，这种军营模式，至少是它的基本原则——层级监视的空间'筑巢'——体现在城市发展中，体现在工人阶级居住区、医院、收容所、监狱和学校的建设中。这是一种'嵌入'（encastrement）原则。"[1] 因而，福柯认为，一个

1　［法］米歇尔·福柯：《规训与惩罚》，刘北成、杨远婴译，北京：生活·读书·新知三联书店，2007年，第195页。

建筑物不仅是为了被人观赏而存在，它应该能够改造人："对居住者发生作用，有助于控制他们的行为，便于对他们恰当地发挥权力的影响，有助于了解他们，改变他们。"[1]那么，层级监视空间是如何训练人、改造人的？

一方面，利用层级空间的权力机制从肉体上持续训练个人的特定特质。在福柯看来，"规训从它所控制的肉体中创造出四种个体，更确切地说是一种具有四种特点的个体：单元性（由空间分配方法所造成），有机性（通过对活动的编码），创生性（通过时间的积累），组合性（通过力量的组合）。"[2]最终达到规训实践的最高形式——战术。福柯所谓的战术指，借助被定位的肉体，被编码的活动和训练有素的能力，建构各种活动机制，从而为各种力量寻求最佳组合以达到最大效果。比如，工厂单调重复的装配环节（有机性），工人操作环境整齐划一（单元性），单一动作随着时间积累越来越熟练（创生性），越来越快速，促使装配工人这一项装配能力达到极致（组合性）。可见，通过建构特定的空间以规训肉体可以持续地训练和增强人的某种特质，因而，规训能够"造就"个人，从肉体上使个人既成为操练对象又成为操练工具。

另一方面，利用层级空间的权力关系网络使得规训权力成为一种内在机制，使人们自觉维系整体纪律。此时的权力机制相较于第一种空间权力来说显得不那么"肉体性"，它是复杂的、自动的和隐匿的（比如监视器），通过分层的、持续的和切实的监督，使得规训权力成为一种"内在"体系。简言之，这是一种较为成熟的"监督技术"。福柯认为，"在对纪律实行层层监督时，权力并不是一个被占有的物或一个可转让的财产。它是作为机制的一部分起作用。诚然，它的金字塔组织使它有

1　[法]米歇尔·福柯：《规训与惩罚》，刘北成、杨远婴译，北京：生活·读书·新知三联书店，2007年，第195页。

2　[法]米歇尔·福柯：《规训与惩罚》，刘北成、杨远婴译，北京：生活·读书·新知三联书店，2007年，第188页。

一个'头'，但是，在这持久连续的领域里产生'权力'和分配人员的是整个机构。这样就使得规训权力既是毫不掩饰的，又是绝对'审慎'的。"[1] "不掩饰"指表征着权力的空间无所不在，无时不警醒，没有留下任何晦暗不明之处，而且时刻监视着负有监督任务的人员。"审慎"则指权力空间始终是在沉默中发挥作用的。因此，此时的权力空间并非作为物、财产而存在，而是作为一种关系权力（relational power）（一种权力机制）而存在的。这种关系权力的维系依靠的不是强制的暴力，而是自我维系的纪律。

与全景敞视空间一样，福柯的层级监视空间也同样主要涉及微观建筑空间。而当代社会，这种层级监视空间运用的范围极广，其隐匿性、普遍性已不可同日而语。层级监视空间构造出了一张"天眼"式的监督网络。日常生活中，商场、银行、交叉路口、街道等公共空间的监控探头已随处可见，地铁口、火车站、飞机场的安检措施也让人们习以为常。如同福柯所言，"它用不间断的精心策划的监视游戏取代了公共事件的展示。"[2] 然而，这种监视空间带来秩序、安全的同时也带来了封闭、阻隔、压迫。

从更广大的城市空间来看，层级监视空间的纪律性是以一种层级空间模式来起作用的。从横向来看，城市呈现为封闭式的社区空间，人与人之间的交往主要以陌生人为主，人与人交往依靠自觉遵守陌生人道德。此外，社区的封闭阻碍了社会阶层的上下流动，使得社区阶层接受教育受限，带来了阶层固化。从纵向来看，城市社区体现出层级式空间。比如北京城市 5 环以内居住的有钱人居多，具体可根据区域划分；公寓楼与别墅区也属于直观的居住人员社会层次区分。因此，有钱人与没钱人居住区域不同，居住区域在一定程度上成为了判断生活于其中的

1　[法] 米歇尔·福柯：《规训与惩罚》，刘北成、杨远婴译，北京：生活·读书·新知三联书店，2007 年，第 200 页。

2　[法] 米歇尔·福柯：《规训与惩罚》，刘北成、杨远婴译，北京：生活·读书·新知三联书店，2007 年，第 200 页。

人员的社会层次的参数。而资本的运作加大了社会阶层的分异与固化（具体在下文有详细论述）。

　　值得注意的是，福柯虽然强调了权力空间的作用，但他也认为，空间布局并不能必然导致某种行动，甚至于同样的建筑也可以服务于其他目标。因而，所谓的指向自由的空间不存在。"人们梦想着解放机器，但是按照定义，并没有所谓的自由机器。这不是说自由的运作完全与空间分布无关，而空间只能在某种时势际会时作用。在分歧和扭曲的情况下，它马上会与原来的意图相反。"[1]

二、亨利·列斐伏尔：社会空间、空间生产与资本主义的空间

　　过去大多把空间视为静止的、被动的、消极的容器，即物体或事件发生的场所，与物体或事件本身无关。列斐伏尔认为，不能把空间构想成某种消极被动的东西或空洞无物，也不能把它构想成类似"产品"那样的现有之物，换言之，空间这个概念不能被孤立起来或处于静止状态。他赋予空间丰富的内涵，认为空间生产具有社会性。换言之，空间是社会关系的载体和容器，社会关系的持续变化使得空间总是呈现出鲜活的、不断生产和消灭的辩证运动。列斐伏尔首先提出了空间的三重属性，来论证社会空间的内涵。

（一）空间的三重属性与社会空间

　　列斐伏尔认为空间包含三个层面，即"空间实践（spatial practices）、空间的表征（representation of space）和表征的空间（representational space）"[2]。第一，空间实践是物质性的空间活动，指的是固

1　[法] 米歇尔·福柯：《空间、知识、权力——福柯访谈录》，包亚明主编：《后现代性与地理学的政治》，上海：上海教育出版社，2001 年，第 8 页。

2　参见 [法] 列斐伏尔：《空间政治学的反思》，包亚明主编，《现代性与空间的生产》，上海：上海教育出版社，2003 年，第 62 页。

定空间内或跨空间的生产和再生产活动。活动对象主要针对活动发生和发展的具体地点等客观的环境或条件。此时的实践空间还只是一种"中性"空间，这是传统空间关注的中心。第二，空间的表征是指空间的精神性存在，即概念化空间。这是理论家们用特定的语言、词汇、文本等描述和描绘的空间，是一种空间的标识。它能够表达和理解物质空间活动的所有日常性或专业性标志、符号和知识，比如工程学、建筑学、地理学、规划学或社会生态学等。第三，表征的空间指的是社会关系空间，这种空间依托实践空间，同时也蕴含着精神空间或心理空间，包含着特定的社会意识形态或政治内涵。总而言之，这是一种标识性空间，特定的空间标志着特定社会关系的空间属性。比如，社会创造物，如代码、标志和符号性空间、特殊建筑物、绘画、博物馆等，能够使空间活动产生新的含义。

由此，空间可归纳出三重属性：实践性、精神性、社会性，其中社会性是最根本特性。列斐伏尔认为，"空间里弥漫着社会关系，它不仅被社会关系支持，也生产社会关系和被社会关系所生产"。[1] 实践性作为传统的躯壳式空间观念，与精神性互动、结合就逐渐转化为社会空间的概念，自此，空间有了丰富的、生动的社会内容。

这里对空间的实践性（实践空间）与社会性（社会关系空间）进行简单的区分。一方面，实践空间是社会关系空间依托存在和发展的物质基础，因而，不含社会关系的实践空间是"中性"空间。它可能是个性化的创造性空间（人性化空间），也可能是抽象的劳动空间（资本化空间），虽然它们都是实践空间，然而其空间的社会关系指向完全不同。另一方面，空间实践确实需要人与物质空间的持续互动，但并不能保证互动过程中一定能产生创造性的新的空间含义。比如，异化人的异化劳动只是在做重复的实践活动，此时人们的空间活动并未产生新的社会意

1　[法] 亨利·列斐伏尔：《空间：社会产物与使用价值》，包亚明主编，《现代化与空间的生产》，上海：上海教育出版社，2003 年，第 47 页。

义，属于抽象空间；而游客在参观博物馆时激发了游客与博物馆中事物的新型社会关系，此时的博物馆空间属于社会关系空间。可见，原本中性的实践空间一旦与社会现实相联系，就不再是中性和纯粹的了，这样的空间就是社会关系空间——社会空间。

社会空间说到底是"一种社会秩序的空间化，或者说社会秩序的空间隐藏在空间的秩序中"。[1] 一是，列斐伏尔的社会空间绝不是单纯的地理学和几何学概念，而是历史运动和社会发展的产物。比如城市空间中的住宅、医院、学校、商场、交通工具等都与人们日常生活紧密联系在一起，人们的生产和再生产等物质生活以及人际交往、娱乐等精神生活均与这些空间交融在一起。二是，社会空间中并置事物的空间布局隐藏着社会秩序。"（社会）空间与自然场所的鲜明差异使其不是简单的并置：它们更可能互相介入、互相结合、互相重叠——有时甚至互相抵触与冲撞。"[2] 自然空间则不同，它是现存的事物、物体的无规则、无价值序列的天然布展。比如，城市繁华中心与乡村，地理位置不仅决定了二者对医疗、教育等公共资源享有的数量与质量的差异，也产生了财力资本与人力资本的交流与积淀程度不同，由此产生了社会秩序的不同。三是，空间是一种能被统治阶级或权力使用的政治工具，因而空间蕴含着权力。列斐伏尔认为，"它既不是一个哲学性假设的起点，也不是像社会产品的处所那样的终点，而是一种被使用的政治工具，是某种权力的工具，是某个统治阶级的工具。"[3] 因此，空间无法成为实践的起点或行动的终点，空间只是人们达成最终目的的工具、中介、桥梁。然而这种工具并非中性的，一旦与社会现实结合，就成为了社会性工具，可以被有权力者利用。所以，如同列斐伏尔所言，"空间是政治的、意识形态

1　Henri Lefebvre, *The Production of Space*, translated by Donald Nicholson-Smith, Oxford: Blackwell, 1991, p. 289.

2　Henri Lefebvre, *The Production of Space*, translated by Donald Nicholson-Smith, Oxford: Blackwell, 1991, pp. 11 - 12.

3　[法]亨利·列斐伏尔：《空间与政治》，李春译，上海：上海人民出版社，2008 年，第 25—29 页。

的。它真正是一种充斥着各种意识形态的产物"。[1]

（二）从"空间中的生产"转向"空间的生产"

列斐伏尔认为，"空间的生产，在概念上与实际上是最近才出现的，主要是表现在具有一定历史性的城市的急速扩张、社会的普遍都市化，以及空间性组织的问题等方面。今日，对生产的分析显示我们已经由空间中事物的生产（production in space）转向空间本身的生产（production of space）。"[2] 空间中的生产，指空间作为容器与躯壳或者空间作为新的产品生产出来等；社会空间的生产，指生产新的社会关系。空间不再仅仅是个容纳对象的容器，而是对象本身。以马克思的术语进行解释，这意味着从生产活动的结果回到生产活动本身。如此一来，空间生产从"空间中的生产"走向了"空间本身的生产"（或空间的生产）。

列斐伏尔进一步进行解释，这种转变："乃是源于生产力自身的成长，以及知识在物质生产中的直接介入。这种知识最后会成为有关空间的知识，成为空间之整体性的资讯。空间中的生产并未消失，而是被引至不同的方向。"[3] 这意味着，这种转变并未从根本上改变空间中事物生产的原本状态以及空间中的矛盾，只是从更大的空间格局出发，用联系的视角对空间矛盾进行整体性审视，可以发现，其中有些矛盾被削弱了，有些则反而被加剧了。

具体说来，空间生产意味着，现代空间已经从生产结果进入到生产过程（生产力和分工领域）。此时的空间有时涉及工作与所有权层面，有时又涉及上层建筑层面。因此，以社会关系视角进行剖析，可以发

1　[法] 列斐伏尔：《空间政治学的反思》，包亚明主编，《现代性与空间的生产》，上海：上海教育出版社，2003年，第62页。

2　[法] 列斐伏尔：《空间：社会产物与使用价值》，包亚明主编，《现代化与空间的生产》，上海：上海教育出版社，2003年，第47页。

3　[法] 列斐伏尔：《空间：社会产物与使用价值》，包亚明主编，《现代化与空间的生产》，上海：上海教育出版社，2003年，第47页。

现，空间生产涉及的层面如此广泛，是由空间生产具有"同时性"、"并置性"、多轨性等特性造成的。刘怀玉认为，"空间活动并不均衡，但到处可见，而不再固定于传统的基础与上层建筑等级制所规定好的这个或那个层面上。"[1]　一是，空间的生产力角色。交通的便捷大大提升了运输速度，增加了生产效率，从而相当于增加了生产力。二是，空间作为单一特征的产品。土地空间关系内含着财产关系，在土地上以居住为目的建造房屋，所得待居住或已被居住房屋就是住宅的社会空间。三是，空间作为展示政治意识形态的工具。比如天安门广场的空间，天安门建筑高大，人们穿行于恢弘的广场之上只能仰望城楼，彰显了国家权力的神圣。四是，空间能够巩固生产关系和财产关系的再生产。在工厂的工作空间中，工人工作环境统一而单调，有的甚至以小隔板进行分割。这样狭小的空间进一步巩固了工人工作的封闭性，使得工人难以进行精神交流来提升自我素养，最终难以逃脱精神和肉体异化的命运。五是，空间相当于一整套制度方面的和意识形态的上层建筑。还是工厂的工作空间，除了工人工作环境的单一、封闭，工人车间还可以安装摄像头。此外，工人只有车间，而主管或者总经理等领导却可以拥有办公室，且一般说来，办公室的大小与职位大小成正比，个人可掌控的空间大小在一定程度上反映了权力大小（即便他们实际上并不需要这么大的活动范围）。可见，这样的空间布局及其大小分配潜移默化地隐藏着特定的秩序，相关管理制度可以通过空间起到维持秩序的作用。

因此，空间是由不同范围的社会进程与人类活动干预形成的产物，与此同时，空间会生产出一种"力量"，它要反过来影响、指引甚至限定人类在世界上的行为与方式的各种可能性。而社会关系只有凭借空间才能产生现实的作用，"生产的社会关系只有在具有某种空间性存在时，它们才具有某种社会存在；即生产的社会关系把自身投射到某个空间之

1　刘怀玉：《〈空间的生产〉的空间历史唯物主义观》，《武汉大学学报（人文科学版）》2015
年第1期，第61—69页。

上，它们在生产空间的同时也把自身也镌刻于其中。否则，社会关系就将永远处于'纯粹的'抽象的领域之中"。[1] 因此，空间生产与社会关系再生产息息相关。

（三）资本主义的空间

前文述及，资本主义的空间包括抽象空间和矛盾空间（详见第一章第一节社会空间的空间历史分期）。在列斐伏尔看来，抽象空间指"在国家与国际的层面上反映了商业世界，以及货币的权力和国家的'政治'（politique)。"[2] 换言之，抽象空间不同于具体空间，已经不是一种被动的环境或者空洞的几何体，而成为商业增长与国家政治权力管控的工具——增长机器。比如，具体空间一旦被国家机构或商品生产所占用并且包含了特定社会关系的空间就成为抽象空间，如私人占有土地用作商业用地就属于包含社会关系的"抽象空间"；城市空间中的土地、空气、光线，各种基础设施（学校、医院、港口）等等都可被纳入生产机制之中，成为资本的一部分。由于资本主义侵入空间并利用货币的量化机制对其进行整合，使得抽象空间内在具有同质化、碎片化与等级化特征，外在则体现为一种"可视的、几何形态的阳性空间"。[3] 抽象空间实质上是一种矛盾空间，即使用价值与交换价值的矛盾、生产与消费的矛盾，空间性表现为中心与边缘的矛盾空间。比如，城市与乡村、城市繁荣中心与城中村、发达国家与发展中国家等等均属于矛盾空间。值得注意的是，不论是抽象空间还是矛盾空间，均无法独立存在，抽象空间依附具体空间而存在，矛盾空间的一个极端依附另一个极端而存在。"这种真正意义上的空间历史便与资本积累相对应，以其原始积累阶段为开

1　Henri Lefebvre, *The Production of Space*, translated by Donald Nicholson-Smith, Oxford: Blackwell, 1991, p. 129.

2　[法]列斐伏尔：《空间：社会产物与使用价值》，包亚明主编，《现代化与空间的生产》，上海：上海教育出版社，2003年，第49页。

3　参见 Henri Lefebvre, *The Production of Space*, translated by Donald Nicholson-Smith, Oxford: Blackwell, 1991, p. 408。

端，而以世界市场处于抽象空间的统治之下而告终"。[1] 资本主义空间的同质化、碎片化、等级化主要体现在资本主义的政治空间与消费空间中。

资本主义的政治空间意味着，一方面，资本主义的空间关系往往透露着阶级含义，社会空间作为政治空间而被概念化；另一方面，资本主义的空间扩张也强化了资本主义意识形态的统治。列斐伏尔认为，资本主义国家造成空间生产的具体形式有三种：政治空间生产、社会空间生产和精神空间生产。由此，资本主义社会关系的发展与资本主义空间的生产相结合。列斐伏尔对这个过程中国家的作用进行分析，说明了国家具有以下任务。"1、政治空间的生产——民族（国家）疆域。2、通过其物质设施的空间分布而实现社会空间的生产。3、通过国家的个人表现（个人对国家的责任、义务，个人与国家关系的理解等）而实现精神空间的产生和占有。"[2] 由于国家权力在空间中的分布不平衡，国家生产了不同的等级性空间。比如，根据"核心—边缘"关系而形成的"核心—边缘"空间，这是建立在同质化基础之上的等级化。此外，由于资本主义关系侵入日常生活中的各领域，国家日益侵入（渗透）到公民社会，整个空间趋向于政治化，于是空间的矛盾也变成直接的政治矛盾，空间关系也反映了社会关系。"这的确是发生在国际（要求新国际经济秩序）、国家（地区主义与国家主义的斗争）、城市—地区（城市的权利）、城市内部层次（城市改造）中的现实状况。"[3]

资本主义的消费空间意味着，资本对日常生活空间进行征服和整合，使资本主义的消费逻辑与社会关系同化。首先，消费主义占据了社会空间，以货币化、商品化等手段将社会关系空间同质化、量化、抽象

---

1 Henri Lefebvre, *The Production of Space*, translated by Donald Nicholson-Smith, Oxford: Blackwell, 1991, p. 119.

2 Forrest, R, J. Henderson and P. Williams. *Urban Political Economy and Social Theory: Critical Essays in Urban Studies*. Aldershot, England: Gower. 1983. pp. 177 – 178, 180 – 181. 转引自高国鉴：《新马克思主义城市理论》，北京：商务印书馆，2006 年，第 99 页。

3 高国鉴：《新马克思主义城市理论》，北京：商务印书馆，2006 年，第 100 页。

化、碎片化。其次，消费主义将自身逻辑（如个人主义、拜金主义）投射到社会空间的方方面面，使其成为了群众日常生活的逻辑。最后，通过控制群众的消费逻辑来操控空间的生产，并进而控制社会关系的再生产。此时，人们将消费作为社会生活的主要目标和社会价值。

可见，在空间扩展的过程中，资本主义社会关系通过空间的使用而得以再生产，从而开启了消费主义"全球性空间"生产的可能性。"列斐伏尔的主要目的在于解释资本主义怎样和为什么从马克思时代的企业竞争形态发展到当代发达垄断资本主义形态而生存下来，他认定空间是一个重要的因素。"[1] 资本主义正是通过征服空间、占据空间、生产空间来减轻自己的内在矛盾。资本主义空间发展将其关系形式强加给整个日常生活，使得地理空间组织呈现出符合资本增殖的特点。比如，碎片化——工作空间与居住空间分离，生产空间与销售空间分离；同质化——全球新建起了一个又一个雷同的现代化都市；等级化——富人区周围总有贫民窟，乡村成为城市所需资源的储蓄池。资本正是通过对生产空间、生活空间的入侵，最终逐步渗透进人们的身体空间乃至精神空间，使人们自愿成为推动资本增殖的工具，使得资本主义生产关系得以延续至今。

三、 曼纽尔·卡斯特： 集体消费与流动空间

曼纽尔·卡斯特（Manuel Castells，1942—　）曾是列斐伏尔的学生，但卡斯特的空间理论与列斐伏尔有很大分歧。他认为列斐伏尔以理论（或形而上学）范畴为基础，将人文因素高架于生产关系之上，无法认识社会生活的决定性条件，从而偏离了马克思主义基本路线。而卡斯特更倾向于强调空间的社会物质的基础。在卡斯特看来："将空间作为社会结构的一种表达进行分析，（因此，）即通过经济系统、政治制度和

1　高国鉴：《新马克思主义城市理论》，北京：商务印书馆，2006 年，第 103 页。

意识形态体系以及它们的结合和所产生的社会实践来研究空间的形成。这三个系统中的每一个是由相互依存的几个基本要素组成的，这决定了系统目标的充分实现（事实上，其中包括，简单的元素和它们之间的关系）。"[1] 因此，空间本身并没有被卡斯特视作很重要的东西，而是将空间作为社会整体结构，并且将研究重点放在特定空间单位内的劳动力再生产和社会运动，将空间生产方式的效果看作是城市体系具有意义的方面。

（一）集体消费与城市空间分异的矛盾

卡斯特最早提出了城市社会学中的集体消费概念，"消费过程就其性质和规模，其组织和管理只能是集体供给"。譬如，医疗、教育、公共住房、社会公共设施和闲暇的满足等。卡斯特认为，都市系统不能脱离整个社会系统进行分析，都市体系在资本主义的空间中有其特定的功能——不是政治和意识形态，而是经济。换言之，与列斐伏尔强调生产不同，卡斯特更强调消费的作用，认为消费问题是发展资本主义城市的核心问题。

集体消费，或称"消费的集体方式"、"集体消费的方式"，指国家用于"教育、文化、社会福利、交通、住房和城市化"等方面的非营利性支出。大致可划分为两大部分：国家机构本身的支出（行政、国防等）和教育、社会福利等公共消费开支。在卡斯特看来，只有持续供应工人以食品、住房和交通工具，并且通过教育机构培训工人才能保证劳动力的持续供给，并且由于人口日益集中，这些公共消费项目只有在城市环境中才能得到保障。换言之，只有当基础公共服务有所保障，才能保证整个城市系统的正常运行。对私人来说，这种集体的消费形式是无利可图的，因此，只能由国家来提供。

---

[1]　Manuel Castells, *The Urban Question*: *A Marxist Approach*, Cambridge, Mass, 1977, p. 126.

　　法国马克思主义学者琼·洛基归纳了集体消费的几个基本特点[1]：一是，集体性。由于集体消费是通过国家机构而非市场来提供的经济和社会待遇的，因而集体消费是一种特殊的商品消费，除了一般商品生产外，其他社会劳动不能产生高于平均利润的利润，否则，国家必须加以垄断，以保证资本家阶级的整体利益。同样的产品（如住房）既可以市场调节也可以国家调节，因此，住房可以是个人消费产品，也可以是集体消费产品。二是，非生产性。集体消费方式是可变资本的一部分，可促进劳动力的再生产。个人消费（通过工资）和集体消费的区别在于前者提供了消费的目标，后者是消费的手段；前者进入对有使用价值商品的最后消费，而后者是一些行为或服务，使最后消费成为可能。集体消费无法由个体劳动力直接消费，也不能将可变资本直接转化为工资。因此，在卡斯特看来，"集体消费意味着国家提供的'间接工资'项目，即实际工资中由国家间接支付给劳动者的部分，而不是雇主直接支付给劳动者的部分。"[2] 三是，非利润性。集体消费一般以固定资产的姿态存在，例如公共住房、医院、学校等公共消费手段的生产需要长时间的资金投入，其使用价值的消耗往往较为缓慢从而延缓了这种非生产性资金的周转，使其短期内难以看到利润。四是，耐用、固定、不可分割性。耐用，指教育、医疗等集体消费方式通常伴随着持续的"有益影响"；固定，指各种集体消费服务和设施只能在它们实际生产的时间和地点被提供；不可分割，指集体消费方式的提供只能保持固定规模，（教育、卫生、交通服务）无法根据少数个人需要而呈现个性化的规模或数量。

　　可见，集体消费说到底是一种国家对经济的恰当干预。"对那些（从资本的角度来看）利润少，而正常经济运作必须的同时又能缓和社

---

[1]　Kieran Mckeown, *Marxist Political Economy and Marxist Urban Sociology*, London：Macmillan Press, 1987, pp. 143－149. 参见高国鉴：《新马克思主义城市理论》，北京：商务印书馆，2006 年，第 143—144 页。

[2]　高国鉴：《新马克思主义城市理论》，北京：商务印书馆，2006 年，第 142 页。

会矛盾的部门和服务，实行国家干预就显得很有必要。"[1] 然而，在当代
发达资本主义社会，集体消费只是对私人资本进行查漏补缺，对垄断资
本进行及时干预，缓和了资本循环的整体矛盾，但并没能缓和社会阶层
分异，反而在一定程度上加重了不平等程度。其原因不能从不平等的表
象入手，而应当从发达资本主义社会公共物品和服务的"使用"结构的
差异入手。

　　城市组织不是简单的空间形态布局而是家庭日常消费模式集体处理
过程的表达。卡斯特认为，"收入、教育以及职位直接依赖于每个人在
生产关系中所占据的地位并确立了集体消费的水平和方式以及它们与城
市系统的关系。事实上我们可以看到，不仅仅是通过市场实现这种消费
的能力表现了更大的独立性而且最重要的是'公共部门'的内部分化是
依据与市场接近程度的标准来衡量的。从这一观点来说，我们可以认为
集体消费把由阶级体系决定的社会分层延长并且具体化了。"[2] 也就是
说，固有收入不平等决定了个人所能获得的公共服务的水平与方式，从
住房环境和工作时间到教育、医疗和文化硬件设施水平等均开始产生新
的社会分化。且长此以往，集体消费的公共服务部门也会依据社会层级
差异给予不同标准的公共服务，从而细化并延长了社会分层。因为此时
公共服务的分配权取决于它所代表的社会利益而非投资资本的利润，这
是一种非竞争性的分配，依据的是社会地位和权力。"在'城市问题'
里社会不平等表达了一个更为普遍的问题：由于通过消费过程客观社会
化所具有的集体特性、集体消费模式和作为阶级体系核心的生产关系模
式之间的结构性矛盾就使危机和困难更为加剧。"[3]

1　[美]曼纽尔·卡斯特：《发达资本主义的集体消费与城市矛盾》，姜珊译，《国外城市规划》
　　2006 年第 21 期，第 291—300 页。
2　[美]曼纽尔·卡斯特：《发达资本主义的集体消费与城市矛盾》，姜珊译，《国外城市规划》
　　2006 年第 21 期，第 291—300 页。
3　[美]曼纽尔·卡斯特：《发达资本主义的集体消费与城市矛盾》，姜珊译，《国外城市规划》
　　2006 年第 21 期，第 291—300 页。

（二）信息化与流动空间

除了城市空间的集体消费概念，网络空间的流动空间概念也是卡斯特提出的。网络空间带来了信息化时代，一切变得更为便捷、快速、多元化，但这并不意味着自由变得更多，反而意味着支配和控制。换言之，在他看来，网络是一种权力关系重组的资源。"信息技术的突飞猛进在社会结构的方方面面产生了一个新的物质基础，它将规范出新的行为准则，显示社会各个支配集团的权力流变分配过程，从而也改写社会结构本身。"[1]

卡斯特认为互联网带来了一种"真实虚拟文化"（culture of real virtuality），他认为所有传播形式，都是立足于符号的生产和消费，因此，真实就我们的体验来说，总是虚构的真实，即现实通过表征而被认知。为了说明网络时代的传播系统对人类生活时空观念的改变，卡斯特提出了"流动空间"（space of flows）和"地方空间"（space of places）。地方空间指秉承了人文地理学传统的特殊地方性的空间，蕴含着传统地理空间与文化、历史、道德观念等地方性意义。因此，地方空间的特点是封闭的、有界限的、实体的地域。流动空间指经济全球化和信息网络的条件下，资本跨国流动，导致地方空间碎片化，通过重新的符号编码重组进流动网络中，使得特殊地方特性普遍化，从而重组成的不断流变的空间。他认为网络使地域的概念从文化、历史和地理意义中解脱出来，重组类似形象拼贴的功能网络，故而产生了一种"流动空间"，替代了传统的"地方空间"。

卡斯特从三个物质支持层面分析了他的流动空间，分别是电子通信网络、节点和核心构成的层级组织以及占支配地位的管理精英操纵的流动空间。具体说来，一是，电子通信网络，是同时并存的实践的物质支

1　包亚明主编：《现代性与都市文化理论》，上海：上海社会科学院出版社，2008 年，第 126 页。

持。由电子交换的回路所构成，它们共同形成了信息社会的策略性关键过程的物质基础。卡斯特认为，"通信网络是基本的空间样貌：地方并未消失，但是地方的逻辑与意义已被吸纳进网络。……这种技术性的基础设施本身，是我们的世界里由权力决定其构造与内容的流动网络之表现。"[1] 二是，由其节点（node）与核心（hub）（"核心—边缘"模式）所构成的地方性层级化的网络空间。流动空间奠基于电子网络，但这个网络连接了特定的地方，它具有完整界定的社会、文化、实在的物理环境与功能特性，因而，此时流动空间逻辑上虽然没有特定的方位，但实际上方位还是存在的。譬如，在全球化的大型都市中，它们不仅是世界经济的交换者，全球信息网络的通信中心，还扮演了协调的角色，使整合进入网络的一切元素顺利地互动。而其他地方性都市则是网络的节点，同样具有次级的策略性重要动能的区位。卡斯特认为，"节点和核心都根据它们在网络中的相对重要性而形成有层级的组织。但是，这种层级会随着通过网络来处理的活动之演变而有所改变。事实上，在某些状况里，有些地方会被隔断网络，而这种隔断导致了急速的衰落以及经济、社会与实质环境方面的衰颓。节点的特点随着既定的网络所执行的功能类型而定。"[2] 三是，占支配地位的管理精英们（而非阶级）的空间组织。领域被占支配地位的管理精英统治，他们发展出自己的文化代码以主导流动空间。

四、大卫·哈维：资本积累、时空修复与时空压缩

与卡斯特一样，大卫·哈维也深受马克思主义的影响，他提出了"历史—地理唯物主义"，试图在都市研究领域发展出一门政治经济学。

1　[美] 曼纽尔·卡斯特：《网络社会的崛起》，夏铸九等译，北京：社会科学文献出版社，2001年，第506页。

2　[美] 曼纽尔·卡斯特：《网络社会的崛起》，夏铸九等译，北京：社会科学文献出版社，2001年，第507页。

哈维在《资本的极限》一书的注释中指出，"尽管所有马克思主义者会在原则上同意阶级关系最为重要，但问题是，将空间范畴间的对立当作是资本主义的重要属性如何或何时才是有用的，比如城市与乡村、城市与郊区、发达国家与第三世界等之间的矛盾。"[1]

不过，与卡斯特不同的是，大卫·哈维的研究深受列斐伏尔的影响，尤其是他的社会空间的思想。一方面，时间和空间都具有特定社会内涵，是社会实践作为时空基础来决定的。"时间和空间的客观性在各种情况下都是由社会再生产的物质实践活动所赋予的。"[2] 时间和空间都是特定社会关系的载体，时空关系是社会体系的结构性特征。也就是说，时间和空间直接参与了特定社会关系的建构，一切特定的生产关系都是空间实践的结果。空间不只是被动的人类活动的"容器"，而是人类生活实践能动的对象。另一方面，时间与空间从来不是空洞的，往往蕴含着社会性或政治性。如同大卫·哈维所言，"空间和时间实践在社会事物中从来都不是中立的，它们始终都表现了某种阶级的或者其他的社会内容，并且往往成为剧烈的社会斗争的焦点"。[3] 列斐伏尔对社会空间与空间生产偏重于哲学理论分析，大卫·哈维则更偏好从资本积累的空间形态（城市空间）入手，找寻资本、空间与人的关系。

（一）　资本积累与时空修复

城市既是资本的表现形式，又是其实现自身的最根本的工具。城市空间的生产是为资本循环、积累以及利润服务的。大卫·哈维认为，"土地并非一般意义上的商品。土地是一种虚拟的资本形式，其价值源于对未来租金的预期。过去若干年来，土地产出最大化的政策已经把低收入甚至中等收入的家庭赶出了曼哈顿和伦敦中心城区，加剧了社会分

1　David Harvey, *The Limits to Capital*, Oxford: Basil Blackwell Ltd, 1982, p. 338.

2　［美］大卫·哈维:《后现代的状况: 对文化变迁之缘起的探究》，阎嘉译，北京: 商务印书馆，2003 年，第 255 页。

3　［美］大卫·哈维:《后现代的状况: 对文化变迁之缘起的探究》，阎嘉译，北京: 商务印书馆，2003 年，第 299 页。

化，并给弱势群体带来了灾难性的后果。"[1] 可见，资本积累必然会造就城市空间"核心—边缘"的布局，中低收入者被排出中心之外，立于中心的只剩下特权阶层。换言之，城市空间中资本投机的对象只能是资本而非人民，城市空间本身也成为了特权阶层权力实现的工具，城市的繁荣展现的是精英阶层的意志，中低收入者失去了话语权。因此，新自由主义城市政策"从未考虑过这样的情况——一个城市发展得很好（就资本积累而言），而这个城市的居民生活（除特权阶层外）和环境状况却很差。"[2]

针对城市空间的资本积累的方式，哈维借用了列斐伏尔资本循环的理论，提出了资本的三循环理论。该理论实质是资本过度积累的情况下缓解矛盾的方式，即"时间—空间修复"。第一循环指工业生产资本的循环（普通商品生产），第二循环指城市的固定资本循环（如土地、道路、建筑物），第三循环指科研研发资本和劳动力再生产过程的各项社会开支的循环（包括科学、技术、教育、卫生、意识形态教化和军队等）。第一循环主要指向马克思的传统工业资本的循环，通过减少成本，提高生产效率加快资本周转，实现资本积累和资本利润。在过度积累的情况下，工业资本就会溢出流向第二循环，即通过固定资本投资（城市基础设施建设）或信贷等把过度积累的资本在周转时间上延长，通过不平衡发展和有差异的资本周转等来实现"时间修复"——以空间换取时间。但当基础设施的周转也无法满足资本利润率时，这部分资本就会再次溢出回流到第一循环，或者在国家干预下流向第三循环。因此，第三循环的作用在于查漏补缺，其着眼点在于整体资本的长远效益，而不是为了实现个别资本的效益，这部分往往是在国家的干预下来实现的（有点类似于曼纽尔·卡斯特的集体消费）。可见，在资本过度积累的情况

1　[美] 戴维·哈维：《叛逆的城市——从城市权利到城市革命》，叶齐茂、倪晓晖译，北京：商务印书馆，2014 年，第 28 页。

2　[美] 戴维·哈维：《叛逆的城市——从城市权利到城市革命》，叶齐茂、倪晓晖译，北京：商务印书馆，2014 年，第 28 页。

下，资本的三种循环通过时空转换，以空间换取时间，缓和了资本
矛盾。

关于"时间—空间修复"的概念，哈维在《新帝国主义》中举了上
世纪 30 年代经济过剩导致全球范围内的经济衰退的例子，他说当时产
能利用率一直处于低位，过剩商品无法销售，失业率创历史新高。导致
的后果是多余资本遭到贬低甚至摧毁以及劳动力被降低到悲惨的境地。
他认为，"如果要避免货币贬值，那么必须找到办法来吸收（过剩的）
资本盈余。地域扩张和空间整合，就提供一个这样的选择。但这种选择
不能脱离时间的变化，剩余资本获取移动到长期项目，即通过它们的活
动运作，需要许多年才能恢复其价值循环（如社会基础设施投资）。"[1]
换言之，这是一种"通过时间延迟和地理扩张解决资本主义危机的特殊
方法"，[2] 这就是"时间—空间修复"。因而，时空修复就是指资本所塑
造的以不动产和固定资产形式表现出来的那部分物质地理景观。缓解资
本积累矛盾的"时空修复"包括"时间修复"和"空间修复"两个方
面，其中空间修复是哈维着重阐述的核心，而对时间修复阐述则相对
简单。

"时间—空间修复"虽然"没有为资本主义经济危机提供一种潜在
解决方法的话，至少也推迟了危机的产生"。[3] 值得注意的是，"时空修
复"也存在着一定的风险，比如，二级和三级循环同样会出现过度积累
问题，资本可能会在二级和三级循环中自动贬值，或者成为普遍经济危
机的导火索。因此，"时间修复"也不能从根本上解决过度积累和经济
危机的问题。经济危机的最终爆发无法避免。

"空间修复"强调国家或资本集团对城市基础设施长期投资以吸引
社会资本的投入，缓解了资本积累的压力，便于其他资本的流动。特别

---

1   David Harvey, *The New Imperialism*, Oxford University Press Inc., 2003, p. 88.
2   ［美］大卫·哈维：《新帝国主义》，初立忠，沈小雷译，北京：社会科学文献出版社，2009
     年，第 94 页。
3   ［美］大卫·哈维：《希望的空间》，胡大平译，南京：南京大学出版社，2003 年，第 33 页。

是运输和电信业的快递发展对"空间修复"产生了巨大的影响。空间修复包括空间摧毁、重构与空间转移，大致可概括为以下几个方面：一是，对"旧地理"的创造性地破坏与重建；二是，利用地理市场（譬如对外贸易）的扩张来遏制利润率下降的趋势；三是，将过剩资本出借到海外，在新的区域创造出新的生产力；四是，透过原始积累来扩大无产阶级的人口数量，从而增加资本的剥削力度和增殖速度。哈维认为："危机唯有在非资本主义国度'以适合资本主义生产国界的速率来消费和生产'，才能够受到遏制。"[1] 然而，这种解决之道也只是暂时的。"无论金融机器创造出怎样的虚拟价值来扩充市场的资本容量以推延危机的发生，资本扩张悖论并没有因此消除，而是被不断积累，最终必然表现为更加剧烈的形式。实体经济扩张一旦达到一定水平而难以继续扩张之时，就会反过来被虚拟经济所不断弱化。"[2] 资本破坏力的增长终将超过生产力的成长幅度，最终导致资本危机的爆发和社会空间的紊乱。

（二）　灵活积累与时空压缩

哈维在《后现代的状况》中，揭示了晚期资本主义从福特主义积累体制转向灵活积累体制这一经济趋势，从而建构起独特的时空压缩理论。"时空压缩"（time-space compression）是后现代空间的核心概念，在哈维看来，"资本主义的历史具有在生活步伐方面加速的特征，而同时又克服了空间上的各种障碍，以至世界有时显得是内在地朝着我们崩溃了。"[3] 从现代到后现代转型中最重要的变化是人类时间和空间的变化，科技水平与生产力的提升带来了资本周转时间的加速空间以及资本的生产、交换和消费的范畴的缩减。哈维称这种"前所未见的时

1　［美］大卫·哈维：《资本的空间》，王志弘、王玥民译，台北：国立编译馆与群学出版有限公司，2010年，第442页。
2　鲁品越：《走向深层的思想：从生成论哲学到资本逻辑与精神现象》，北京：人民出版社，2014年，第477页。
3　［美］大卫·哈维：《后现代的状况：对文化变迁之缘起的探究》，阎嘉译，北京：商务印书馆，2003年，第300页。

间崩溃"、"空间—时间面向性（dimensionality）势不可当的变化为'时空压缩'"。[1] 从灵活积累到时空压缩，说到底是积累方式的变化带来的时空体验方式的转变，最终颠覆了人们传统的较为稳固的价值观。

一方面，与灵活积累相对的，是一种"刻板"的资本积累方式，哈维称之为"福特主义—凯恩斯主义"（有关福特主义与灵活积累在本章第二节中也有论述）。他认为，从 1945 年到 1973 年，资本主义的战后繁荣建构起一种较为稳定的社会政治经济结构，即由一系列劳动控制的实践、技术上的组合、消费习惯和政治—经济力量所形成的结构。哈维认为福特主义带来持续均衡的繁荣，靠的是"三维权力结构"，即持凯恩斯主义的国家权力、持自由主义的企业力量、有组织的劳动力。直到 1968 年至 1972 年的罢工浪潮和劳工的分裂，国家基础财政已无法承担各种合法权利计划（社会的、安全的、养老金的权利等等），于是将财政压力转嫁到货币政策之中，造成了通货膨胀。此外，福特主义—凯恩斯主义也造就了一种与政治经济权力紧密关联的垄断结构，即把大劳动力、大资本和大政府限制在狭隘的既定利益的失调机能中，以至于"破坏了而不是确保了资本积累"。[2] 于是，与福特主义的"刻板"对应，灵活积累的体制呼之欲出。

另一方面，灵活积累的特征是"新"与"灵活"。"新"体现为全新的生产部门、提供金融服务的各种新方式、新市场；"灵活"表现为依靠同劳动过程、劳动力市场、产品和消费模式有关的灵活性。小批量生产可以规避福特主义积累体制的刻板性，降低资金风险，以其特有的灵活性满足更大范围的瞬息多变的市场需求。诸如，引领时尚潮流、倡导个性化服务、挖掘客户潜在需求等。于是逐渐造就了"区域经济已经压

1　[美]戴维·哈维：《时空之间——关于地理学想象的反思》，包亚明主编：《现代性与空间生产》，上海：上海教育出版社，2003 年，第 391 页。

2　[美]大卫·哈维：《后现代的状况：对文化变迁之缘起的探究》，阎嘉译，北京：商务印书馆，2003 年，第 189 页。

倒了规模经济"[1] 的局面。在提出灵活积累后，大卫·哈维紧接着提出"它也需要新一轮的我所称的资本主义世界里的'时空压缩'"[2]。

灵活积累体制的变化导致的时空压缩的后果是，颠覆了人们传统稳固的时间感、空间感以及对社会现实本身的感受，导致了价值观和社会关系的不安与流变。在著述中哈维用诸多不同的实例说明了时空压缩所造成的政治、经济、文化和社会后果。时空的实物形式和心理感应都变得碎片化（fragmentation）、瞬息化（ephemerality）和拼贴化（collage）。如同哈维所言，"资本更加灵活的流动突出了现代生活的新颖、转瞬即逝、短暂、变动不居和偶然意外，而不是在福特主义之下牢固树立起来的更为稳固的价值观。"[3] 在空间障碍崩溃的条件下，伴随着新企业形成、创新和新生产体制得以运行的企业主义的出现，个人主义思潮开始蔓延开来。然而，越是在这种经济不安和分裂的时代，人们越是想要寻求稳定的价值观。为了在变化的世界中获得心理安全感，人们更加寻求集体的认同，包括邻里、社区、团体、民族、国家或宗教的归属或信仰。此外，我们也可以看到，近几年来，高涨的民族主义和地域主义的声音，地缘政治对抗与某些极端恐怖主义开始逐渐流行，在一定程度上，都是空间阻隔被削弱以及资本积累机制的转变带来的。

哈维将资本积累与城市化看作是一种过程，而不是一种物体。他将资本的三种循环模式与人的时空体验以及人们的价值观相联系，构建出了独特的逻辑理路，开阔了传统思维模式的视野。也就是说，"资本和城市化都是发展变化的、包含多种联系的东西，而不是一种固定不变的

1　[美] 大卫·哈维：《后现代的状况：对文化变迁之缘起的探究》，阎嘉译，北京：商务印书馆，2003 年，第 201 页。
2　[美] 大卫·哈维：《后现代的状况：对文化变迁之缘起的探究》，阎嘉译，北京：商务印书馆，2003 年，第 192 页。
3　[美] 大卫·哈维：《后现代的状况：对文化变迁之缘起的探究》，阎嘉译，北京：商务印书馆，2003 年，第 220 页。

东西。应当从运动和多维的眼光看待城市化和资本积累。"[1]　因此，人们价值观的转变不是原因，而是结果，且造成这种转变的原因不仅是多方面的，还是循环式、多层次的。不能就观念本身来谈解决办法，而应当以空间化的、变化的、联系的眼光来看问题。

---

[1]　高国鉴:《新马克思主义城市理论》，北京:商务印书馆，2006 年，第 138 页。

第四章　资本空间的扩张形式及其伦理批判

上文列举了空间理论具有代表性的西方马克思主义学者：米歇尔·福柯、亨利·列斐伏尔、曼纽尔·卡斯特和大卫·哈维，并对他们有关资本空间理论的思想进行了梳理。然而，按照理论点进行梳理的方式不仅难以体现学者思想在实际运用中的理论特色，也很难进一步揭示出资本空间的特点。因此，本章以西方马克思主义的理论为基础，结合近现代学者的前沿理论，分别从一般意义以及日常城市空间意义出发，选取了资本空间的扩张形式、资本对城市空间的规划及其伦理缺失两个理论视角，对资本空间的概念进行重新审视，力图从日常生活的角度，得出恰当的结论。最后，针对资本空间带来的一系列问题，对资本空间发展的三种模式进行正义批判。

第一节　资本空间扩张形式：空间布局的流动性重组

前文述及，劳动的空间分工在地理上的运动体现为空间集聚与空间分散的一系列空间布局的重组。因此，资本空间的扩张形式必然是经济与地理相互作用从而呈现出来的结果。而空间经济学正是对地理与经济研究的新型学科，它研究的是空间的经济现象和规律、生产要素的空间布局和经济活动的空间区位。为了进一步了解资本空间的具体生产模式，在此借用空间经济学中的三种基本模型，结合福柯权力空间的"核心—边缘"模式、"层级化"模式、卡斯特的"集体消费"、"流动空间"加大社会分异、哈维的"资本积累与时空修复"以及列斐伏尔的资本主义的空间理论，归纳出资本空间的三种扩张形式。"空间经济学中有三种模型：区域模型、城市体系模型和国际模型。"[1] 这三种模型与资本空间的三类样态（城乡空间、城市空间、全球空间）以及积累体制相联系，便可得出以下三种分析角度：变动的"核心—边缘"区域空间、层级体系演化的城市空间、产业集聚与国际贸易的国际空间。

一、 变动的"核心—边缘"区域空间： 从经济资本到劳动力资本

"核心—边缘"的空间模型可以分析地理发展不平衡的层级化的空间，而这种层级空间又可涉及各个差异空间领域，乡村空间内部、城乡空间之间、城市空间内部、城市与国家之间、国家与国际组织之间。其涉及范围依次递增，资本深化程度和权力控制程度则依照各个国家、城市特性各不相同。一般说来，乡村空间中权力控制与资本化程度最低，城乡其次，城市空间权力控制与资本化程度最高，城市与国家之间资本化程度弱化了但权力控制程度反而提升了，国家与国际组织之间资本化程度相对零散且权力控制就更为微弱了。下文中"核心—边缘"模式的探讨则是从最为普遍的意义上出发，着重探讨空间形态与生产方式的相互作用，以及资本从物到人的深化过程。

（一）福特主义与"核心—边缘"的经济资本模式

福特制生产是一种大规模的标准化生产，衡量标准偏重于功能性和有效性。它是推进"核心—边缘"模式的最传统和稳定的生产机制。福

---

1   [日] 藤田昌久，[美] 保罗·R. 克鲁格曼，[英] 安东尼·J. 维纳布尔斯：《空间经济学——城市、区域与国际贸易》，北京：中国人民大学出版社，2013 年，第 7 页。

特主义的标志性开创年代是 1914 年，亨利·福特引进了一天 5 美元、工作 8 小时以作为操作自动化装配线的工人们的酬劳。福特主义（Fordism）这一词最早起源于安东尼奥·葛兰西，他使用"福特主义"来描述一种基于美国方式的新的工业生活模式。它是指以市场为导向，以分工和专业化为基础，以较低产品价格作为竞争手段的刚性生产模式。

资本必然会走向不断积累直至过度积累，而过度积累最终会导致利润率下降。资本积累有两个层次：资本的积累和资本的分配，而资本合理分配的最终目的是为了更好的积累。"一方面，它在于过去劳动的增长的量或劳动条件的现有量；在于新生产或再生产借以进行的物质前提，即现有的产品量和一定的工人人数。第二，它在于积聚，资本的数目减少，各个资本家手中的资本增多，简言之，在于资本、社会资本的某种新分配。"[1] 因而，资本积聚、资本积累和资本集中是密切相关的，竞争与信用在其中发挥了重要的作用。此时由于竞争作用，小资本不仅可以通过许多单个小资本的积聚成为少数大资本（被大资本吞并或消灭），也可以通过信用手段相互联合参与竞争。

福特主义发展到后期，可以与凯恩斯主义相互联合，对过度积累具有吸收作用。换言之，国家干预和劳动控制是调节福特主义的两大推手。说到底，亚当·斯密的"看不见的手"无法确保资本主义的稳定增长，因为资本主义经济制度的维持存在两个困难领域："第一个领域是由固定价格市场的无政府主义特质产生的，第二个领域则源于需要对运用劳动力来保证生产价值的增加、因而保证尽可能多的资本家有绝对利润的方式实施充分的控制。"[2] 国家干预和福利主义实质上是一种社会财富重新分配的模式，关键字是"稳"。为了确保经济增长的同时，社会还能稳定发展。在国家引导下，社会经济主体与国内掌握大部分财富与

1　《马克思恩格斯全集》第三十二卷，北京：人民出版社，1998 年，第 501 页。
2　[美] 大卫·哈维：《后现代的状况：对文化变迁之缘起的探究》，阎嘉译，北京：商务印书馆，2003 年，第 164 页。

权力的阶层达成某种妥协，以保障资本积累稳定进行的大环境。这种积累体制通过国家干预和各种时空策略在几十年内抑制了资本过度积累问题，避免了大的资本主义危机。资本的这种积累模式在空间中表现为大型工厂对小型作坊及制造业的不断吞并及其空间性扩张。在空间领域，小资本的消灭与合并以及大资本的不断扩张最终会形成"核心—边缘"的不平衡经济区域模式。

"核心—边缘"模型在一般区位条件下总是会保持动态平衡并逐渐对外扩张。"核心—边缘"（或者"中心—外围"）的建模基础是二元对立经济体的一种简单特例。"该特例是一个仅有两个地区的经济体，农业在两地区之间平均分布。……该经济体是否会分化为制造业'中心'和农业'外围'。这个特例因此被称为中心—外围模型（core-periphery model）。"[1] 一方面，"核心—边缘"模式具有相对稳定性。制造业所占份额越大，该地区就越有吸引力；在其他条件相同的情况下，如果一个地区的制造业劳动力较多，当地市场会使名义工资[2]较高同时降低当地产品的价格指数，从而增强该地区生产力——该地区制造业会不断扩大，其中心辐射力不断增强，从而不断向外扩张。即便另一个地区也存在制造业，只要该制造业比对方稍大一些，也能因其竞争力的优势不断扩大生产，使得对方区域制造业不断萎缩，从而最终再次形成一元中心的"核心—边缘"模式。另一方面，"核心—边缘"模式的稳定性也存在被瓦解的可能。运输成本也是值得考虑的关键因素，只有当运输成本维持在中等水平，该模式的平衡才不会被打破，若运输成本过高或过低，此平衡均无法维持。因此，在制造业或农业均处在地理条件相对稳定、运输成本保持中等的一般环境中，制造业对农业或者城市对乡村的这种"核心—边缘"模式都会保持其相对稳定的模式，并且会不断吞并

1　[日]藤田昌久，[美]保罗·R. 克鲁格曼，[英]安东尼·J. 维纳布尔斯：《空间经济学——城市、区域与国际贸易》，北京：中国人民大学出版社，2013年，第58页。

2　名义工资指工人付出劳动力时所得到的以货币表现出来的工资。也就是未经过价格修正的货币工资。名义工资不能确切地反映出工资的实际水平，因为名义工资不变，实际工资可以因为物价的涨跌而降低或上升。

周围的边缘区域，以达到增殖的目的。

"核心—边缘"模式可以推广到多个地区与连续空间。"在一定条件下，一个地区形成的产业集聚可以自我维持，但在同等条件下，产业在两个地区分布也是稳定的。"[1] 因为集聚的向心力会使得多个地区连续空间中的制造业或工业城市产生数量更少、规模更大的集中。即便此时，由于农业运输成本不为零，因而也无法改变该模式的稳定性。尤其在科技发达交通便捷的今天，距离长短并不一定与运输成本成正比，可见运输成本已经越来越成为一般生产要素。"核心—外围"模式的稳固性已很难打破。然而，该模式毕竟只是一种理论层面的探讨，实际的地理空间结构可能会更为复杂。多核心或单核心的稳定都会存在，在一定程度上，该现象可能与核心存在的特殊地理区位及其特定的地方历史文化相关。

很显然，这种"核心—边缘"的模式不仅表明了资本空间积累的作用，其内在蕴含着不平等社会地位的内涵，这种不平等源于核心对边缘的支配权力——核心对边缘的空间资源的支配和剥夺的权力。核心区位作为经济要素交汇的节点，其中汇聚着自然资源与社会资源。为了提升核心区位的资本增殖效率，同时协调好核心区位与边缘区位之间的秩序就显得极其重要。由于"时空压缩"，非地方越来越包含在地方之中，核心的"地方管制"必然包含边缘的"非地方管制"，从而使核心区位获得了支配边缘区域的社会权力。

（二）灵活积累与"核心—边缘"的劳动力资本模式

福特主义生产模式在一定程度上可以保证资本积累的稳定性，但发展到一定阶段会破坏资本的积累。福特主义"刻板"的积累模式往往意味着越来越大的规模、资本、劳动力的集聚，即资本有机构成的不断增

1　Matsushima, N. "Cournot competition and spatial agglomeration revisited", *Economics Letters*, 2001, 38 (10), 175–177.

加，而这种有机构成的增加对资本的积累是有害的。一方面，有机构成的增加使得可变资本相对于不变资本的比率不断下降，以至于造成利润率的下降。如同马克思所言，"资本主义生产，随着可变资本同不变资本相比的日益相对减少，使总资本的有机构成不断提高，由此产生的直接结果是：在劳动剥削程度不变甚至提高的情况下，剩余价值率会表现为一个不断下降的一般利润率。"[1] 另一方面，有机构成意味着狭隘的既得利益的障碍，从而促使了企业管理成本的提升。"所有这些特定的刻板的背后，存在着一种相当难以控制的、表面上的政治权力和相互关系的固定结构，那些关系把大劳动力、大资本和大政府限制在日益显得是那么狭隘地界定的既得利益的机能失调的包围之中，以至于破坏了而不是确保了资本积累。"[2] 与"刻板"的福特主义积累模式相对抗，大卫·哈维称之为"灵活积累"。

前文述及，灵活积累模式，其"灵活性"指向的是劳动过程、劳动力市场、产品和消费模式有关的灵活性，而这里着重探讨劳动力市场的灵活重构和弹性就业。灵活积累的特征是"新"的经济模式：全新的生产部门、提供金融服务的各种新方式、新的市场以及商业、技术和组织的创新等。这种"新"很大程度上源自于"外包"后协调工作的相关岗位或组织。首先，企业生产方式从直接生产转变为借由命令、控制和商品供应链中的契约供应关系协调生产。其次，企业根据需求明确投入要素并将投入要素的供给外包给市场上的厂商。最后，个别作业日趋简单，协调工作日趋复杂，使得生产风险与日俱增的同时，协调工作的相关衍生岗位也应运而生了。比如，物流、法律、金融、广告、商业服务、安全问题、风险管控等等。灵活积累的生产模式在地理空间中大幅扩张，其新颖工种及组织机构也对福特主义的传统刻板生产方式造成了冲击，破坏了传统劳动力的结构性和组织性，将劳动力市场进行了一次彻底的

1 《马克思恩格斯文集》第七卷，北京：人民出版社，2009 年，第 237 页。
2 [美] 大卫·哈维：《后现代的状况：对文化变迁之缘起的探究》，阎嘉译，北京：商务印书馆，2003 年，第 189 页。

重构。此时，劳动力市场结构呈现出"核心—边缘"的结构特征[1]。

　　"核心—边缘"的劳动力结构：越接近"核心"，工作稳定性越高，用工成本越高，工作保障越好；越靠近"边缘"，工作灵活性越高，用工成本越低，工作保障越差。"核心"群体指由具有全日工作时间、永久身份的雇员。这类群体享有更大的工作福利与保障，拥有良好的晋升与技能提升前景，还有相对丰厚的养老金、保险以及其他的附加权益保障。但对个人能力要求较高，需要个人适应性强且有灵活性，在有需要时可在地理上流动。"外围"群体包括两个"全然不同的亚群体"[2]。一个边缘群体是具有技艺的全日工作的雇员群体，他们容易在劳动力市场上找到工作，如秘书、办事员、日常和次要的熟练手工工作。此群体以极高劳动力周转为特征，从而使得通过自然流失而缩减劳动力变得相对容易。另一个边缘群体是指提供了更大的灵活性，包括全日的、不定期的、固定条件的合同工作人员，或者临时的、转包合同的和公共津贴资助的受训人员，它比第一个边缘群体的工作保障更少。从上述群体的人数变化趋势来看，"核心"群体正在稳定收缩，后两类"边缘"群体人数则在不断增长，简言之，"灵活的工人"增加了。

　　灵活积累的冲击虽然重构了劳动力市场，但劳动力市场的两极分化并未减弱，对于底层工人的剥削反而加强了，拥有高技术知识人才的地位被过度抬高了，以至于形成"专家统治"。第一，保险总额、养老金福利、工资水平和工资保障来看，作为整体的劳动人口获益减少了。小企业转包的目的在于保护大公司不受市场起伏的成本影响。因此，"当前的劳动力市场要削减'核心'工人的数量，日益依赖能够很快在交易中得到、在时代变糟时同样可以很快和不花成本地解雇的劳动力。"[3] 第

1　具体图式来源：《弹性工作模式》，C. 柯森编，人员管理学院，参见［美］大卫·哈维：《后现代的状况：对文化变迁之缘起的探究》，阎嘉译，北京：商务印书馆，2003 年版，第 195 页。

2　详见［美］大卫·哈维：《后现代的状况：对文化变迁之缘起的探究》，阎嘉译，北京：商务印书馆，2003 年，第 196 页。

3　［美］大卫·哈维：《后现代的状况：对文化变迁之缘起的探究》，阎嘉译，北京：商务印书馆，2003 年，第 196 页。

二，对于新型边缘劳动族群，由于缺乏制度保障，用工成本与工作环境与以往比反而会下降。譬如，有些企业为了减少用工成本会招收女性群体或大学生甚至退休人员作为临时工。这导致了用人单位可以更容易用更低的工资剥削劳动力，也更容易解雇他们。第三，分工极度细化反向增强了协调工作的地位，使得劳动与权力分工方式联系更为紧密，造就了分工方式的层级结构。协调重要性的质的转变使得国家监控和官僚职权大增，使得权力分工与劳动结合得更加紧密，最终造就了米歇尔（Timothy Mitchell）所说的"专家统治"。"近数十年来，专家的作用可说是经历惊人的成长，这对我们所处世界的透明度和可辨识度构成严重的问题。我们全都仰赖专家修理我们的电脑、诊断我们的疾病、设计我们的交通系统和保障我们的安全。"[1]

因此，灵活积累作为建立在资本基础上的积累方式，只是更换了资本主义形态，加强了资本对人们更大范围更深层次的剥削程度，通过空间延展与劳动力组织的弹性转变，延缓了资本危机的发生。灵活积累最终会与国际分工结合，从全球维度对自然资源和社会自由进行再整合。但此时的操纵者已然不是市场的"看不见的手"，地缘政治在其中起到了很大作用。

二、 层级体系演化的城市空间： 空间层级与社会阶层的分异及空间再生产

城市作为资本空间运转的重要引擎，其运作范围涵盖了从地理区位到城市规划以及城市建筑，如同各个机器部件相互联合共同促进了城市经济发展。城市的产生与资本及其空间的集聚相关，从工业资本空间的层级化的展开到人们日常生活空间的居住空间和消费空间的分层，资本

---

1   David Harvey, *Seventeen Contradictions and The End of Capitalism*, London: Profile Books Ltd, 2015, p. 122.

空间与权力合谋通过城市空间影响着人的身体和精神，达到资本增殖目的的同时，也造就了社会分异的再生产。

（一）工业空间的层级化及其权力关系

一方面，城市对外扩张呈现出层级化的地理模式。城市发展模型[1]呈现了一般城市扩张地理层级化发展的过程。以冯·杜能（von Thünen）的"孤立国"为起点，定义城市为制造业的集聚地，四周被农业腹地包围。随着经济人口的增加，农业腹地的边缘与中心的距离逐渐增加，当达到一定程度之时，某些制造业就会向城市外迁移，从而导致新城市的形成。人口的增长与外来务工人员的迁入使得城市进一步对外扩张，而一旦城市增长到一定数量或一定规模，在城市集聚向心力和离心力的相对强度下会在某一个固定水平上稳定下来。再加上不同规模大小运输成本各异的制造业，最终将形成层级化的地理经济结构。

另一方面，由于区位在经济发展中起到了重要的催化作用，城市间或城市内部的功能性空间分化会形成权力关系的层级。区位（经济区位）是指地理范畴上的经济增长带或经济增长点及其辐射范围。区位是资本、技术和其他经济要素高度积聚的地区，也是经济快速发展的地区。譬如，美国的硅谷高新技术产业区等就是经济区位的例子。经济区位兴起与发展将极大地带动其周边地区的经济增长。但良好的经济区位无法起决定性的作用，还需市场潜力的结合。"经济演化的过程可以看作是市场潜力与经济区位共同作用的结果，市场潜力决定了经济活动的区位，而区位的变化进而重新描绘了市场潜力。"[2] 此外，城市空间的功能性分化是与劳动的空间分工相互融合的，由于有些区位空间的功能在本质上就比其他功能更具有影响力，会影响到其他大多数功能，

1　参见 Masahisa Fujits, Paul Krugman, Anthony J. Venables, *The Spatial Economy*: *Cities*, *Regions and International Trade*, Cambridge: The MIT Press, 1999, Ⅲ "The Urban System"。

2　［日］藤田昌久，［美］保罗·R. 克鲁格曼，［英］安东尼·J. 维纳布尔斯：《空间经济学——城市、区域与国际贸易》，北京：中国人民大学出版社，2013年，第9页。

从而导致空间的集中控制。而空间的集中控制会影响整个空间系统的运转效率，因此，需要按一定层级秩序处理好空间与空间内部的支配关系。

（二）居住空间的差异与社会结构分化

针对居住差异与社会的结构分层之间的关系，哈维在《资本主义社会的阶级结构和居住差异理论》一文中，认为是"阶级结构的次级力量"加大了个人与群众之间的差别，他将其分成两部分。第一部分为"残余的力量"，即产生于以前历史阶段某些生产方式的力量，譬如资本主义早期的封建残余等。第二部分为"派生力量"，即产生与资本主义积累自身过程中影响资本主义社会阶级结构的其他力量。具体说来，"派生力量"分为五种：（1）劳动分工和岗位专业化；（2）消费模式和生活方式；（3）权威关系；（4）意识形态和政治意识的操纵；（5）流动机会的障碍。因此，居住差异作为重要的"次级力量"影响着社会分层，居住区提供了个人生活的共同背景，提供了产生和保持生活方式，以及工作和教育态度的场所，使得价值观念和社会不平等在城区中得以生产和再生产。

接着，哈维提出了四种假设："（1）居住差异必须根据资本主义社会中社会关系的再生产来加以解释；（2）居住区域（邻里、社区）提供了社会互动的不同背景，使人们在很大程度上形成自己的价值观、预期、消费习惯、竞争能力和意识水平；（3）城市人口分化为相互不同的社区，造成了马克思所讲到的阶级意识的分化，因而破坏了通过阶级斗争由资本主义向社会主义的过渡；（4）居住差异模式反映和包含了资本主义社会的诸多矛盾，造成和维持这些居住差异模式的因素也导致了不稳定和矛盾的出现。"[1] 从这些假设中可以得出以下两个结论：

第一，居住空间分层会导致教育分层。资本主义郊区化的意识形态

1　David Harvey, *the Urbanization of Capital*, Oxford UK: Basil Blackwell Ltd, 1985, p. 118.

有利于"复制出"特定的阶层，以维护资本主义劳动的空间分工现状，空间分隔的邻里、社区成为了"复制出"特定阶层的教育基地。换言之，个人的生活区间决定人生视野：由于个人社会化经历主要源自于自小生长的邻里、社区，而不同社区的教育资源的质量配置不同，对待教育的态度和价值非常不同，从而对教育的消费方式与程度也相互影响，因而具有再生产出同一阶层的可能。因此，当这种特定社区的价值观历史地固化为某种意识形态。那么，相对固定的居住差异结构中出现相对固定的社会群体的趋势就会被不断强化。譬如，美国城市就有"富人区"与"穷人区"的分隔，穷人在资源贫乏环境中只能形成有限的认知，有时不是他人，而是穷人自己被自身贫乏的认知能力牢牢限制在那个阶层，无法脱离。

第二，居住空间固化会导致相应阶层固化。一方面，自有住房率上升导致了居民更易被资本家管控。阶层地理空间的固化造成了阶层人员的流动障碍，不仅是地理上的，更是意识形态上的。如今越来越多的技术工人、管理人员等中产阶层拥有了房产，不管是拥有整个住房、贷款抑或是租用的，均会受到金融资本及当地政府的管制。此时，工人阶层革命性衰退，传统的无产阶级已不存在，中产阶层重新成为资本主要的盘剥对象。另一方面，房价差异限制了阶层流动。住房区位的层级往往会决定长时间住民的社会层级，空间分层不仅表现在空间资源分配的层级化，还表现为房价的层级化。外来务工人员若没有住房，在一线城市的生活成本非常高（大多花销在房屋租赁或者房贷），如果没有足够多的薪酬想在一线城市买房落户基本是不可能的。

第三，权力利用居住空间差异进行空间再生产从而巩固阶层差异。金融资本和政府机构可以通过控制居住差异，来巩固和再生产资本主义社会关系。除了个人以及特定社会群体的集体意识，还存在一种不以个人或小团体意志为转移的外在力量。譬如，具有共同利益联系的投机者、开发商、金融机构、政府部门、广告商等，他们在城市社会建筑的规划、企业生产、商品消费等方面起到了重要的作用。此时，个人在资本主义生产过程中，独立意志已不起作用，除了遵从，获得有限的自由，没有其他选择。因为在这个社会，人与人的社会关系已然被物与物的市场关系所取代。

（三） 消费空间的分层与社会身份的分化表征

资本的空间积累发展到一定阶段，必然会走向消费空间，对差异性的普遍压抑正是消费空间的日常。在生产为主的社会结构中，崇尚勤俭节约，消费不被提倡。当消费社会到来，闲暇时间的增加和物质消费品的不断丰富使得大众消费成为主要的消费形式。大众文化通过统一的符号编码同质化了一切劳动产品，将所有产品的地方性、空间特性全部抹除，只剩下价格表征。同时大众文化还将日常生活审美化，将现实的一切与享乐挂钩，以问题提出一瞬间的快感为最终目标，忽略了问题的解决。因此，大众文化对现实问题的常规解决途径就是"呈现"、"搁置"，表达方式的特点是"共同化"——共同的经验、共同的趣味、共同的感受、共同的情绪。这些"共同化"关键在于"同化"，而非"融和"。这种"同化"指向一般化、非个性化，抹去差别，将自我与环境的断裂同质化。这种"同化"并未如预期一般带来空间平等，反而加大了自我与环境、自我与他人、阶层与阶层之间的断裂，其根本原因在于大众文化表面的同质性对差异性的同化只是一种自欺欺人的遮蔽，社会差异的根源还未真正解决。

首先，消费空间中的阶层对立表现在，资产阶级与工人在城市中的空间角色不同。对于资产阶级来说，城市空间既是消费品，更是可以用来空间再生产的资本；对于广大工薪阶层来说，城市空间只是消费品，而自己的身份只是消费者。在资产阶级看来，城市空间利用意味着股息、租金、利息和各种自然资源和社会资源的利润收益；而对于工人，城市空间只是居住、生活、休闲等生存之地。换言之，资产阶级更多的看到了城市空间的交换价值，而工人阶级仅看重城市空间的使用价值。因而，"有产者作为一个阶级必须控制社会特别是城市空间的秩序，以最大限度地获得利润。然而，工人的利益在于使社会和城市空间为他们的生活消费提供人道的和合理的条件。"[1] 空间角色的差异致使工人只能成为被盘剥、被掠夺的对象，即便如今生活水平提高了，这样的提高也只是资本空间积累带来的附加效应。

其次，消费空间的阶层的分异还体现为不同阶层的消费文化差异。消费文化的差异本应成为消费者的个性表达，如今却成为了消费者及其阶层的社会地位表征。其根本原因在于消费空间通过新型符号编码，以文化消费能力作为决定新型公民身份的标准，完成对新的社会结构的重塑。大众文化通过各种途径（广告、媒体、明星、各种文化产品）来提升阶层化的角色认同、塑造新的文化认同、建立新的文化身份，包括个性人格、社会声望等新的评价标准及分层标志。"不同消费阶级的出现是资本主义社会机制的固有体现。社会差别因此能够根据分配和消费标准而建立。"[2] 因此，中产阶层文化产生，区隔于其他阶层文化趣味。

最后，消费空间的私人化转向。真正的消费自由是大多数消费者所没有的自由，即消费空间的阶层流动还受到阶层自身消费能力的限定。随着资本主义社会发展越加成熟，消费文化经历了从个体化转向大众化再转向私人化的过程。原初的消费个体化表现为单对单或多对多慢节奏的产品交换。而大众消费文化则追求享乐主义：肤浅和庸俗，哗众取宠但毫无深度；审美距离与心理距离被销蚀，艺术品变得越加粗糙，媚俗化；追求时尚、奢侈、浪费成为了社会地位的象征。私人化的消费指满足并能充分地引导消费者人生旨趣的个性化消费，与大众消费相反，"差异化"是它的最重要特点。差异化体现为地方性、个性、历史性、特定生产者等，这种个性化的私人订制崇尚"精致化"消费，具有一定的高社会地位表征。私人化的消费形式本应成为消费空间发展的最终阶段，然而，却成为了消费者社会地位的体现方式，而衡量消费水平的最

1　William. G. Flanagan, *Contemporary Urban Sociology*, Oxford: Cambridge University Press, 1993, p. 91.

2　David Harvey, *the Urbanization of Capital*, Oxford UK: Basil Blackwell Ltd, 1985, p. 114.

重要标准，是消费金钱的多寡，这注定了如今的私人消费仍旧只能成为炫富的手段。这就是说，消费选择的自由是一个文化资本问题，自由及其实现的最大化需要经济财富的支持。

综上，消费主义的发生与生存需求的满足没有直接关联，它展示为享乐型的生活方式。社会责任感、道德感、人的情感等等都被瓦解了，只有欲望是真实的。如同克里斯托弗·拉什（Christopher Lash）所言，"被解除了社会责任羁绊的人们在追求享乐的自我陶醉的骚动中已经丧失了自我。已经受到削弱的与其说是社会责任和社会戒律的结构，不如说是求活于世的信念。"[1]

（四）空间积累与阶层结构斗争的矛盾运动——不平等的再生产

从上述分析中可以看出，城市空间与社会空间均存在层级结构，二者虽不存在绝对的相互决定关系，但却存在着很强的关联。空间作为实践的产物其真实性必然需要通过政治行动才能实现。"政治"行动既包含着个人、集体、组织、团体，也包含着政府机构和经济机构。而个人及群体由于劳动分工不同或者所处的地理空间层级不同，生存于其中的个人及群体的社会地位也会随之不同。根据戴维斯—摩尔理论（The Davis-Moore theory），"不平等的职业回报激发了那些最有才华的人做最困难（也是最高报酬）的工作，结果使得整个体系更加富有成效。"[2] 那么，结合上文述及的"核心—边缘"的人力资本模式以及"核心—边缘"的经济资本区域模式，反观工业空间、居住空间和消费空间层级分化和权力牵制的一系列现象，可以得出以下推论，对高级别空间拥有支配权的阶层可以利用空间地位来赚取空间收益，社会阶层中地位较高者也可利用社会权力来维护并赋予空间特权。"两个层级体系是通过个体

1　转引自［英］斯蒂芬·迈尔斯：《消费空间》，孙民乐译，南京：江苏教育出版社，2013 年，第 21 页。

2　［美］约翰·R. 洛根，［美］哈维·L. 莫洛奇：《都市财富——空间的政治经济学》，陈那波等译，上海：格致出版社、上海人民出版社，2016 年，第 45 页。

和空间地位相互强化的趋势而发生联系的，一方面的优势可以为另一方面的发展带来优势。"[1] 换言之，当所有权力均隶属于资本时，特权阶层可生产特权空间，特权空间也可生产特权阶层。此时，权力、资本与空间，三者相互融合，利用空间中的层级差，引导空间资本流动，赚取利润。但这种推论需建立在政府权力隶属于资本时才能实现。具体说来，当所有权力隶属于"资本"之内，权力、资本、空间可以简化为资本与空间的关系，此时，社会特权阶层不仅可以利用雇佣劳动生产特权空间，也可利用政府资源操纵空间，从两方面着手赚取空间收益。

政府本应在空间的社会分层中发挥作用，以确保更加平等的层级分化结果。但实际上，资本主义条件下的政府总是有意无意地被特权阶层的操控者所利用。特权源于分化，个体分化与空间分化。个体间的不平等不仅源于人与人之间的分化，同时因此也造成了这种分化。劳动分工细化导致了"专业分工"和"权威关系"的出现，即"专家统治"和"家族制"关系的出现。这类权威关系会成为资本主义社会阶层之间相互流动的限制和障碍，因此即便不同领域之间的特权可以相互联合、相互影响，特权以下的权力直至底层阶层的权利的实现就会受到阻碍和影响。相似地，空间的不平等也是空间之间差异的来源和结果。那些控制着最好的空间的阶层可以用空间地位去维持他们居住地的特权，而且以较少的场所为代价，即通过控制空间节点来推动空间资源的整合。在以空间为中心的组织的帮助下，他们操控城市交通规划线路、住宅规划、商场建造、城市基础设施改造等，以保证其想要的分区以及将他们不喜欢的社会群体排斥在外。

可见，资本空间与权力的相互作用可以再生产出空间不平等和社会不平等，且这种不平等的生产过程及其场所也越来越成为日常生活的一部分，这意味着，人在资本空间中的行为的公共性已得到了前所未有的

1　[美] 约翰・R. 洛根，[美] 哈维・L. 莫洛奇：《都市财富——空间的政治经济学》，陈那波等译，上海：格致出版社、上海人民出版社，2016 年，第 46 页。

提高，但在这种特权统治的公共领域中，人的权利却可能比私人领域更低。换言之，公共领域的权力被限定了，人们在限定的范围内享有绝对的自由，而人们已然将这种限定视为日常，再加上消费空间消解了人们的内在批判精神，这样的限定就可能从日常转为"永恒"。正如列斐伏尔所言："如果空间作为一个整体已经成为生产关系再生产的所在地，那么它也已经成为了巨大对抗的场所。"[1] 于是，对于差异性的普遍性压抑转化成了日常生活的社会基础。而对这种压抑的合理方式的解放就成了人们对空间政治经济的抗争路径。

三、 产业集聚与国际贸易的国际空间： 地方空间到全球流动空间

空间是社会的表达，而社会层级化也通过空间分异表现出来。资本空间具有流动性，而这种流动性是因人而异的：空间的流动性越快，则说明资本越集中，空间革新频率越快，经济生产力增长越快；空间流动性越慢，则说明资本越分散，空间更替频率越慢，经济生产力增长放缓。由于高阶层可支配的资本和空间资源更多，再加上权威关系越来越成为资本在阶层间流动的阻碍，而这种阻碍对于特权阶层和精英阶层来说是很小甚至不存在的。因而，空间流速是随着社会阶层由高到低不断放缓的。在经济全球化和信息网络时代，这种现象尤其明显，就某一特定空间而言，对于特权阶层、精英阶层来说是流动空间，对于普通阶层或者底层阶层来说便是地方空间。现实生活中，资本进入地方空间会体现为地方的产业集聚，当资本积累到一定规模，地方产业集聚区域就会成为国际的空间分工的一部分，这种地方空间的国际资本化会带来一系列变革。

（一） 地方产业集聚与国际的资本流动空间

产业集聚过程中，生产要素的流动起着极其关键的作用。在现实生

1　Henri Lefebvre, *The Survival of Capitalism*, London: Allison & Busby, 1976, p. 85.

活中，生产要素的流动往往会受到各种限制，尤其是地方空间中，特殊地理环境、特定社会制度、地方道德规范等均会构成对资本流通的障碍。在全球贸易中，国界的地方性壁垒因素和流动障碍特征尤其明显。产业集聚的向心力会形成"核心—边缘"模式，但国界的存在致使世界人口无法向若干个国家聚集，却能够产生一种专业化的过程，使得特定的产业向若干个国家聚集，最后形成了国际的空间分工。

　　国际的空间分工，不仅使资本生产的地域大幅扩大，也使得国与国之间的依赖性大幅增加。国际分工不仅受自然因素（中东产石油）还受社会特征（中国为制造大国、菲律宾特色是菲佣）影响。其中社会特征又包括劳工技能、制度安排、政治体制和阶级形态，以及殖民和新殖民掠夺、地缘政治和军事力量等事实。但这种国际的空间分工是流动的。从 1970 年开始，西方国家开始去工业化，东方国家和南半球则成为工业价值生产中心，维持初级产品生产以及为工业世界供应资源的传统角色。然而，空间流动亦是意味着财富的流动。"财富从东方流向西方的趋势持续约两个世纪之后，情况逆转了，而随着西方在 2008 年金融体系崩溃之后失去大部分动能，中国日益成为全球资本体制富有活力的中心。"[1] 如今，地方空间的国际资本化已越来越成为一种日常。

　　地方空间的国际资本化，　方面，不仅能提升地方的空间收益，还能使空间生产结构得到恰当的重组，新的产业集聚会带来一系列经济福利。贸易自由化会使得国家工业在空间上显得分散，但对另一些工业而言，却会带来空间集聚。造成后者的原因往往在于这些工业具有较强的吸引力，可以对周边相关行业带来辐射效应，使得周边行业共同繁荣的同时增进区域民众福利，并且增进的福利是比一般的贸易所得要多得多。此外，"贸易可以导致内部经济地理的重新组织，它既在总体上促使制造业活动变得更加分散，同时又促使某些产业发生集聚。当一个产

1　David Harvey, *Seventeen Contradictions and The End of Capitalism*, London: Profile Books Ltd (UK), 2015, pp. 123 – 124.

业为了适应贸易方式的变化而重新组织生产时，意味着贸易也许会通过更深一层的作用机制来改变一国经济的福利水平。"[1] 另一方面，地方空间的国际资本化会使得国际和本土两个层面进一步形成新的分化。不同国家的不同城市在空间上的分层体系将越来越国际化。大体上，城市按其功能性不同可以分为以下几种：总部城市、创新中心、模块生产和加工中心、第三世界转口港、甚至退休场所，每一种城市在国际财富增长机制中处于不同地位，并且为生活在其中的人带来了不同的物质支持和社会关系资源。

然而，地方空间的国际资本化并不能使所有人受益。第一，企业空间生产的"去地方化"使得企业与本土的联系越来越不紧密，给企业的后续监管带来了一系列负面后果。譬如，企业建造了一系列基础设施，但基础设施带来的利益也是"去地方化"的，当地群众非但无法获得基础设施的益处，还要承担该设施造成的负面影响（譬如化工厂等造成的环境污染）。第二，政府对跨国公司的资本流动的监管和征税变得更加困难。因为通过跨国合作，"资本就变得很难限制，因为它会分解、移动和重新定义它的内在关系，把自身变成其他东西。"[2] 第三，地方空间资本的进入，受益的始终是高地位的资本的操纵者，受损的始终是底层参与劳作的群众，甚至未参与劳动的地方周边普通群众也是间接受损者。因为，资本意味着对无酬劳动的剥夺，交换价值的实现并不意味着让所有人获益，对普通群众来说反而意味着生活成本的提高、房价和租金的上涨，即便对于中产阶级的技术人员和管理人员也是如此。换言之，高增长对提高低收入人群的工资并未起到实质性的作用，工人所得与其付出相比只是杯水车薪。人们只会感觉工作更忙了，自己更累了，尽管工资上涨了，但物价也上涨了，能够买到的东西越来越少了。

1　［日］藤田昌久，［美］保罗·R. 克鲁格曼，［英］安东尼·J. 维纳布尔斯：《空间经济学——城市、区域与国际贸易》，北京：中国人民大学出版社，2013年，第9页。
2　［美］约翰·R. 洛根，［美］哈维·L. 莫洛奇：《都市财富——空间的政治经济学》，陈那波等译，上海：格致出版社、上海人民出版社，2016年，第242页。

（二）从地方性剥夺到全球格局的剥夺：地方空间与流动空间

信息时代，人与人的跨地域经济交往越来越频繁，资本空间全球化带来了资本的跨地方、跨区域流动。为了解释这种时空转变带来的人的观念的变更，曼纽尔·卡斯特（Manuel Castells）基于空间与时间的社会意义提出了地方空间（space of places）和流动空间（space of flows）。地方空间指秉承了人文地理学传统的特殊地方性的空间，蕴含着传统地理空间与文化、历史、道德观念等地方性意义。因此，地方空间的特点是封闭的、有界限的、实体的地域。流动空间指经济全球化和信息网络的条件下，资本跨国流动，导致地方空间碎片化，通过易于传播和大众理解的方式重新进行编码重组而成的非历史的且不断流变的空间。在卡斯特看来，当代社会是信息社会和网络社会，当前的社会实践主导因素是流动：资本流动、信息流动、组织流动、技术流动以及声音、符号和形象的流动。因此，卡斯特强调，在网络社会中，是空间组织了时间，而流动空间就是通过流动而运作的共享时间之社会实践的物质。

流动空间是卡斯特的论述重点。一方面，精英是世界性的，而人民是地方性的；空间的一般呈现，均是精英的利益。卡斯特认为，"精英是寰宇主义的（cosmopolitan），而人民是地域性的（local）。权力与财富的空间投射到全世界，民众的生活和经验则根植于地方，根植于他们的文化和历史之中。因此，社会组织越是奠基于非历史性的流动而超越任何特定地方的逻辑，那么全球权力的逻辑就越能够脱离具有历史特殊性的地域—国家社会的社会—政治控制。"[1] 占统治地位的社会支配形式都是精英的组织能力实现的，换言之，精英获得了最大的权力，民众的权力被解体了。因而，精英阶层以下的普通民众或底层民众虽然占据了数量的大多数，但空间呈现的却只是处于支配地位的精英利益，底层民

---

[1] ［美］曼纽尔·卡斯特：《网络社会的崛起》，夏铸九等译，北京：社会科学文献出版社，2001年，第509—510页。

众的地方性利益或权利被有意无意地忽略了或者压根就不存在。如同卡斯特所言，"精英之间的接合与大众之间的区隔化和解体，似乎是我们社会中社会支配的孪生机制。"[1] 另一方面，精英建立了属于自己的文化符码以建立"内"、"外"边界与大众区分，从而在保持自身凝聚力的同时，完成对其他群体的社会支配。"文化符码已嵌入社会结构里的方式，使得持有这些符码便形同开启了通往权力结构的道路，而无需精英共谋阻拦通往其网络大道。"[2] 精英的支配逻辑大致分为以下两种：其一，精英以高地产价格在其和大众间树立了一道屏障，形成了他们自己的社区和社会，躲藏在地产价格的物质障碍之后。其二，精英企图营造有利于统和全世界精英的生活方式与空间形式，超越每个地域的历史特殊性。因此，流动空间的建筑建造需要避开每个地方空间的特定历史和文化，以便与世界每个网络节点接轨，城市空间全球化的同质性便来源于此。

可见，城市空间作为资本空间的具象化形式之一，成为了精英阶层剥夺大众利益的财富机器，在全球范围内对大众财富进行收割。人们在拥有真实虚拟文化的网络社会中，失去了理性批判精神，思维被奇幻的媒体景观所捕获，只能跟随权力逻辑随波逐流。然而，实际上人民确实依然生活在地方里。但是，由于大众的社会功能与权力说到底是隶属于"流动空间"的（或精英阶层的），在"地方"与"流动"的拉扯下，大众认知的地方功能与意义已然被精英逻辑所影响。但大众经验与认知说到底是源自于地方的，使得大众对地方性意义的认知逐渐与所学世界性的知识分离，结果造成了两种空间逻辑之间的结构性分离，从而割裂了实际社会民众之间的真实沟通，最终使民众陷入了超时空的向度中。

1　[美] 曼纽尔·卡斯特：《网络社会的崛起》，夏铸九等译，北京：社会科学文献出版社，2001 年，第 510 页。
2　[美] 曼纽尔·卡斯特：《网络社会的崛起》，夏铸九等译，北京：社会科学文献出版社，2001 年，第 511 页。

第二节　资本对城市空间的规划及其伦理缺失

资本对城市空间的规划就是将资本化的空间作为生产要素进行规制，根据其区位特点及资本规律，刺激空间经济增长的同时，以空间"围栏"规训居民，从而达到维护城市秩序及城市再生产的目的。然而，这种硬质的冰冷规划消弭了城市空间的传统文化品质，使城市中的诸多建筑成为空置的存在。在日常生活中，资本空间的伦理缺失尤其体现在城市空间的规划中，城市空间的投资、规划、使用更多的是为了资本，而不是人民。

一、 使用价值与交换价值： 城市的空间规划与企业城市的建构

人本意义上的城市空间本应是交换价值与使用价值的统一。然而，基于交换价值建立的城市空间使得传统德性、文化感逐渐消失。其原因在于城市建筑物的功能性规划，使建筑成为孤立的存在（失去了传统街道和广场那种地方性的连贯结构和文化内涵），这种功能主义的开发导致了社会病、房屋空置率提高以及空间单调性的困扰。

（一） 城市空间的功能性规划

城市规划的本质就是给城市空间进行分区。分区是最常见的规训手段，其本质是用使用价值语言包装来维护交换价值的机制。也就是说，城市看似通过空间隔绝和建构来建造居民的宜居环境，实际上通过空间的分割与联结的方式规制了空间生产要素以及居民的生产和再生产行为，以快捷的达到资本增殖目的。因此，从这个层面上来讲，城市的空间分区是功能性的，可以大致分为两类：城市内部的空间分区和全球城市的空间分区。

　　城市内部的空间分区的功能性标准给区域或者建筑都贴上了功用性的"标签"。例如，工业园区、居民区、商业贸易区；工厂、住宅、学校、商场等等。随着商业化经营模式的盛行，一些公益设施也成为了功能性设施，成为了可供交换价值的尺度衡量的存在。例如，博物馆、公园、名胜古迹、寺庙等等区域。相应的，全球城市的空间分区是与国际分工体系相关的，区域及国家的功能性分工大致可分为以下几个模块：创新中心、制造地区、原材料供应区域、劳动力供应区域、休闲区域等，当然也不排除有综合型都市的出现。具体说来，"创新中心依赖总部城市、大学园区、军事力量而存在；模块生产地区则因承担城市增长机器中的某一模块功能而获得发展机会，这包括了大量发达国家的二三线城市和发展中国家的城市，它们或接近自然资源，或拥有廉价的地产和劳动力，它们之间相互竞争激烈，其中竞争失败的城市将会面临衰退的危机；发达国家的边境大城市则成为第三世界转口港，能提供廉价的劳动力（外来移民），可以实行跨国界的产业合作，成为跨境产业的总部中心；而退休场所则处于边缘化的地位，它们有着良好的环境，但和资本并不结缘，它们中的一部分越来越依赖退休金，而另一部分则努力尝试在一些其他行业上发展。"[1] 可见，城市的空间分区一开始是按照使用价值的功能性进行划分的，其后的衡量标准则基本建立在交换价值的尺度之上。换言之，城市规划标准中，使用价值成为了交换价值的手段。

　　然而，上述城市空间的分区只是城市的"显性"存在，即城市的区域及其建筑的存在以功用性为标准，属于城市空间的主体。而城市的"隐性"存在，则属于城市的边缘空间，往往被人们有意无意地忽略，从而被排出城市中心之外，譬如，城市的垃圾场、下水道、黑色出租屋、城中村、赌场；贫民区、贫穷国家、难民、战乱国家等等。也就是

1　[美] 约翰·R. 洛根，[美] 哈维·L. 莫洛奇：《都市财富——空间的政治经济学》，陈那波等译，上海：格致出版社、上海人民出版社，2016 年，第 8 页。

说，并非城市的边缘空间不存在问题，只是相对于市场带来的一系列环境污染、社会混乱、规范不合理问题，人们更倾向于关注城市空间的经济增长效益问题。换言之，民众对经济增长有一种盲目的崇拜心理，似乎经济增长可以覆盖一切负面后果。

（二）企业城市的建设

资本主义经济的全球重构使得城市，尤其是后工业城市不得不越来越像企业那样思考，创造对于资本积累有利的环境。此时的城市已不再是"物"，而是积极的行动者，像是具备了自我思考的大脑。资本全球化使得城市空间的流动性越来越强，换言之，城市与区域全球性的关联度越来越强，城市与城市之间的依赖性越来越大。因而，传统工业城市的落后工业基础设施，与后工业的远景已然无法匹配，只有与国际接轨的城市才能继续享有竞争力而不断发展。并且，消费空间的高度同质化趋势能够联结一切，它为竞争型城市造就了能让其获得全球化认证的形式——国际"名片"。这种投机性的发展模式固然能够短时间内给经济带来快速增长，却也带来了一系列负面后果。

企业城市建设指的是，企业城市在工业化城市向后工业城市转变的过程中，从被建造的"客体"转化为主动创建自己、推销自己的"主体"。城市化的研究处于社会变革和经济发展的核心，但是实际研究中总被分离开来，因为城市空间在此之前总是作为经济主体的背景置于研究对象之下。然而，城市空间自产生以来，便作为人类社会的表征者、行动者甚至是执行者担负着城市秩序运行的任务。因此，企业城市的出现意味着城市彻底从人类建造的"客体"转变为拥有主体意识的行动"主体"。哈维认为，作为行动主体拥有以下三个主要特点：（1）强调公共—私人伙伴关系，在这种关系框架中，它优先发展吸引外部资金的组织结构，这个组织结构也因此包含了地方鼓吹因素的关键作用。（2）一个从定义上说具有投机性质的企业型城市因此也就受到某种不确定性的制约，这是因为它对先前已被理性规划了的环境并不熟悉。(3) 强调地方建设，而不看重区域建设。也就是说，"投资已超出了在一个特定的区域改善环境的需要，比如说通过住房建设和发展教育等，而到了更广泛地（也更具投机性地）去推介地方形象的地步，并希望这样能给作为整体的城市带来一种'涓滴效应（trickle down economics）'。"[1] 此时，城市作为主体，力图将自己打造成为具有吸引力的国际化都市，努力推销自己，希望通过这种涓滴效应促进资本流动，从而带动周边贫困环境一起发展。然而企业城市的建设也会带来一定的负面效应。

第一，这种增强城市吸引力的特定空间的投资模式极其容易被复制，以至于其竞争优势很容易就消失了。就是说，首先要在城市中创造一种富有吸引力的独特环境，使其成为城市的世界"名片"、"标签"，吸引外部资本流入。增加当地的消费，接着利用当地高消费的人流或资金对周围地区造就辐射效应，提高"辐射点"周边相关企业、居民收入，从而促进城市整体发展。然而，这种对经济增长的强势追求也使得城市的企业化同样不可避免地走向日益增长的财富两极分化。并且，当收入不平等和社会分化达到一种前所未有的水平时，区域规划福利基本上也就消失了。

第二，系统化建造企业城市的模式带来高回报的同时也带来了高风险。企业城市为了将"辐射点"带来的收益放大到极致，其周边基础设施也必须与"辐射点"保持高度一致。这样加大了资本对在地功能性设施投入的同时也进一步增加了资金链的风险。毕竟，企业城市就是为了有利于资本主义发展及其所需的一切而进行的一揽子交易而定的，空间之间相互依赖性越强，一荣俱荣，一损俱损。"城市治理的任务就是将具有高流动性和高弹性的生产流、资金流和消费流吸引到自己的地区。这样渐生的机构模式和结果虽然提高了地理弹性，加大了资本的流动

1　David Harvey, *The Condition of Postmodernity*: *An Enquiry into the Origins of Social Change*, Cambridge, MA: Blackwell, 1989, p. 11.

性，却提升了而不是降低了不确定性，使得城市体系更容易受到瞬息万变的因素的冲击和影响。"[1]

第三，企业城市的投机性发展模式带来了"跳跃式创新"。然而对城市空间整体来说，这种"创新"是一种"割裂式"的创造性的破坏。城市作为国家创造财富的来源，为了在资本加速全球化的世界中保持城市（国家）的竞争力，必须在生活方式、文化形式、产品和服务组合上，甚至是在机构和政治形式上进行"跳跃式创新"[2]，即在城市文化、政治、生产和消费方面进行无视社会整体发展的单向度"创新"。而被"割裂"的是城市传统的地理环境体系、伦理道德体系以及社会文化体系。创造性的破坏指资本以盈利为尺度对传统自然或人文空间进行"跳跃式传承"，而这种传承也是断裂的，空有其形而失去了传统历史的积淀及时适用场景，从而破坏了城市空间体系的本真存在。再加上资本全球化进程中产生周期的加速（"时空压缩"），使得这种断点式的经济空间在世界各地快速发展出来。于是造就了当下城市的混搭、拼凑面貌，这是一种毫无创意的单纯复制和引用，与城市本原的根基无关，与创新和创造无关。可以肯定的是，这种毫无特色的空洞拼凑使得城市无法真正发展壮大，因为它失去了自身的本真灵魂。然而，不可否认的是，确实有城市将国家、民族的传统文化与资本结合得很好（例如日本），将自身独特义化通过商品流动传播到世界各地。资本与各异的地方文化结合会产生不同的"新奇性"，至于哪种新奇性会带来资本的快速盈利，这是不可预料的。但可以肯定的是，文化传播的成功与地方空间的独特性是分不开的，其中最为明显的，往往是独特的建筑给予了地方的高辨识度。

（三）消费建筑的象征性转变

消费建筑，意味着建筑设计的目标在于营销。主要表现在，一方

1　杨宇振：《资本空间化——资本积累、城镇化与空间生产》，南京：东南大学出版社，2016年，第35页。

2　杨宇振：《资本空间化——资本积累、城镇化与空间生产》，南京：东南大学出版社，2016年，第35页。

面，当下建筑的主要评估指标已从功能性逐渐转变为象征性意义。当今地域真实性与全球经济文化复杂性相互交错，文化与商业信息相互捆绑相互影响，形成了资本主义的主流文化。克灵曼（Klingmann，2007）提出了"品牌建筑"[1]（brandscpes）的概念，她认为建筑已经越来越偏离了其对象性的功能，能够催生出象征意义。换言之，建筑的焦点从功能性的"有什么"和"做什么"转变为"建筑让人感觉到什么"和"建筑代表谁"。也就是说，当下的主流经济实际上已转变成"体验经济"。虽然建筑的功能和形式仍然是评价建筑的重要标准，但建筑的个性体现及其延伸已逐渐成为更具有决定性的建筑价值评估的指标。

另一方面，建筑的这种象征性权力的唯一的最生动的表现就在于标志性建筑，其中隐藏着消费的意识形态强权。琼斯（Paul Jones，2010）认为，标志性建筑本质上就是被政治化了的工程，是一种权力的物质化。由于建筑是消费社会的重要媒介，因而它可以作为那个社会的代表，去强化正统的市场观念。在这种背景之下，每座标志性建筑都处于一种被强制性的冲动之中——强制的城市活力神话的再造——要让前一标志性的建筑黯然失色。至此，同类的建筑最终沦落为物化了的商品。这种盲目的强制性构建了一个个虚假的地理繁荣，并有意无意地忽略了建筑阴影背后的社会问题。因而，此时的建筑完全成为了精英阶层意识形态和权力的物化代言人，并且这种影响是潜移默化的，使得公众在意识到自己是否在被动消费前就已然开始消费了。如同斯蒂芬所言，"实际上，后工业建筑是一个市场工具，但它的影响要更为深广，就其所发出的信息而言，它已参与了对当代城市正统观念的不容置疑的建构：它宣示着消费的意识形态强权，并且不为其他任何东西留下余地。"[2]

具体说来，博物馆、美术馆或者商业痕迹更为明显的主题公园、旅游景点等都是当今时代较为突出的标志性建筑。它们在艺术文化层面的

---

1   Anna Klingmann, *Brandscapes*: *Architecture in the Experience Economy*, London: MIT Press, 2007.

2   ［英］斯蒂芬·迈尔斯:《消费空间》，孙民乐译，南京: 江苏教育出版社，2013 年，第 84 页。

功能性的表达并不强烈，大多数人并非真的去观看艺术品或文化古迹，而是在一边闲逛一边在咖啡馆、旅馆或书店、商店、商场进行消费。再加上参团旅游的盛行，导游越来越成为旅客游览路线的带领者，囫囵吞枣式的参观只是形式而已，多在购物点停留才是本质。造成这种后果的，并不仅仅是导游或建筑管理的逐利机制，更在于建筑构造的本身表达。换言之，如今的消费建筑会提供一种外部的浅尝辄止式的文化表达，有关艺术、历史等内容甚少，更多的是展示了消费这种标志性形象所必备内涵的机会。因而，妄图通过消费建筑来传达和继承公共文化的真实面貌是不可能的，传承下来的只是文化的外壳，历史积淀的本质已然丢失了。如同佐京所言，"假如整个城市，被它们的市中心引领着，继续被公众舆论与私人投资分隔开来，公共文化的梦想将成为一个空洞愿景的牺牲品。"[1]

二、 权力与空间： 城市规划背后的权力轨迹

　　城市规划的工具大致包括环境影响报告、分区、增长控制以及城市空间活力的刺激机制。这些工具的本质都是为整个城市系统的使用价值和交换价值的分配服务的。

　　（一）评判标准：环境影响报告的功用性

　　环境影响报告书是对建设项目进行环境影响评价后形成的书面文件。在城市规划之初需要对某一给定项目进行评估其利益和成本。地方政府可以授权否定带有严重弊端的项目，然而，一旦政府机构或者法院裁定这些程序已经被遵循了，那么不管环境影响报告的内容是什么，任何建设项目都会被批准。因此，环境影响报告虽在一定程度上体现了公众的权利，但在实际执行过程中，报告体现的最多的是政府与开发商的利益，民众的利益诉求被相对的忽略了，并且越是处于底层的民众，话

1　Sharon Zukin, *The Cultures of Cities*, Oxford: Blackwell, 1996, p. 265.

语权越是缺失，所受到的损害越大。

首先，环境影响报告只看到了地方政府或者开发商的成本或收益，民众的生活成本和收益被无视了。环境影响评价的机构一般都由支付咨询费的企业家来选择，甚至由他们相互磋商，失去了公众表达意见的余地。此外，报告着重展现的仅是地方的财政损失或收益，从不关注工人的住房成本、环境、交通、公共服务等方面的所需成本。并且其中的支出和收益也是按照当下账目计算的，而非按照所有相关开发的累积效果来计算。"环评报告的视野通常是狭窄的，它⋯⋯使用误导性的财政数据，对潜在风险置之不理。更极端地，城市开发补助被用于原本就设定的建设项目，那些被要求用于低收入邻里的资金却往往被用来清拆邻里社区，其作用反而是负面的。"[1]

其次，环境影响报告中评估成本与收益的分类无法达到真正反映事物及人本身的特点并规避风险的作用。成本有时是难以量化的。除了建设成本还会造成额外的服务成本，譬如，治安、消防、道路维修、疏散拥堵以及协调民众纠纷等成本，是难以估计的。

最后，报告的结论有时无法真正解决城市问题，而只是将不利后果向低阶层进行转移，从而造成更为严重的结果。"这种缓解能在地域上和社会层面上使得不利的后果得到重新分配，但是却不能消除它们。缓解开发影响的过程并不必然使总的公共成本最小化，反而有可能会使开发的负担从有能力抵制这些成本的社会团体转移到政治影响力较弱的团体。"[2]因此，越是低收入的居民越有可能居住在土地利用紧张的地段附近，因此常常成为为这种成本埋单的人。

因此，虽然环境评价报告在一定程度上给予了公众某些程序上的权利。譬如，对于那些试图保护使用价值的人来说，其最大的优点或许是

---

[1] ［美］约翰·R. 洛根，［美］哈维·L. 莫洛奇：《都市财富——空间的政治经济学》，陈那波等译，上海：格致出版社、上海人民出版社，2016 年，第 6 页。

[2] ［美］约翰·R. 洛根，［美］哈维·L. 莫洛奇：《都市财富——空间的政治经济学》，陈那波等译，上海：格致出版社、上海人民出版社，2016 年，第 157 页。

它能拖延项目、争取时间、打击投资者使他们气馁并且组织政治抵抗的能力。但是总的来说，该报告体现的仍旧是开发者的利益和意志，不管是私人开发或者公共开发。

（二）监管程序：分区和增长控制

前文述及，分区作为服务于开发的技术工具，其本质是用使用价值语言包装来维护交换价值的机制。分区的主要目的是在大都市地区内分配增长和租金，从而控制经济增长以保证可持续的总量的增加。分区的方式还能够鼓励特定空间的某些项目，因而，分区成为了控制社会异常行为的一种有效工具。

然而，由于分区方式不存在任何真正的科学原则，因此分区的标准说到底是主观的。一方面，分区无法杜绝权力的滥用。这一方法对于要影响分区决策的房地产企业家来说是开放的。企业家间的权力转移以及产生的租金机遇的转移造成了在分区和土地使用规划方面的变化。规划人员的"最高最佳使用"（highest and best use）是含糊之词，它常被规划专业人员借用来作为支持他们建议的一项基本原理。值得注意的是，"他们的划界不是'固定的东西'，而是随着不可预料的机遇出现在他们自己面前，必须且必然被改变的那些'活的'文件。"[1] 这个词语起到的作用是使规划官员的工作与当地增长机器的需求达成一致。另一方面，分区的施行机制决定了它无法杜绝腐败。"分区实行将规划专家、政治家以及一个累赘的官僚体系添加进租金产生的过程中，这迫使食利者变成机构性投资者的角色。如果他们想从他们持有的地产中获得最大回报，他们就必须影响政府的决策……其结果将会是整个政治系统的腐败。"[2]

1　[美]约翰·R. 洛根，[美]哈维·L. 莫洛奇：《都市财富——空间的政治经济学》，陈那波等译，上海：格致出版社、上海人民出版社，2016年，第150页。

2　[美]约翰·R. 洛根，[美]哈维·L. 莫洛奇：《都市财富——空间的政治经济学》，陈那波等译，上海：格致出版社、上海人民出版社，2016年，第154页。

约翰·洛根认为，比分区更为直接的威胁到增长过程的是将总体限制（overall limits）加在开发上的控制。所有项目的密度都可能会通过规划技术而被有效地降低，更加大胆的控制是大量降低密度区划（downzoning）或者给新建筑的数目设置年度上限。这种增长控制虽然能在一定程度上影响房地产市场，但是，它实际上只能给房地产市场造成混乱，并且无法真正影响一个大都市的整体开发。

因为从实际操作来看，监管政策总是在快速增长地区的事后进行实施的，且这种监管并未考虑到未来的增长特性，只能对当下有效；增长管制只能起到有限的作用，影响到一个大都市的大部分地区的增长控制对于整体的开发可能也没什么影响。"增长管制没能成功限制开发，某种程度上是因为邻近的非管制地区满足了需求，并且因为受控制的辖区内甚至也存在很多'漏洞'。……有时候，如果开发商提供特殊的设施，密度限制是可以被豁免的。"[1]

（三）刺激方案：城市空间更新制度的操控

所有刺激城市活力的方案，其诞生伊始的目的都在于拯救城市，使得城市中每个人都能拥有一个美好的家庭和宜居的环境。然而，城市空间的更新在权力的运作机制下（商业团体与政府官员合谋），会加大社会贫富间的两极分化。

一方面，社会精英阶层的商业团体不仅有能力变动土地的核心地位，还能直面政策制定者，制定其增长战略。在相应政策的加持下，精英阶层能进一步通过提高土地利用率和提高租金的方式获取更多财富。"城市更新项目与像市中心机构扩张和商业区繁荣度增加这样的目标紧密结合，成为了保护城市中心商业、房地产投资（大规模的租金再分

1　[美]约翰·R. 洛根，[美]哈维·L. 莫洛奇：《都市财富——空间的政治经济学》，陈那波等译，上海：格致出版社、上海人民出版社，2016年，第154页。

配）以及白人政治家的视野的一种工具。"[1]

另一方面，城市贫困人口和少数族群在城市更新的整体过程来看，只能是受损的。表面上，改善穷人的住房状况是该项目的核心目标，但所有城市更新用地中只有不足两成用于住房建设，超过八成的土地被用于建造商业、工业和公共基础设施。实际上，城市更新摧毁的住房比它建造的还多（特别是穷人住房）。"城市结构中包含了许多资本主义社会中新的对立和冲突。城市经济地理景观常常迎合资本积累的驱动，使得住宅建设常常让位于办公楼建设；政府和开发商也减少对普通出租房的投资，导致内城的衰败，资本转向利润可观的郊区中产阶级住宅扩展。阶级冲突也体现在房租控制、交通设施、医疗保健等方面。事实上，政府支付给富有者和房产主的补助往往高于给低收入住房的补贴。"[2]

因此，仅仅依靠在城市空间中建立一种经济"模式"来确保城市的"和谐"增长很难，因为经济能够被权力所利用从而"合谋"形成意识形态的经济，且由于经济学存在的前提总要遵循自由主义的霸权逻辑，这点很容易被政治权力操控，不合理的经济操控不仅没有给民众带来应有的福利还给经济市场带来了混乱。如同列斐伏尔所言，"国家调控下的增长、组织或企业精神在意识形态—学科方面的经营，得到的回应就是，一种越来越明显和难以忍受的空间上的混乱（chaos spatial）。经济学家们对这种混乱，只是给予了一种漫不经心的考虑，而把它留给了其他的专家：地理学家、管理学者等等。这样，他们的模型化和掩饰行为，就引发了灾难。"[3] 所以，在资本主义条件下，最常见的现象不是政府资源为民众所用，而是社会精英阶层操纵政府的资源来为地方精英的利益服务。诚然，有时确实会牺牲彼此的利益，但资本增长的狭隘逻辑

1 ［美］约翰·R.洛根，［美］哈维·L.莫洛奇：《都市财富——空间的政治经济学》，陈那波等译，上海：格致出版社、上海人民出版社，2016年，第160页。
2 高国鉴：《新马克思主义城市理论》，北京：商务印书馆，2006年，第186页。
3 ［法］亨利·列斐伏尔、李春：《空间、空间的生产和空间政治经济学》，《城市与区域规划研究》2012年第2期。

决定了牺牲地方市民的利益才是常态。

三、 规训与自由： 城市空间对人的交往宰制

流动空间对人际关系造成影响（"熟人"社会走向"陌生人"社会），体现为将人与人共同组成的公共空间转变为从属于私人的公共空间，将单个地方包含的多个公共空间转变为多个地方性包含于单个人的"私人—公共空间"。将人与人之间高强度的深层次的接触降为低强度的浅层次的接触。而低层次的接触受物质环境影响较大，如今的城市空间正是通过制造精致的环境来控制低强度、较低强度甚至较高强度的公共接触来达到控制人的目的。然而，人的活动并非完全都由环境决定，人的活动也会反过来作用于空间从而使环境更适宜人的生存。因而，首先需要考察接触的类型及其一般形成的空间场合。

（一） 接触与空间： 接触的不同层次及其发生场合

接触，指人与他人相互交流且个人能够获得参与感。人的交往按照接触强度由低到高分别为：被动式接触（"视听"接触）、偶然的接触、熟人、亲密的朋友。"其中低强度的接触是进一步发展其他交往形式的起点，这种发展不是事先计划好的，而是自然发生的难以预测的。如果没有户外活动，最低限度的接触就不会出现。介于个人活动与群体活动之间的各种形式也会销声匿迹。孤独与交际之间的界限变得更加明确。人们要么老死不相往来，要么只是在不得已时才有所接触。"[1]

一方面，人与人接触强度和层次与活动发生的建筑构造和场合相关。一是，被动式接触（"视听"接触）。人们通过广播、电视、录像、电影、网络、舞台剧、建筑景观、道路构造等等单方面的接受外部信息的输入。这种单向度的播放方式使人们失去了参与感，僵化了受众的大

1　[丹麦]扬·盖尔：《交往与空间》，何人可译，北京：中国建筑工业出版社，2002年，第21页。

脑，失去了批判精神，从而只能成为各种信息的堆砌仓库，这是最为浅层次的接触。一般发生在电影院、商场、剧院、网吧、住宅、手机或者网络空间。二是，轻度接触。一般指户外活动，是人们以一种轻松自然（而非强制）的方式相互交流的活动。譬如，随意散步、逛街、购物、坐公交车、跳广场舞等等。这些活动过程中的交往并非一定要局限于某一特定的人，而是要投入到周围人群之中。一般发生在商场、公交站台和公交车、广场、街道、公园等地方。三是，偶然的接触，一种深化交往的可能方式。以轻度接触为前提，将人们相聚在同一空间，人与人之间自然而然形成其他的交往形式。一般发生的地方与偶然的接触地一致。四是，熟人，一种保持业已建立起来的接触的机会。主要指邻居、同事和朋友的交往形式，这是建立在经常见面基础之上的进一步自发的交往方式。一般发生在地方小区、公司、单位等地方。五是，亲密的朋友。诸如夫妻、爱人、子女、密友、知己等建立在亲密关系之上的交往方式。一般说来任何地方这种亲密的交往方式都可能发生，其中在住宅、公司发生亲密接触的可能性更大。

另一方面，人与人接触的强度和层次也与共同在场的人数以及持续的时间相关。"户外生活，即在特定空间中可以观察到人及其活动，是各种活动的数量和持续时间的产物。重要的不仅是人或活动的多少，也是它们在户外持续时间的长短。"[1] 这也就是为什么公园（尤其是商业化的主题公园）、步行街、商场等更为推崇步行：蜿蜒的小道、丰富多彩的景象、恰当好处的围栏、种类各异的娱乐设施等等。让人目不暇接，不由自主放慢脚步，人与人、人与物接触的时间才能变长，从而人受到该环境的影响才可能持续更久，从而达到地方文化的输入和刺激消费的目的。

随着信息时代的到来，丰富多彩的网络媒体和琳琅满目的商品景观已基本占据了人们最低层次的"视听"接触，并随着建筑布局和网络平

1　[丹麦] 扬·盖尔:《交往与空间》，何人可译，北京:中国建筑工业出版社，2002 年，第 81 页。

台越加多样化、精致化和人性化，增加了人与特定空间的持续接触时间，使得资本对人与人间接触操控的强度和深度越来越向高层次发展，甚至有可能影响到人最基本的"三观"的形成。

（二）社会关系与建筑布局： 空间对交往的控制与人对空间的抗争

在许多情况下都可以发现，物质环境能不同程度地影响居民的社会状态。物质环境自身可以设计成阻碍乃至扼杀要求的接触形式，也可以设计来为更加广泛的交往机会创造条件。这种可能性既可以受到抑制，也可以受到促进。不同的建筑布局在一定程度上可以满足人们在不同场合中交往与孤独的不同需求。盖尔认为，下列五种方式是建筑结构促成交往或孤独的标准。"孤独：有隔墙、间距长、高速度、不同标高、避开他人。交往：无隔墙、间距短、慢速度、同一标高、接近他人。"[1]

建筑的人性化和细致化的布局可以在一定程度上引领人与人的交往方式并刺激消费。随着资本景观的发展，资本的空间生产越来越精致，预设性越来越强，越来越贴近人们的日常生活思维。譬如，一方面，景区的景点展示与购物点总是相互联结的，大型商场或高档次酒店总是餐饮、娱乐、休闲、住宿等一体的，甚至于通往景点的要道的方向、路牌和广告的设置也是有讲究的；另一方面，不论是酒店、酒吧、咖啡厅还是景点，其布局、通道、灯光、媒体设置等都是为人们交往和孤独的需求预设好的。在开放空间人们可以共同活动、顺畅交流，在孤独的私密空间中，人们可以独自一人或几个人进行相对私密的沟通，当人们的进一步交流产生新的需求时，商家在恰当的时间地点提供恰当的商品和服务，能够更进一步的刺激消费。此时，资本空间不仅能占据交往的被动式接触，还能引领人们内心的主动交往欲求，使得人们将资本的虚假需求拓展为自身的真实需求，从而向人际交往越来越深层次进行

1　[丹麦] 扬·盖尔：《交往与空间》，何人可译，北京：中国建筑工业出版社，2002年，第76页。

渗透。

建筑可以按照社会结构的层次建造相应空间的物质结构，从而满足、培养并强化不同层次的集体认知和集体意识。譬如，城里人与乡下人，中国人与美国人，公寓区居民和别墅区居民等从居住区域差异过渡为社会地位高低。建筑布局可以从团体和小空间到较大团体与较大空间，从较为私密的空间到逐渐具有更强公共性的空间的过渡，从而能在私有住宅之外形成一种更强的安全感和从属于这一区域的归属感。另外，还可以在住宅周围建造一些半公共空间，形成户外空间区域，以提供给周围居民相互交往、相互了解，从而提高该地区居民的集体责任感以及对外陌生人的警觉度。然而，这种方式虽然在一定程度上促进了团体的凝聚力，但也造成了所属不同层次空间结构团体间的冲突。

因此，物质结构，也就是建筑的规划布局，在社会性上（视觉上和功能上）要支持住宅区内部的理想社会结构。"在视觉上，围绕着组团的广场或街道布置的住宅以物质形式表现了社会结构。在功能上，通过在分级结构的各个层次上建立室内外的公共空间，支持了社会结构。公共空间的主要功能是为户外生活提供舞台；日常的、自发性的活动，如步行、短暂的逗留、玩耍以及简单的社会性活动能发展成居民们所希求的其他公共活动。"[1]

然而，我们也应当看到，再细致的空间打造，只要该空间不符合人性需求，人们也会通过实践活动对当下空间进行改造，从而改变空间的原有意图，使之更符合实际需求。譬如，在公园的园林中时常会发现人们"走出来"的道路；长马路处于人流量较大的闹市区却没有人行道，人们往往不会遵守交通规则，横穿马路；原本规划种植花朵和灌木的花坛被人为改建成了"菜坛"；网购流行后，大学校门口一般都成了快递的收发处……因此，空间打造说到底是属人的活动，而非属物（资本）的活动，虽然人们已经慢慢习惯于沉浸在资本打造的精致的牢笼中不想

1　[丹麦] 扬·盖尔：《交往与空间》，何人可译，北京：中国建筑工业出版社，2002 年，第 61 页。

动弹，使得人们一定程度上失去了批判性和主动性，但人们在日常生活中通过主动构建属于自身的空间与空间背后的物化力相互抗争。因为资本的需求看起来再精致、再人性化也无法真正替代人们的真实需求。如同哈维所言，"虽然当身为资本家的开发商想方设法想建设实现资本积累所必须的基础设施时，人们围绕我们称为城市的这些空间展开了激烈的争夺。人们把他们之间的关系嵌入到土地、城市、家这些不同的空间之中，其背后的深层含义与土地和房地产市场赤裸裸的商业化之间永远都是不一致的。"[1]

第三节　资本空间发展三种模式的正义问题

由上文可知，资本空间通过权力、资本、空间三者之间的相互作用，不断推进，造就了独特的地理景观：空间与空间差异性逐渐增大，社会层级逐渐拉大，二者相互作用使得社会阶层壁垒不断固化。长此以往，这种分化作用会阻碍空间资源的合理分配、人们的地理流动以及社会阶层的纵向流动，对社会底层民众造成压迫。其中内含的资本的狭隘逻辑也会湮灭人们发展的多样性选择。这些均不利于社会的可持续发展。接下来就乡村空间、城市空间以及全球空间三个方面入手进行空间正义问题的探讨。

一、传统乡村城镇化造就的乡村空间正义问题

自 20 世纪 90 年代开始，中国进入了高速城市化阶段，乡村空间通过"空间再造"转换成城市空间。然而，"以资本为核心、以利润率最

1　[美]大卫·哈维：《资本之谜：人人需要知道的资本主义的真相》，陈静译，北京：电子工业出版社，2011 年，第 188 页。

大化为导向、以地方政府片面的 GDP 追求为价值特征、以制度公正相对缺失为条件的空间生产和空间再造,是建立在不断剥夺农村居民和城市弱势群体对空间居住和享有权的基础之上的,因而是对空间正义原则的损害。"[1] 这种不正义的城镇化方式不仅造就了乡村空间的混乱,更使得城乡空间发展失衡,不利于社会整体的稳定和谐发展。

(一) 不正义的割裂: 乡村空间紊乱

长期以来,中国城市化建设资金积累主要来源于对农民的空间利益的剥夺,城市化发展越是迅速,农村、农民的空间权益就越是丧失严重。这也是造成"三农问题"严重的一个原因。传统城镇化造就了农村"五失"现象,具体说来:"失地",因承包地被征收而失地的农民,失去了本应属于他们的土地,包括生产用地和居住用地。"失业",农民被强制与土地空间等物的生产要素分离,成为无业游民。"失居",农民失去农村原有生活和居住空间,无处安家,成为流民。"失学",指原生活在市中心区域的居民被"驱赶"至城市边缘地带,致使教育等资源匮乏,造成其子女的失学问题。"失身份",失地农民不是农民,但也并没有成为市民,处在城乡边缘状态。

造成空间混乱的原因的本质在于农村传统空间基础与组织模式的资本化程度不够,或者说,资本并未按照农村的"地方性"进行个性化的资本空间融合,而是以一般城镇化模式施行了"一刀切"。传统乡村的生产方式是建立在自给自足的自然经济基础上的,这种封闭式的生活方式造就了独特的乡土制度与德性规范。正是这种具有区域适用性的规范使得资本进入乡村时遭遇了难以资本化的障碍,即土地空间制度特性以及地方德性的封闭性。

农村土地空间制度特性可大致归纳为以下几个方面:第一,土地产权模糊不清。改革开放以前,集体会给予农村家庭一块农村宅基地使用

---

1 孙江:《"空间生产"——从马克思到当代》,北京:人民出版社,2008 年,第 204—205 页。

权，这块地可以用于私人目的且不用缴纳租金，实质是一种"模糊产权"。因为土地属于集体，在乡村的"熟人社会"中，土地的地理位置及房屋归属问题在他们看来都不是问题，无需登记。这导致农民实际上并没有从真正意义上获得土地承包权，失去法律约束力的同时也失去了法律的保障。一方面，农民土地所有权极易受到各种名目的非法征用，原土地收益、土地价格均被压低，导致农民利益受损。初始资金的降低难以保障农民进入城市的基本生活。另一方面，部分农民利用土地产权模糊和法律模糊的缺点，进行非法牟利。改革开放后，乡村开始出现城镇化现象，有些农民通过各种渠道买卖集体土地之上的房产。"供私人使用的农村房产被非法卖给了城市和国外的投资者的现象也屡见不鲜。因为这些农民是无偿（从乡村集体）获得土地的，所以他们可以获得巨额利润，这样的'市场'吸引了农民和投资者。"[1] 由于土地产权的模糊，有些农民不仅违规增加超额房产，甚至擅自将自家农业用地转变为房产用地，形成了一大批住房所有权登记模糊不清的"小产权房"[2]。第二，土地征用制度不完善导致了农民土地收益受损。城市迅速扩张，农村土地被低于市场价非法征用，用以建设城市房产。以至于土地法律规定用途与实际用途严重"不符"（这种现象当下仍旧存在，且成为常态）。正如皮特所言："这说明新开发的房产建在原来不属于城市的土地上，而且这些土地实际上是专门规划为农业用途的。中国大多数城市的城乡交错带都出现了这种情况。"[3] 这种征用制度政府权力大于市场大于农民，基本不会考虑市场与农民需求，是强制性的过程。由于土地征收补偿计算方式过于简单，对土地地方性价值从未进行过深究，导致失地农民补偿费过低，且中间环节一部分还为政府与中间商获取，以至于农民利益大大受损。这部分农民即使到了城市中也很可能沦为城市贫民，

1　[荷] 何·皮特：《谁是中国土地的拥有者》，林韵然译，北京：社会科学文献出版社，2014年，第 XIX 页。

2　小产权房指没有法定房产证的房子。

3　[荷] 何·皮特：《谁是中国土地的拥有者》，林韵然译，北京：社会科学文献出版社，2014年，第 XIX 页。

这样的市民化不是让农民获得工业化和城市化的福祉，而是利益保障被忽视的"被迫工业化"的不良后果。第三，土地资源配置效率低下。家庭联产承包责任制，在实施初期，可以公平、合理地将农业资源分配给每一个农户，极大地释放农民的生产积极性和主动性，形成"小农经济"模式。然而，随着农业经济的发展，这种小农经济生产模式与生产理念已经与时代精神（高科技的社会化大生产）严重不符，不仅限制了农业产出的高效性和农业的现代化改革，也增加了一大批多余的农村劳动力。长此以往是无法提高农村经济效率的。

以上三种特性最终使得土地资本转化"障碍"太多，资金流转不畅。因此，排除"障碍"，提高土地流转效率，优化土地配置，成为当下农村土地制度的发展要务。要使农民彻底地从土地上分离出来，必须建立起尊重农民土地使用权在经济利益上实现公平分享的制度、机制或政策安排，将基础保障搞上去。否则农民即便进城也难以彻底成为"新市民"，难以割断与农村土地的联系从而真正试图融入城市生活。

地方德性的封闭性指向家族血缘与社会亲缘的地缘道德，带来了"特殊信任"的交往观以及"平均主义"的财富观。这样极具地方性的生产、生活观念限制了地理空间的进一步扩张，与资本空间的扩张形成了对抗力量。一方面，"特殊信任"是地缘道德的主要内容，限制了资本的流动途径——"熟人圈"。严格来说，乡村不存在孤立个体，存在的只有血缘或亲缘关系的利益"共同体"。因为农民注重人情、面子和缘分，强调信任和远近亲疏，具有明显的社交排外性和空间狭隘性。另一方面，农民历史性的"平均主义"财富观限制了资本空间的增殖的速率。资本空间是不平衡的地理空间，空间差异越大，价值差越大，利润越高。而农民社会关系网络位差较小，大多从事相同或相似的职业，职业等级差异不大，使其社会资本可实现效率降低。再加上，"伴随着土地改革、合作化、人民公社所带来的经济条件的'平均化'和生产生活方式的'同质化',农民的平均主义意识进一步强化"[1] 及固化。

正是在这种情况下,乡村空间的资本改造逻辑与乡村社会结构(土地空间制度与乡土德性)不匹配,即使新乡村空间的"物质"部分已然改造完毕,乡村传统宗族文化的空间脉络已被切断,这些都使得农民无法真正融入新乡村获得归属感。

(二)合乎正义的乡村空间重构

新型城镇化建设"要遵循空间生产和发展规律,将城乡空间作为一个有机整体统一考虑,处理好城市群、大中小城市、小城镇和农村之间的空间关系,确定它们各自的空间范围、数量、布局,促进大中小城市和小城镇协调发展,并以小城镇发展来带动乡村的发展,逐步推进城乡空间的合理分配。"[2]

首先,合乎正义的规划城乡空间,优化乡村空间布局。空间正义是新型农村建设的需要,应当以可持续发展的视角妥善处理好城乡之间的关系。"建设新农村呼唤逆转行为向度,变'括农'为'哺农',变'乡哺城'为'城支乡',这是中国逐步落实'空间的正义'、平衡城乡空间权益,进而推进科学、协调发展的重大转折点。"[3]

其次,强化乡村空间权利。以工促农、以城带乡,这是建设新农村的基本要求,包括了对农村、农民联产承包责任制土地等空间权利的切实保障和空间权益的切实维护。一方面,要推进强镇扩权,转变乡镇政府职能。推进政府从"管理型"向"服务型"转变,在履行好经济社会发展职能的同时,强化公共服务意识,转变乡镇治理方式,根据乡镇发展情况、城镇建设规模、人口等情况,分类下放经济发展、社会管理、

---

1   王露璐:《新乡土伦理——社会转型期的中国乡村伦理问题研究》,北京:人民出版社,2016年,第67页。

2   史云波、刘广跃:《基于空间正义原则的我国乡镇空间重构》,《江苏师范大学学报(哲学社会科学版)》2015年7月。

3   孙江:《"空间生产"——从马克思到当代》,北京:人民出版社,2008年,第206页。

便民服务、综合执法等权力，赋予更大的自主权和选择权。另一方面，要维护群众权利，吸引群众参与建设。加强户籍制度的相关法律法规建设，打破城乡二元管理体制，将户籍制度的改革深化落到实处。让农民群众真正拥有获得感——逐步放开户籍限制，保护农民土地财产权、就业权等基本生活保障，降低制度不平等，让农村居民平等享有社会繁荣的果实。此外，积极鼓励民众参与制度建设，倾听民意，及时沟通交流。

再次，推进乡村空间建设，促进产城融合。所谓产城融合，指将新型工业与居民的新型社区有机融合，以工业促进产业，以经济带动居民生活水平，以民众安居乐业为目标，达到产业、城市和人三者的良性互动。将农村分散的劳动力、产业进行集中，不仅提高了农村生活秩序、经济秩序，也有利于经济增长和环境治理，从而真正意义上不依靠政府、外来投资等外力，做到新农村自主可持续地发展。此外，资源集聚的经济在合理的秩序下，还有可能提升经济附加值，因为经济交往可以促进人的交流，从而增加知识技术的高效碰撞，提高创新的可能。

最后，完善公共基础设施建设，促进乡镇空间资源共享。完善城乡公共基础设施建设，意味着打造好城乡一体化的"空间载体"，以适应城市一体化的制度改革。"空间载体"包括交通网络、通讯设施、水、电、医疗、教育、环保等基础硬件设施，优化资源配置，从而促进城乡空间资源共享。

综上，乡村空间城镇化从规划伊始就必须以人为本，即以人民群众的需要为一切空间规划、建设、生产和分配的出发点和归属点，否则，不仅会带来一系列空间异化现象，还会破坏经济生态系统，反过来影响经济的可持续增长。"中国的城市化决不能建立在剥夺农民和弱势群体的空间权利基础上，相反，城市的科学发展需要统筹城乡关系，更合理布局空间结构，包括兼顾城乡居民生产和生活结构、产业结构、空间形态等等；可持续城市化更需要公平地维护城乡各主体的空间利益，协调关系，促进和谐。"[1]

二、 城市公共空间[2]的正义问题

高速城市化总伴随着对另一部分人的空间权益的剥夺，因而造成社会的不稳定，这样的城市化是难以持续的。这些社会变动逐渐地体现在城市空间景观上，公共空间被价格打上了阶层的标签，"富人区"与"贫民区"变得越来越明晰，人们的空间视野受到限制（尤其是平民阶层）。面对日益封闭的公共空间，各阶层反而越来越沉浸在自己的圈子里，没有能力"发声"也从未想过"发声"。

（一） 走向"封闭"的城市空间与公共空间的失落

第一，空间控制的普遍化。我们看到，城市秩序管理越来越依赖空间隔绝等手段来限制人们行动方式。譬如，马路上随处可见的护栏，单行线的标志，火车站或其他重要公共场合的安检关卡，随处可见的监控探头。这样的空间控制手段确实在一定程度上维护了城市秩序，但长此以往，使得控制成为城市居民的生活日常，人们习惯了"被规训"，习惯了固定格式化的有限自由，城市人从肉体到心灵皆被异化。从微观空间角度出来，放眼整个城市空间乃至国家空间，处处充斥着对安全隐患的恐惧感。这种空间控制方式说到底是空间殖民的另一种形式。"不仅所有居民区越来越处于高级别的安全监督警报系统保护包围之中，而且其他所有的活动、土地使用，以及城区环境里的所有东西——从购物中心和图书馆，到为了防止无家可归者和挨饿者入侵而涉及的带铁刺的公园长椅和垃圾桶——都是如此。社会和空间控制的微技术在日常生活每

1　孙江：《"空间生产"——从马克思到当代》，北京：人民出版社，2008 年，第 205—206 页。
2　公共空间与公共领域存在区别：公共空间不仅包括地理场景，还包括进入空间的人们，以及展现在空间之上的广泛参与、交流与互动；公共领域一般指公民参与公共事务的地方，没有固定的场景指向。

个角落的大肆蔓延（监控、镜头）、日积月累后便产生了一种紧密相融并似乎有毒的地理布局。似乎总有一双眼睛窥视着这一布局。"[1] 而这种恐惧感源于空间控制者——精英阶层的意志，阶层分化使得精英阶层越来越无法也不会试图去理解底层民众的意愿，不理解往往会带来恐惧、恶心，试图通过各种空间手段将其排除出去。然而，只要资本空间生产的基本格局不变，底层阶级总会不断被生产出来。

第二，城市的大量封闭型社区的建立封闭并割裂了城市空间。城市中大量"巨大"楼盘高高耸立，这些住宅区把自己封闭起来，其内部的空间是不对外开放的。此外，城市道路被刻意规划在社区外部，通过绿化带和围墙甚至河流相隔。在这样的城区，沿道路的城市空间由于缺乏有效的功能支持而消失了。这样马路沿边的零星商铺必然无法聚集人气，赚取利润，而大型基础设施的建设又得不偿失，封闭的空间只能再生产出孤立与隔离。

第三，富人与穷人居住空间的分化。富人总是生活在各种防护之中。这些防护既包括制度与心理上的保护，也包括物质上的防护。不平衡的地理发展景观再生产出空间不平衡以及阶层不平等，造就了社会成员越来越大的心理不平衡，而社会控制正是隐含着精英阶层对底层民众的恐惧感。因此，社会问题与空间管理、城市扩张、地产开发、资本意志、分区治理等城市环境问题脱不了干系。"戴维斯认为，洛杉矶城市中弥漫着一种对恐惧的过度防御，空间被无比清晰地分割和划界，私人的领地安装了各种监控设备，富人区没有人行道，穷人区环境每况愈下，公共空间成为城市的消极面，这种社群与社群、空间与空间、公共与私人之间的张力使社会阶层之间的关系日益恶化。"[2]

第四，精英阶层远离公共空间。受恐惧和个人偏好的驱使，越来越

1　[美] 爱德华·W. 苏贾：《寻求空间正义》，高春花、强乃社等译，北京：社会科学文献出版社，2006年，第40页。

2　[美] 爱德华·W. 苏贾：《寻求空间正义》，高春花、强乃社等译，北京：社会科学文献出版社，2006年，第40页。

多的人，主要是高收入群体，纷纷退出城市公共生活和公众社会，改为生活在"狭隘空间"中。"狭隘空间"是政治科学家伊凡·麦肯基在1994年提出的，他认为"这种趋势导致了'以居住为主要目的而修建的私有化的政府建筑物'的出现，与公共用地毫无瓜葛。这种远离城市和逃避城市责任的'离心运动'与'重归城市'运动完全不同，与对城市生活缺乏认同感的所谓'地区绅士进程'也截然相反"。[1] 空间孤立建筑的出现体现了居住者的排外、孤立、反社会的意愿，其本质在于逃避社会责任。

第五，交通工具、沟通方式的便捷加速了空间封闭的形成，也加速了普通民众从公共空间中"退出"。一是，汽车、火车、飞机等便捷交通工具，在缩短民众路程时长的同时也缩短了他们与公共空间的接触时间，换言之，便捷交通工具的依赖性反过来减少了人与人、人与物、人与空间的交流、沟通的时长。人们看似总在公共空间中穿梭，但很少深入接触，民众的身份从城市"居住者"成为了"旅行者"。也就是说，交通工具速度越快，物质空间会显得越小、越拥挤。汽车城市往往比步行城市格局更大，而一旦交通工具更为快速，原本的汽车城市也会显得过小了。二是，信息化、网络化、虚拟化的沟通方式可以使人们足不出户达到沟通、工作、消费甚至享受服务的目的。人们的行动模式、思维方式变得越来越"不接地气"，成为"御宅族"。他们日常接触的文化属于全球网络性质的"架空"范畴，与当地生活圈子往往关联不大，他们可以在网络空间中得到虚拟的自由、虚拟的认同、虚拟的价值实现，从而乐于逃避公共现实空间的社会责任。网络便捷加速了这种封闭趋势，使得普通民众不仅持续"失语"，还失去了重回公共空间夺回发言权的欲望。

（二）城市建筑空间的开放性规划以及人的公共空间的回归

富人基于恐惧试图建立孤立的建筑来逃出城市公共空间，再加上快

1　[美] 爱德华·W. 苏贾：《寻求空间正义》，高春花、强乃社等译，北京：社会科学文献出版社，2006年，第41—42页。

捷交通工具与沟通工具的催化，城市民众从"定居者"转变为"栖居者"最后成为"观光者"。然而，普通民众在经历剥夺后还要承担公共空间的责任。因此，民众必须重建城市公共空间，通过空间开放性，加速城市居民流动性，促使公共空间的现实回归。

第一，建筑功能从单一性转变为合乎人性的混合性。"只有混合的城市功能才能为公共空间带来混合的人群和活动，才能将公共空间和居民的日常生活真正联系在一起，这是城市公共空间里'公共性'形成的基本条件之一。"[1] 功能混合，这正是我国城市公共空间最缺乏的。大多数城市将其最重要的场所设置成"显性"的单一功能，压制了其他功能的存在，导致"公共性"消失。譬如，天安门广场具有很强的政治功能甚至历史文化旅游等功能，其日常功能其实是很匮乏的。这种天安门广场模式却被多次地复制到全国各地，但失去了独特的历史文化特性的广场空有其形，因而并非每个地方都适用这种功能单一的建筑。

第二，建筑风格从"华而不实"向地方化的"实效性"转变。也就是说，以政治化或商业化意图规划的大型建筑设施与地方实际效用不匹配，并未达到预期政治经济效用，从而造成前期大量基础设施的空间资源浪费。譬如，公共空间中的广场建设，一般呈现出宏伟硕大的尺度。"作为项目开发者和决策者的政府首先考虑的是项目的政治作用，即广场的整体视觉效果是否显得富丽堂皇而显示出政府造福于城市的决心和效果，而对于那些与市民的实际使用更相关的因素如可达性，功能的混合程度，人性的尺度景观设计和空间活动的多样性往往缺乏细致的考虑。"[2] 大型商业综合设施的建设往往会挤压周边具有地方特色的小吃店或者手工作坊的生存，致使地方文化的承继性被截断。即便具有历史文化特色的地域，一旦改造成千篇一律的商业化大型设施，虽然极尽繁

1　许凯、Klaus Semsroth：《"公共性"的没落到复兴——与欧洲城市公共空间对照下的中国城市公共空间》，《城市规划学刊》2013 年第 3 期，第 61—69 页。

2　许凯、Klaus Semsroth：《"公共性"的没落到复兴——与欧洲城市公共空间对照下的中国城市公共空间》，《城市规划学刊》2013 年第 3 期。

华，但也失去了传统自然历史内涵，令人乏味。

第三，官方或商业化规划转向自发"平民化"构建。"平民化"空间的实质在于民众对政治经济化空间的人性化抗争。有些地方居民根据实际需要或商业发展需要对城市建筑和空间进行改造，常常能创造出活力盎然的公共空间，但由于这与官方规划往往不相协调，导致这些公共空间尤其在发展初期得不到官方的支持，还会遭受压制，甚至面临拆毁的危机。例如，"城中村"的形成，由于城市扩张而纳入到城市范围内的村镇用地，土地属村镇集体所有或个人所有，使其开始时期不受城市规划法规的制约。相对低价的房租迅速吸引了城市低收入者与外来打工者，原本的村民也自行建造容积率较高的住房与办公楼进行出租牟利。虽然"城中村"社会阶层丰富，秩序混乱，难以管制，但长此以往，空间内部会形成一套自成体系的公共空间秩序。然而，在资本驱动与政府管控下，城中村土地权可能被城市回收，用地也可能被出售改造成封闭式的社区。因此，官方或商业化的公共空间规划需要适度，尤其应当关注普通城区公共空间的发展。

三、 全球空间生产的正义问题

经济全球化后，发展中国家与发达国家之间的不平等长期存在，并且收入差距还在不断扩大。这与世界银行、国际货币基金组织、世界贸易组织甚至联合国的存在可能有一定关联。但大多数情况下这些组织都遵循不变的市场逻辑，而非故意将有些国家引入贫穷。地区发展不平衡并不是这些组织的日常运作造成的，而是有其深层次的原因。

（一） 国际空间的分工方式与权力规则生产出不平等

全球和地方之间均存在着区域层次分类：大都市、次国家、国家和超国家。在每个层次上，地域发展不平衡造成了空间或领土的不平等，城市内部区域不平等状况也大致相同。空间不平等可以被再生产出经济不平等与政治不平等。如同苏贾所言："如果这些大都市内部、国家内部、国家之间的不平等状况长期延续下去，就像第一世界和第三世界长期两极分化，以及意大利、英国和美国三个国家的南北部收入差距一直存在一样，那么，这些不平等将成为寻求空间正义的另一个背景或平台。"[1]

首先，国际模块化分工方式、贸易和货币体制，对第三世界国家极其不利。国际模块化的生产方式虽然给第三世界带来了经济的繁荣，但这只是发达国家赚取收益的附带产物。核心技术知识产权等仍旧掌握在发达国家手中，欠发达、不发达国家只能成为"制造工厂"，做最低端的装配工作以及生产最为初级的产品。发达国家仍旧掌握着经济主动权，大部分收益仍被他们所获取。此外，国际金融制度和体系的制定他们也往往参与其中，使其倾向于服务发达国家，从而获取更大的资源。

其次，特权结构的长期存在推进了不正义的全球化。这种特权结构对某些地区的居民有利而对其他地区的居民不利。譬如，就像工业资本主义城市正常运转一样，就国际贸易、资本、信息及人员流动而言，如果没有外在的强力干预，全球市场经济正常运作往往造成财富不断由穷国流向富国，从边缘地区流向核心地区。这就需要空间规划者或空间群体认识到全球化和城市化之间的多层次交互关系，并采取行动改变他们相互依存的空间不公正的状况。

最后，权力规则的不公正性。决策者或精英阶层制定的权力规则总是将有价值资源向富国倾斜，无视富国（人）或穷国（人）的真实需要。然而，富国（人）往往拥有话语权而穷国（人）没有，因此，促使空间生产或空间改造过程与规则具有意识形态性。"一个过程主要对权势阶层有利，而另一个过程主要服务于穷人，后一个过程更短更随意，资源也更少。"[2] 满足穷国的基本需要几乎总被忽略，不管是市场机制还

1　［美］爱德华·W. 苏贾：《寻求空间正义》，高春花、强乃社等译，北京：社会科学文献出版社，2006 年，第 52—53 页。

2　［美］爱德华·W. 苏贾：《寻求空间正义》，高春花、强乃社等译，北京：社会科学文献出版社，2006 年，第 54 页。

是政府政策，相比之下，小到街区大到国家都尽力满足最富有、最有权势的人们的消费需求，而这些巨大的消费需求并不迫切。这就产生了多层次的本质上不公正的地域布局，需要我们采取重要的补救措施解决这一问题。

因此，苏贾认为，"即使最近第三世界成员国发生了一些变化，但第三世界仍可视为全球的贫民区，这是在不流动性、个人选择、强加空间歧视和外在控制的共同作用下形成的局面。"[1] 因此，全球范围内的贫民地域并不一定完全是资本家的攫取行为的产物，而主要是在空间不平等基础上日复一日的市场的正常运作，通过竞争为资本获取了最大利润。虽然随着时间的推移，情况可能会有变化，但一个城市总是有某些贫穷区域，该区域的居民的储蓄和收入都转移到其他地区，流入外部利益之中。原因在于，人们觉得这个沦为贫民区的地方危险、不安定，或者这里没有足够的吸引力，不适合做生意，当地居民直接受益的投资减少，于是该地区物质资本和人力资本向外转移，惠及其他地区居民的投资反而增加。可见，以市场为主导的经济中总存在着贫民区，如果没有强大而持续的干预，资本主义全球分工将导致第三世界与第三世界同等地位的国家始终存在。

（二）新区域主义与空间权利的倡导

新区域主义是指为了更好的解决区域公共问题，由区域内地方政府、非营利组织和市场主体所构成的治理主体及其组织形态，也包括这些主体在治理区域公共事务过程中所共同遵守的治理理念和相关制度设计。其特点在于强大的创新能力与竞争能力，诸如"第三意大利"、"硅谷"等为代表的"新马歇尔产业区"的出现。与经济全球化进程相伴而生的并不是新古典经济学所预测的区域差异的消失，反而是区域的崛起

---

1 [美] 爱德华·W. 苏贾：《寻求空间正义》，高春花、强乃社等译，北京：社会科学文献出版社，2006年，第55页。

和经济个性化的凸现。

寻求空间正义的新区域主义，其目的在于重建过去的福利区域主义构想，通过强大的创新力来开展国际及地区的正义运动，最大限度地彰显并实现空间权利。一方面，从一元主体及管理模式向联合主体与多元管理模式演进。新区域主义可以跨区域合作，这意味着新区域主义的管理主体得到了扩充，从过去的一元主体转化为多元主体共同参与管理的模式，增加管理网络的互动性。从而实现权力的让渡，增加管理公正性。重新确立了多层次空间规划的重要性，以减少空间正义问题及社会、经济的排他性。另一方面，从单一职能发展模式转变为嵌入式综合模式。重塑政府—社会关系，即形成嵌入式经济和政治发展新模式。具体表现为，实行社会组织、政府、公民社会、私营部门的联合治理，推动非政府组织及私人部门参与。如今，"作为城市或城市区域权利的'城市权'理念正在区域化；大都市的区域民主和民主区域主义的新观念正在形成。也许最令人惊讶同时又出乎人们预料的就是以社区为基础的区域主义的出现，把发展社区的积极分子与进步的区域规划者联系起来。"[1]

---

[1] [美] 爱德华·W. 苏贾：《寻求空间正义》，高春花、强乃社等译，北京：社会科学文献出版社，2006年，第63页。

第五章 当代资本空间发展的新趋势及其伦理探究

随着科学技术水平的提升，当代资本积累方式已由传统的福特主义积累转向灵活积累，资本空间也呈现出由对外地理扩张转向对内虚拟深化叠加的趋势。一方面，不平衡的地理景观由"核心—边缘"的单核模式转向多核模式，即"去中心化"，尤其表现在都市空间景观变化中。马克·戈特迪纳称之为"多核大都会地区"[1]（multinucleated metropolitan region）。另一方面，资本空间也逐渐开始侵蚀个人日常生活空间，表现为虽然个人行为模式的选择自由增大，但一旦选择之后其行为方式便呈现出模式化、标准化、格式化，失去了个性、创造性的内容。

第一节 资本空间发展的新趋势

自 20 世纪 70 年代以来，全球受到了经济危机和全球资本主义重组的影响，促使与资本空间抗争的新型空间（"第三空间"）的形成：后殖民空间造就的间性空间以及反对封闭父权空间造就了女性主义空间。

---

1 ［美］马克·戈特迪纳：《城市空间的社会生产》，任晖译，南京：江苏凤凰教育出版社，2014 年，第 4 页。

"第三空间"体现了后殖民主义对文化帝国意识形态的抵抗，女性主义对父权中心主义传统的颠覆。作为一种哲学思考向度，"第三空间"代表着当代思想对传统空间观念及其蕴涵的思想方式的置疑，其实质是边缘空间经过了有序整合并获得了与层级化和父权经济的资本空间的对抗力量。然而，这种新型空间融合趋势带来的对抗力量只是资本空间重组间隙的附带效应，融合需要内在道德文化空间较长时间的自然契合，而资本空间的扩张仅需要对外在空间进行复制——"创造性破坏"，因此从总体趋势而言，空间分异势不可挡，以下进行逐级论证。

一、第三空间对资本空间的局部融合

（一）后殖民空间：文化混杂的间性空间

资本空间扩张过程中，资本文化成为文化入侵的最大霸主。表现为对传统权威力量的解构和削弱，通常为西方资本主义霸权文化对发展中国家和第三世界的侵略和渗透。然而，这种文化渗透并不等于"同质化"，有时会造就新型的差异性空间文化。

后殖民主义（postcolonialism）或称"后殖民批判主义"（postcolonial criticism），是一种文化现象，反映了当今世界的后殖民社会状态。后殖民（postcolonial）一词被阿里夫·德里克（Arif Dirlik）等解释为以下三种状况：一是，先前的殖民地在结束军事政治统治后，遗留下的殖民文化统治；二是，"第三世界"（包括先前的殖民地社会，也有非殖民地社会）遭受西方文化霸权主义统治的状况；三是，指全球性的文化殖民主义或文化帝国主义状况。所以，其实质是要反对西方发达资本主义国家推行的文化霸权主义，改变自己国家文化的边缘地位。

米歇尔·迪尔（Michael Dear）在《后现代都市文化》中提出了"第三空间：文化杂交"的观点，他认为边境空间是全球空间与局域空间中构筑混杂文化的地方，是混杂文化从另类的间性空间中汲取营养的地方。迪尔的思想源自于霍米·巴巴（Homi K. Bhabha）在《文化的位置》中提出的"第三类空间"和"间性空间"的概念。霍米·巴巴的第三空间指一种罅隙的、混杂的和居间的空间，这种空间既反对返回到原初"本质主义"的自我意识，也反对放任于一种"过程"中的无尽分裂主体。弱势群体或边缘群体等受压迫者在这一间隙中对权威和传统进行一种微妙的颠覆性干预——"策略性矛盾性与模糊性"[1]——来获得某种力量，与主流权威进行对抗。其目的并非为了获得某种主导权，而是通过这些模糊性手段获得一种后结构主义中延迟的可能性空间。"第三空间并非是差异的或抗争性的立场位置的大结合，相反它'既非这个也非那个（我或者他者），而是之外的某物'。这种分裂或第三空间是无意识的、不确定的，其'本身是无法表述的'。"[2] 说到底，这是受压迫者的一种"存活策略"，不正面与权威冲突，而是站在间隙空间中，以力所能及的方式做出自己微小的干预。

由此，霍米·巴巴得出结论，认为拥有文化的原初性或纯真性是根本站不住脚的。因为"第三空间可以被比作这一延迟的可能性空间，因此一种文化的差异就决不是简单的和静态的，而是矛盾的、变化的，并总是对进一步的阐释呈开放的态势。简言之，这就是一个混杂性的空间，是文化意义和认同总是包含其他意义和认同痕迹的空间。"[3] 因此，由于空间本身就是动态的、开放的，那么由此形成的文化必然是混杂的且不断变化的。由此可看出文化的形成似乎是自由开放的，每个人均对综合文化的形成有一定的影响力。但语言、符号与权力往往是挂钩的，受压迫者往往连最基本的话语权都没有，更不用谈他们自身文化的话语权和表述权。公众看到的所谓代表，往往只是虚假的"代言"。

另外，值得注意的是，文化具有跨国性和翻译性。不可否认，一种文化能否跨越国界被翻译并传播确由文化自身的魅力所决定，但决定文

1　参见生安锋：《霍米·巴巴的后殖民理论研究》，北京：北京大学出版社，2011年，第80页。
2　生安锋：《霍米·巴巴的后殖民理论研究》，北京：北京大学出版社，2011年，第83页。
3　生安锋：《霍米·巴巴的后殖民理论研究》，北京：北京大学出版社，2011年，第81页。

化能否流行的根本逻辑，毋庸置疑，必然是资本空间文化的逻辑：简单、快捷、统一、非历史等。这些逐渐成为衡量文化优劣的标准——经济的、科技的、工具理性的繁荣与文化的先进等同。因此，与消费空间的急速更新换代相契合，博眼球的浅层次的、快餐式文化为人们所推崇，而拥有厚重历史感的、多样的、慢速文化逐渐为人们所摒弃。资本空间文化成为了文化入侵的最大霸主。

（二）女性主义空间：对父权主义封闭空间的颠覆

从传统农业耕作到城镇工业社会的工厂劳作，此时的地理劳动空间呈现分散状态，并且生产技术水平较低，拥有较强体力的男性青年自然备受欢迎。此时父权意识形态占统治地位，而女性劳动力则从属于次级劳动力市场。随着城市进一步发展，科技水平提升，城市空间呈现出生产集中化、知识密集化、产能高效化的趋势，再加上空间重组带来的传统道德规范和伦理束缚的断裂，家庭格局发生了变化，传统的父权制家庭和社会权威也受到了挑战。

一方面，资本空间蕴含着父权制封闭机械的霸权逻辑。父权制度是指在家庭单位中制度性地强化男性对女性与孩童的权威，它是所有当代社会中的基础结构。父权制度还深入社会组织，从生产、消费到政治法律文化，不断巩固其社会实践权威。此外，源自于父权制度的支配性和暴力性文化也在一定程度上统摄着社会中的人格和人际关系，说到底，父权意识是一种占有和支配的封闭式的意识。人格支配或者性别支配现象最为显著的体现为女性的低自尊意识，这种自我低评价的自卑认识，伴随着父权主义的狭隘逻辑，即便在女性工作与意识革新的今天，仍旧奴役着女性的价值观。人际关系支配则涉及面更广，不仅包含着人与人之间命令与执行的上下支配关系，还可引申至阶层与阶层、国家与国家之间争夺、剥削、奴役等支配关系。这正是资本空间背后蕴含着的支配关系，只是衡量尺度有一定差异。

父权主义的判断尺度是狭隘且双重的，是一种霸权主义逻辑，这种霸权逻辑的实质是机械的决定论。从婚恋角度，由男性来决定女性存在的价值。在父权社会的性别文化里，女性的价值由婚姻和生育决定，从前，女人要嫁了好老公生了儿子才算好女人。如今，生育评价逐渐淡出了女性价值体系，然而对一个华人女性来说没有人爱、没有人娶就仍然意味着人生最大的失败。然而，男性的价值在于征服，评判标准可以是个性的自由的。无论男性三妻四妾还是独身主义都是追求，是时尚。这种双重逻辑实则是极其荒谬的，但如今却仍旧在潜意识中奴役着女性的价值观。该霸权逻辑说到底是强者决定弱者价值的机械决定论逻辑。譬如，由异性恋者决定同性恋者存在的价值、由精英阶层决定底层平民的资源分配、由发达国家决定不发达国家的发展路线……由物质机械地决定意识等等。这种僵化的决定论必然会带来社会关系的割裂、阶层的分异、国家的领土争端甚至引发战争。为了缓和这种矛盾冲突，抵制霸权主义的操控，女性主义开始探索，试图在父权空间狭缝中找到自己的位置，从而发现了第三空间。

另一方面，女性主义的第三空间诉求。女性主义空间运用空间视角来考察日常生活中的空间文化。女性主义从第三空间（介于物质空间和想象空间边缘的广阔的空间）入手，着重针对资本主义都市的日常生活进行批判。爱德华·苏贾从后结构主义的理论角度出发，将第三空间阐释为一种既充满操控又充满抵制的战略空间，有点类似于福柯所说的"差异空间"——霸权和顺服并存甚至能够获得短暂易位。也就是说，"一个新的突发事件可以时时发生在父权都市秩序中心大厦之外的会师场所"[1]。正是在第三空间中，女性主义者找到了自己的位置，将性别批判视角融入到空间批判中，在社会空间中探索性别文化位置互易的瞬间或缝隙。

女性主义空间一般以社会和经济为主题，探索社会科学视域下男权

1　[美]爱德华·索亚：《第三空间——去往洛杉矶和其他真实和想象地方的旅程》，陆扬等译，上海：上海教育出版社，2005年，第140页。

主义空间之外的空间，试图挑战男权意识统治下社会空间形成的封闭状态。女性主义空间从女性日常的家庭空间和社会劳动空间的相互关系入手，把对女性的研究带入经济生活和社会生活的范畴，探讨生产与再生产的关系。女性主义空间重点批判在空间差异化构建中表现为不平等的社会关系。

然而，在消费社会高度发展的今天，女性可以在消费中获得一种解放和抗争的空间。亨利·列斐伏尔在《日常生活批判》中对女性体验进行了敏锐分析，他认为诚然女性在日常生活中需要承受经济、就业、家庭、性别文化等等多重压力，但日常生活中女性仍旧可以获得一种脱离于男性霸权之外的抵抗和解放的空间。这是一种女性专属空间，在此女性可以获得独特的幻想，个性也可以得到张扬，暂时性地逃离现实生活的压力。比如以消费文化所构成的空间为例，在列斐伏尔看来，"消费社会对于女性生活来说扮演着魔鬼和解放者的双重角色。一方面，消费对女性形成了压抑和控制，使其在性别客体化中丧失体面；另一方面消费又不能完全被女性化所承载，具有不可通性的欲望保留了一种自发的意识，因此也就潜藏着希望；在空间上随着透视法的出现和运用，技术理性占据了主导，空间的女性品质被逐渐地压缩；在时间上，女性与周期性的时间，如自然节奏间的紧密关系，使得女性具有一种先天抵抗系统化的能力。"[1]

二、 资本空间的赛博空间扩张及其层级分化

新型电子媒介给人们的日常生活带来了诸多便利，减少了地理环境对人与人之间沟通的限制，增加了每个成员调配自己时间与空间的机会。这种借助于信息化平台的沟通方式，看似更为自由、平等，消解了人与人之间的不平等关系，但实际上，它们并未脱离传统社会空间结

---

[1] 王建、周凡：《女权空间城市》，《中外建筑》2007年第7期。

构、权力结构，而是吸收了它们，并在资本操纵者的推动下，为资本增殖所利用，形成普遍的资本空间结构模式。

（一）基础：赛博空间——真实虚拟空间

赛博空间是由数字技术所创造的虚拟交流空间（virtual communicative space）。它不仅包括纯粹的网络世界，还包括所有使用数字信息通信技术的社会活动在内。赛博空间在地理上是无限的、非实在的空间，在其中——独立于时间、距离和位置——人与人之间、计算机与计算机之间以及人与计算机之间发生联系。因此，在赛博空间中，无法指出行为发生或信息交换恰好发生的准确的地点和时间。因此，哈姆林克认为，不存在单一的赛博空间，存在的是"赛博空间群"。准确说来，赛博空间应包括所有的以计算机为媒介的交流形式，由以下六个部分组成："1. 数字计算机（从便携式电脑到专家系统）。2. 通过数字电子学把电话、传真机连接起来的网络。3. 数字控制的交通系统（如小汽车、火车、飞机和电梯等）。4. 在化学过程、卫生保健或能源供应等领域中运用的数字控制系统。5. 数字控制的装置，如手表、微波炉和录像机。6. 独立管理自动化系统的数字控制机器人。"[1] 可见，赛博空间已经与我们现实生活交融在一起，成为了人们日常生活的一部分。因而，实际上赛博空间已经不是纯粹的虚拟存在，它是虚拟与现实相互交织的空间，这种介乎于二者之间的概念卡斯特称之为"真实虚拟"（real virtuality）。

"真实虚拟"，即虚拟成为现实，现实成为虚拟。虚拟：似是而非；真实：事实上存在。卡斯特认为，"在这个系统里，现实本身（亦即人们的物质与象征存在）完全陷入且浸淫于虚拟意象的情境之中，那是个'假装'（make believe）的世界，在其中表象不仅出现于屏幕中以便

1　[荷] 西斯·J. 哈姆林克：《赛博空间伦理学》，李世新译，北京：首都师范大学出版社，2010 年，第 8 页。

沟通经验，表象本身便成为经验。"[1] 换言之，真实就我们体验来说，总是虚构的真实，因为这是通过特定符号来感知的真实，而符号的意义一般又是超越语言清晰表述能力的。所有的语言表述都具有编码含混层面的能力（多元阐述），从而使得体验到的真实呈现出虚拟状态，然而这种虚拟又是真实体验到的。可见，赛博空间正是一种真实虚拟空间，网络数字信息也许是虚拟的，但其计算机介质和电子设备以及参与主体（人）都是现实的。从本质上看，真实虚拟也正是人类实践活动的特点。

赛博空间中的虚拟行为在一定程度上会影响和塑造实物世界。这点最突出的表现在电子贸易过程中，电子贸易意味着人们在虚拟空间中买卖商品和服务。因为人们在赛博空间中购买的非虚拟商品一般均需要通过物理运输才能在现实世界送达。因而，在虚拟空间中实现的贸易增长导致现实世界中交易额以及相应的基础设施使用率的增长。譬如，网购平台算法推荐技术的流行，促使消费者总是被推送个性化定制的商品，强化了消费者的购买冲动，塑造了他们的购物偏好，使得他们往往会购买更多超过预期的商品。在此过程中，赛博不仅是一种工具，赛博空间也不只是均质平等且价值无涉的虚无空间，人与物在此过程中都受到了实实在在的现实影响。

（二）表象：短暂的自由与平等以及局部权力关系的剧烈重组

赛博空间高度发展后，形成了以网络为基础的社会结构。这是一种高度能动的开放系统，乐于创新与变革而不危及它的整体平衡。因此，赛博空间的新型信息传播维度可以在一定程度上对陈旧而僵化的权威机制进行革新和再创造，创新型继承传统的同时也能使其释放更大的能量。卡斯特在《身份的权力》一书中指出，"网络无论是对于立足于革

1　［美］曼纽尔·卡斯特：《网络社会的崛起》，夏铸九等译，北京：社会科学文献出版社，2001 年，第 463 页。

新、全球化和去中心集聚的资本主义经济，对于立足于灵活性、适应性的工作、工人和公司，还是对于永远在解构和重构的文化，以及旨在压抑空间、消灭时间的社会组织，都可谓是如虎添翼。但是另一方面，网络形态也是权力关系剧烈重组的一个资源。"[1] 赛博空间运用数字化电子生产、分配与交换信号为基础的系统将社会现实重现出来，对社会结构带来了极大的影响。

传统权威被放置在与世俗同一系统里，被大众审视。传统的支配与控制权力被消解了，大众获得了有限的自由与平等。新型数字化信息重组了传统信息传播方式，大幅度削弱了传统宗教、道德、权威、传统价值以及政治意识形态等等信息发动者的象征权力。发送者以含有历史性编码的社会习惯来传输，此外，这些传统信息还需为自己重新编码，力图以新面貌赶上网络潮流（世俗化），否则只能消失。它们一旦被网络经济给予物质化包装，就会获得倍增的精神威力。与此同时，这些传统而高贵的精神必须与众多世俗信息共存于同一个系统里，并对世俗状况让步。"超凡脱俗的信息，与随选的色情图文、肥皂剧以及线上交谈并存。至高的精神力量依然能够征服灵魂，却失去其超越人类的地位。随后便是社会世俗化的最后一步，即使有时候会以宗教之炫耀性消费的诡秘面貌出现，而且有各种谱系和品牌。社会最终真正地解魅（disenchanted）了，因为所有的惊奇都在线上，而且可以结合成为自我建构的意象世界。"[2] 此时，一切都呈现在同一网络平台中，可以合成人们后天建构起来的新世界，但该世界失去了传统权力的历史性和神秘性，被"祛魅"了。

然而，这并不意味着大众拥有了自由与平等。换言之，大众所拥有的有限自由和平等是赛博空间的操纵者给予的有限权利。譬如，网购的

1　Manuel Castells, *The Power of Identity*, Malden (Mass) and Oxford: Blackwell Publishers, 1997, p. 470.

2　[美] 曼纽尔·卡斯特:《网络社会的崛起》，夏铸九等译，北京：社会科学文献出版社，2001 年，第 465 页。

自由、网络求职的平等、网络言论的自由等等，这些基本自由无法撼动真实世界中的社会层级。大众有获得感并不等于大众真的受益了。

新沟通系统彻底转变了人类生活的基本向度（空间与时间），使得建立在特定地方性的权力分崩离析，以至于流动空间取代了地方空间。"当过去、现代与未来都可以在同一则信息里被预先设定而彼此互动时，时间也在这个新沟通系统里被消除了。流动空间（space of flows）与无时间之时间（timeless time）乃是新文化的物质基础，超越并包纳了历史传递之再现系统的多种状态：这个文化便是真实虚拟之文化，假装（make-believe）便是相信造假（believe in the making）。"[1] 此时，地方权力并非完全消失了，取而代之的是更大格局的空间权力。也就是说，只要现实资本主义的生产方式不变，支配与控制永远不会消失。即便在真实虚拟的赛博空间中，同质化带来的是地方权力的瓦解以及普遍权力的增加。如同，公司定点雇佣与公司网络招聘，公司的雇佣权力看起来更大了。

（三）本质：大众的社会层级分化

可见，赛博空间与资本空间都具有同质性，它们都能将传统信息经过特定编码在统一系统中显现出来。前者编码方式是虚拟数字，价值指向是虚拟自由；后者编码方式是价格，价值指向是自由主义霸权。因此，二者必然可以相互结合。由于赛博空间缺乏现实性的权力助力，只能作为工具为资本空间所利用。

首先，赛博空间能扩大使用者的社会与文化分歧。从主观因素来看，赛博空间的使用者各不相同，拥有特定的社会与文化分歧和偏好，从而可能导致使用者—观看者—读者—听众之间的隔阂。从客观因素来看，信息不仅在发送者的策略下为市场所区隔，也由于媒体使用者依据

1　［美］曼纽尔·卡斯特：《网络社会的崛起》，夏铸九等译，北京：社会科学文献出版社，2001 年，第 465 页。

其各自的偏好，以及互动能力的优势而被使用者日益分化。如同内格罗蓬特（Negroponte）所言，"在这个新系统里，'首要的时间就是我的时间'（prime time is my time）。"[1]

其次，使用者之间逐渐有了社会层级化现象。卡斯特认为，"多媒体世界主要将区分为两种不同的人：从事互动者（the interacting），以及被互动者（the interacted），也就是能够为自己选择多方向沟通回路的人，以及仅得到有限套装选择的人。同时，谁会是哪一种人，大抵上受到阶级、种族、性别与国籍的制约。"[2] 因此，个人能力和地方性素养在此时得到了体现，通过赛博空间平台得到了增强。主动者可以利用赛博空间为自己寻求更多的资源，被动者则反被赛博空间利用而遭受更多食利者的盘剥。

最后，精英阶层可以用权力来占有赛博空间的高效信息，从而进一步扩大社会阶层差异。赛博空间信息的获取看似平等、自由，实则不然。与现实社会空间一样，社会有社会团体，赛博空间也有赛博空间群体，不同的群体拥有不同的权限以及不同的信息资源。一般同一阶层的人们处在同一层级的赛博空间群当中，进行自身层面的信息交流，同一阶层中人与人还是相对自由与平等的，对其他阶层具有一定的排外心理。尤其是掌握关键信息资源的精英空间群，他们的权力最大，不仅在现实空间，在赛博空间中更是如此。他们可以将第一时间获得的有利信息并快速地运用在实践中，第一时间占领市场，取得最大收益的同时致使贫富差距进一步扩大。

如今，在大数据时代，数据成为了新类型的资产，谁获得的数据更有市场价值，谁就能利用它赚取更多利润。大数据时代的权力正是源自于数据精英和数据资本家们组成的技术官僚对数据的占有。"从马克

1　转引自［美］曼纽尔·卡斯特：《网络社会的崛起》，夏铸九等译，北京：社会科学文献出版社，2001年，第460页。

2　［美］曼纽尔·卡斯特：《网络社会的崛起》，夏铸九等译，北京：社会科学文献出版社，2001年，第461页。

思主义政治经济学的角度看，新的资本的诞生，产生了新的资产阶级，产生了新的剥削与被剥削的生产关系，产生了由数据科学家组成的数据精英和数据资本家组成的新统治阶级，新的统治阶级在大数据的加持下将对民主的破坏和对大众的剥削推向了新的历史高度。"[1] 相比较传统信息调查问卷等渠道，大数据可以通过数据搜集和数据建模手段更为精准的压榨工人的劳动力，它不仅可以归纳整理已有行为数据，还能预判未来可能的行为倾向，最大程度地发挥算法剥削的作用。例如，外卖骑手困在系统里，就是人被大数据算法最大程度算计的典型案例。

三、 资本空间入侵宇宙空间开发造就"太空政治经济"

资本空间逐渐占领全球资源，然而随着时间的推移，地球资源已无法满足经济发展的欲求，再加上航天技术的不断发展和相关应用的不断深入，于是资本空间将探索视野开始转向资源丰富的宇宙。"太空经济"时代由此展开了序幕。此外，由于空间资源的区位独特性，使得宇宙空间的开发利用不仅是科技和经济问题，更是一个政治军事问题。换言之，人类探索宇宙发射第一枚太空火箭、第一颗卫星、第一艘宇宙飞船、第一个空间站……这些行动不仅仅有利于科研，从而推进人类社会物质经济水平快速提升，还带有浓厚的军事化和殖民化色彩：宇宙空间资源的占有象征着权力的拥有。这一点主要体现在美国。

（一） 太空经济时代的经济效益

所谓"太空经济"，不是太空中的经济，是指包括各种太空活动所创造的产品、服务和市场以及形成的相关产业，是在探索、理解、管理和利用太空过程中为人类创造并提供价值与福利的所有活动与资源利用。"太空经济"除包括空间技术与产品、空间应用、空间科学三大部

1　于文轩：《大数据之殇：对人文、伦理和民主的挑战》，《电子政务》2017 年第 11 期。

分所形成的产业外，还包括由于进入太空、探索太空、获取太空资源等
而衍生的技术、产业和经济效益。此外，"太空资产不仅能够提供至关
重要的信息服务和产品（通讯、图像、导航等），而且能支撑经济基础
设施，是交通、银行、电讯及互联网服务、医疗卫生、农业和能源等许
多其他部门的倍增器和赋能器。"[1]

随着航天技术的不断发展和相关应用的不断深入，"太空经济"时
代已经到来。"太空经济"包括各种太空活动所创造的产品、服务和市
场，如航天及太空文化产业、太空农业、空间科学、卫星、太空工业、
太空能源、太空旅游、航天支援与保障服务等。而太空移民正是发展航
天技术的终极目标之一。新兴的"太空经济"正在改变地球上人类生活
的方方面面。

事实上，太空正在成为仰赖信息的军队、商业和社会的军事和经济
的重心。1997 年，美国太空司令部司令豪厄尔·埃斯蒂斯三世
（Howell M. Estes，III）将军指出，"对美国至关重要的不是太空军事
的未来，太空商业的持续发展将会在未来几十年为美国提供至关重要的
持久力量，太空军事将追随其后。未来太空商业将成为一个经济重心并
因此成为美国及世界其他各国的一个重要的力量源泉。"[2]

（二）太空经济时代的军事效应

军事化角度，宇宙探索技术的发展和宇宙空间区位的恰当利用能带
来压倒性的军事优势。第一，有利于战略力量的规划和布置。比如，载
人航天可以无视国界和时间限制，快速侦察和监视地面目标，部署和修
理军事卫星，拦截和摧毁敌人的卫星和导弹；协助指挥和控制地面军事
力量，作为特殊武器试验场等。第二，有利于战略危机的管理。1962 年
的古巴导弹危机一度把人类推到核战争边缘。在这场持续 13 天的美苏

1　张茗：《如何定义太空：美国太空政策范式的演进》，《世界经济与政治》2014 年第 8 期。
2　转引自张茗：《如何定义太空：美国太空政策范式的演进》，《世界经济与政治》2014 年第 8 期。

博弈中，侦察卫星的战略危机管理作用表现得淋漓尽致。20 世纪 70—80 年代，美国担负着侦测全球太空和导弹发射任务的"国防支援项目"卫星系统（DSP，1970 年—）在甄别核攻击误报、维护美苏脆弱的核平衡方面同样功不可没。

殖民化角度，宇宙空间属于未划界区域，越是先手抢占就越能获得更多利益。简言之，"我首先走到哪里，哪里便是我的领土"。这种殖民化逻辑的实质是，只想享有权利，不想承担责任。无度的掠夺与占有欲泛滥，完全不顾被掠夺者感受的主观私欲膨胀。这种不管不顾任性妄为的举动毫无大国风范，不仅阻碍了其他国家探索太空资源，造福本国甚至造福世界的可能性，还有可能间接扼杀人类社会整体科学进程。在客观上加大了技术先进国与技术落后国家间的科技差距、军事差距以及贫富差距，会引起他国的惶恐与不满。这严重地破坏了人类的和平，终将会成为人类灾难之源。

（三） 预防太空的公域悲剧

太空是覆盖全球的公域，然而在超级大国尤其是美国看来，太空是其他国家不可染指的"私有领域"，是美国主宰的公域。随着越来越多国家进入太空领域，太空权力分散化、多极化趋势明显。美国独霸太空的时代即将过去，太空成为一个被争夺的公域。随着太空行为体的不断增加、太空活动的日益频繁、在轨航天器与太空碎片相应递增，"在美国看来，太空迈入了一个全新的'拥挤（congested）'、'争夺（contested）'和'竞争（com-petitive）'的'3C'时代。"[1]

悲剧一：太空垃圾。1978 年美国国家宇航局科学家唐纳德·凯斯勒（Donald J. Kessler）提出了"凯斯勒综合征（Kessler Syndrome）"，认为随着近地轨道人为轨道碎片数量的增加，碎片之间发生随机碰撞的概率加大，使得轨道碎片地生成速度超过地球大气从轨道上移除碎片的速

1 　转引自张茗：《如何定义太空：美国太空政策范式的演进》，《世界经济与政治》2014 年第 8 期。

度，对航天器带来巨大威胁乃至最终使近地轨道不可用。此外，宇宙活动还污染了宇宙空间，给人类带来灾难，也影响到地球环境，进一步加剧了生态危机。如此下去，直至任何东西都无法进入太空轨道了。并且这些垃圾有可能会坠落到地球，给地球造成不可预测的灾难。更可怕的是核动力发动机脱落，会造成放射性污染。

悲剧二：太空战争。古希腊人早就说过，战争之危害，就在于它制造的坏人比它所消除的坏人更多。尤其是太空战争，其毁灭性远不是地球武器可以比拟的（因为不需要承担太空环境污染的责任，不需要承担破坏太空生态的责任）。因此，这种大规模杀伤性武器以及太空战争就其存在而言就是不人道的。谁也无法保证这样的战争不会以保护全人类为名义将枪口对准自己的同伴，所以它对于他国来说都是一个潜在的威胁。一旦爆发战争，都会不可避免的造成许多平民的死亡，伊拉克战争就很好的说明了这一点。如果再不加以限制和规范，太空就将成为继陆、海、空之后的第四战场，这显然对国际安全和人类和平事业构成了极大威胁。

面对太空公域悲剧的加剧，美国试图选择性地应对。在议题上，美国拒绝中国与俄罗斯共同提出的《防止在外空放置武器、对外空物体使用或威胁使用武力条约》（PPWT），而倾向于欧盟倡导的"国际太空行为准则"，以太空交通管理（STM）以及透明与信任建设措施（TCBMs）为努力重点。美国在合作对象的选择上，以盟友和伙伴关系国为主。目前，美国战略司令部与41个商业机构和6个国家（法国、意大利、日本、澳大利亚、加拿大和英国）缔结了太空态势感知共享协定，并正在与其他4个国家（德国、以色列、韩国和巴西）就此进行磋商。通过这些共享协定，美国在发射支持、机动规划、在轨异常处置支持、电磁干扰报告和调查、发射异常、航天器退役活动支持以及在轨碰撞评估等方面对伙伴国提供帮助。太空公域悲剧的化解需要全球性的全面参与，美国选择性地参与议题及寻找合作对象的做法不仅分化、损害了全球性合作的努力，还进一步加大了美国与其他国家经济的、军事的差距，妄图将地球以及太空资源悉数掌控。

第二节 资本空间之"应然"探究

资本空间是刚性的尺度空间,在割裂传统地方束缚的同时,使得"非地方"越来越包含在"地方"之中,将割裂的空间进行了资本化和等级化的重组和融合。这种方式给人类社会带来了一系列的负面影响。第一,资本空间的改造方式是"创造性的毁灭",不仅背离土地的地方性特点,也割裂了当地道德文化的地域性传承,造成大量人力和地力的浪费。人们利用资本追求自由的同时造就了土地污染、资源紧缺、德性和价值观的缺失等反过来限制了自由本身。第二,资本空间作为复杂的巨系统,空间的地方与非地方越来越紧密的耦合在一起。这种紧密关联的系统在使得生产和再生产活动变得越来越高效快捷的同时,也提高了系统风险,变得越来越脆弱。由计算机主导的瞬间交易一旦偏离轨道,会在市场上产生巨大的差异,引起大规模危机。换言之,任何子系统的破坏或对新变化的不适应,都有可能给整个城市、国家甚至整个世界带来影响。譬如,SARS等传染病传播带来的社会恐慌;高密度的城市开发及管理不善带来的空间混乱;2008年在美国爆发并引发全球经济危机的金融危机。第三,资本空间层级化的社会分工方式和发展方式、生产不平等再生产了分配不平等和社会不平等,造就了赤贫阶层和食利阶层。可见,资本空间的本真空间是异化的、背离人性和人类社会利益的,且其风险指数随着资本空间发展程度的增加而增加。

一、 韧性城市[1]与智慧城市: 未来城市的发展方向

因此,为了寻找资本空间发展的"应然"样态,需要针对资本空间

---

1 韧性城市也称弹性城市,"韧性"与"弹性"均源自于英文"Resilience",本书采用"韧性"一词的译法。有关两种译法的区别以及本书采用"韧性"译法的原由详见本书后记第一段。

的主战场——城市——首先进行考察。因为城市空间的景观变化能够前瞻性地反映出资本空间的发展样态与发展趋势。截至目前，城市未来的发展方向有五种提法：衰败、乡村化、分划、韧性城市和智慧城市。衰败、乡村化和分划城市均未将城市空间视为一个有机整体。由于城市空间正是人的社会空间发展本身，抑或是，城市有机体的生产方式正是反映了人类有机体的生活方式，因而一旦城市发展背离了人性，人类走向灭亡，城市也必将毁灭。城市的"韧性"正是适用于人的自由本质，而城市的空间韧性又包含生态、地理、环境等客观限定，且随着信息技术日常的空间场景融入，大数据已成为提升城市生活品质和治理水平的强有力工具。韧性城市与智慧城市并不矛盾，反而可以相辅相成，在提升城市发展速度的同时防范其中蕴含的一系列风险。因而，韧性城市与智慧城市可作为城市发展之"应然"方向进行考察。

（一）衰败、乡村化和分划城市

第一，衰败的城市。从城市的客观外在环境角度出发，仅考虑气候的恶劣化与能源的有限性，并未看到城市空间的自我可持续改造的可能性，城市最终将走向衰败。贾里德·戴蒙德把衰败定义为"相当大面积的、长时间的人口数量/政治/经济/社会复杂性的剧烈减弱"，他将衰落解释为"几种温和的衰落的极端表现形式。"[1] 引起衰败的原因主要有三种：（1）极端气候。著名科学家詹姆斯·拉夫洛克（James Lovelock）曾用加亚理论（Gaia，把地球的功能看作是一个超级有机体）来阐述这个世界，并首次在大气中发现了含氯氟烃（CFCs）。因此，他认为气候的改变是不可逆转的，到 2020 年时，极端气候将开始肆虐地球，那时候崩溃将会开始变成现实。（2）严重的石油危机。当下社会仍旧处在石油消费年代，对私家车的依赖、破坏式的郊区扩张以及不节能、不环保

1　转引自［澳］彼得·纽曼等：《弹性城市——应对石油紧缺与气候变化》，王量量、韩洁译，北京：中国建筑工业出版社，2012 年，第 41 页。

的建筑设计等等耗能严重，如此严重依赖石油能源的城市和乡村极易造成石油危机。而严重的石油危机会导致大范围的社会衰退。（3）社会恐慌。一方面，石油危机到来时，石油消费城市无法向新能源城市转变，人群中普遍的焦虑可能会迅速引起恐惧和慌乱。另一方面，当金融危机席卷全球，也会使得人们变得恐慌，人在极度恐慌的情况下会丧失社会应变能力。"随之而来的是法律和秩序的缺失。直到最后，政府所有的支撑结构都无法正常运转。所有我们所依赖的食物供给、给水排水、废物处理和供热等系统都开始崩溃。当所有城市中的基础设施都处于瘫痪状态时，不言而喻这种未来充斥着流离失所和死亡。"[1]

第二，乡村化的城市。从城市局部的内在改造角度，仅考虑节约能源与局部的生态化改造，并未将城市空间本身视为一个有机整体，认为城市将走向乡村化或半乡村化。一方面，城市完全复归于乡村是不可取的。在人类历史上，经历了从狩猎—采集为主的社会形态过渡到农业—城市的社会形态，即新石器时代。然而，城市的存在仍旧需要乡村中农业生产系统的支持，以维持整个生态空间的正常运行。但是在任何情况下，人类社会都不会主动放弃发展城市而重返狩猎—采集的时代。城市只有可能被重建、一直持续下去或者不断成长扩大。

另一方面，在城市空间中创立半乡村化的城市生活的方案也是不可能完全实现的。城市内部结合农业历来就是一种传统，它有着为市民提供大多数农业产品的潜力，尤其是在第三世界。并非意味着半乡村化的方案不可执行，而是无法持续。原因在于：（1）人们没有走向传统乡村生活模式的强烈动力与内在动机。（2）半乡村化城市的实现有其特殊条件。它要求人们拥有强烈的集体意识，更多致力于共有生活，强调自给自足，即每个城市都有义务为自己的市民提供食物。（3）即便农业发展水平再好，农村也无法替代城市最主要的功能。（4）部分乡村的特有功

1　[澳] 彼得·纽曼等:《弹性城市——应对石油紧缺与气候变化》，王量量、韩洁译，北京：中国建筑工业出版社，2012年，第45—46页。

能在城市中的移植可能会使个别家庭受益，但是对于整个城市来说，这种方式并不是可持续的。

第三，分划城市。从城市内部层级化的居住空间与社会结构相互作用的角度，仅看到了城市将两极分化的趋势，认为城市必将成为分划城市。分划城市，简单说来，就是城市居住空间的层级化和两极分化。表现为：（1）富人可以利用金钱与特权，占据或直接规划出区位优势的街区，把穷人排除在优势区域之外。他们把所有必要的服务设施都建设在自己周边，把所有中心城区的支持机构都设置在方便到达的地方。同样的，在这些独特的地区安装了最好的太阳能设施和能源再利用技术。当石油紧缺的危机威胁到他们头上时，他们开始一点点地退回到他们的生态分划中，他们通过围栏、恶犬、警卫或者最有效的隔阂手段——房价来维护着他们自己的权利。（2）穷人只能选择城市边缘的廉价住房，几乎没有服务设施和便利的公共交通。供热和其他建筑能源依然依靠石油和天然气或是其他可以找到的资源。很多企业因为远离工人居住区，很难到达而最终倒闭。"气候变化对化石燃料的限制加上石油供应紧缺的打击，这些区域将不可避免地衰败，这些依靠汽车的区域很快变得犯罪活动猖獗。"[1] 城市物理空间的分割会带来城市中社会阶层心理上的分化，不同的城市空间样态直接成为社会身份与社会地位的表征，从而加剧了社会壁垒。

这种短视的城市发展模式只看到了短期的市场利益，本质在于核心群体对边缘群体的利益剥夺，这会迅速导致城市的分裂，不仅在物理空间上，更在社会阶层上。长此以往，这种新自由主义逻辑将最终导致社会动乱或战争。

（二）韧性城市

因此，城市改造不仅需要考虑能源、气候、生活方式和社会道德状

1　［澳］彼得·纽曼等：《弹性城市——应对石油紧缺与气候变化》，王量量、韩洁译，北京：中国建筑工业出版社，2012 年，第 54 页。

况，还应将城市空间视为一个有机整体，从未来可持续发展角度，衡量城市空间的新陈代谢，从而走向韧性城市（Resilient City）。韧性城市理论的发展先后经过以恒定性为基本特征的"工程韧性（engineering resilience）"（1973 年以前）、以适应性为核心属性的"生态韧性（ecological resilience）"（1973—1998 年）及关注整个社会—生态系统可变换性的"社会—生态韧性（social-ecological resilience）"（也称"演进韧性"，1998 年—至今）三个发展阶段[1]。也有学者将基于城市地域、历史文化的韧性称为"文脉韧性"（context resilience）——"不同的地理条件、历史发展过程造就了各不相同的城市文化与传统，不同的现行制度、组织模式、社会网络状态等也会使城市之间社会—生态整体系统呈现出差异，这使得城市都处于不同的、具体的文脉中"[2]。以此强调不同文脉坏境中城市系统的韧性机制及适宜创新性。

韧性城市（也称弹性城市）并非如同半乡村化城市般机械的生态结合，而是将整个城市的生态系统，在与高科技有机结合的基础上，对城市空间自然或社会抗风险能力的综合规划。譬如，在能源分配与城市基础设施的享有上，通过合理的空间规划，诉诸平等。燃料和替代能源，在韧性城市方案中都会为所有市民提供；在日常生活空间与工作空间中，人们将可以通过公交或者步行到达工作地点和服务设施，也可以使用电动汽车作短途的交通工具。在建筑规划上，绿色建筑和基础设施建设在适宜步行的城市中心和次中心，不划分出贫民区或富人区。此外，在恰当的空间区位合理利用生态技术，以保证城市空间的可持续发展。"在集中发展的交通中心和城市走廊之间建立生态村来帮助管理城市的生态功能，例如可再生能源的生产、水和废弃物的回收利用；这些生态

1　参见欧阳虹彬、叶强：《弹性城市理论演化述评：概念、脉络与趋势》，《城市规划》2016 年第 3 期。.

2　参见欧阳虹彬、叶强：《弹性城市理论演化述评：概念、脉络与趋势》，《城市规划》2016 年第 3 期。转引自何依、李锦生：《城市空间的时间性研究》，《城市规划》2012 年第 11 期。HE Yi, LI Jinsheng. Temporal Study on Urban Space [J]. *City Planning Review*, 2012, 36 (11): 9-13.

村通过智能控制和本地管理系统与城市范围内的绿色基础设施体系相连。城市生态村也会种植专门的农业产品并丰富城市的生物多样性，虽然这些生态村落是位于合理的城市供给范围之内，但是实际上在很大程度上它们可以自给自足。"[1]

韧性城市指向的不仅是人们物质生活的舒适、便捷、环保，还通过开放、流动、整体的空间改造来造就人与人之间的平等、公正、自由的社会状态。韧性城市的规划是以人的自身需求为目的，与能源、交通、工作、建筑、空间区位以及高科技综合考量才得出的。与资本空间不断走向社会、地理的壁垒层级不断加固不同，韧性空间意图冲破阶层壁垒，将城市空间与伦理秩序有机结合，具有较强的抗风险能力。而资本空间生产结构使得拥有较强抗风险能力的，往往只有掌握大量资本的少数人，大多数底部阶层缺乏抗风险的自保能力。单一集中式的发展机制，使得一旦城市遭遇危机，担负最大责任的，就是日常受剥削严重的普通群众。这不仅不正义，也不利于城市空间乃至人类社会的长远发展。因此，城市空间的构建和发展应当融入韧性理念，从而为普通民众抵抗城市发展带来的风险增强缓冲力，让城市发展红利尽可能多地惠及大部分人。可见，韧性城市理念的核心是共建共享的价值观。

此外，韧性城市理念将城市视为有机主体，强调城市的学习能力，抓住挑战带来的机遇，保持发展活力。韧性概念最早起源于生态学，被加拿大生态学家霍林（Holling）定义为生态系统忍受干扰仍旧能够维持主要功能、结构及特征的自组织能力。随后不同的学科开始介入研究，不同学科的研究侧重点不同：强调缓冲力；强调灾后恢复的速度。一般说来，韧性最基本的含义是系统所拥有的化解外来冲击、并在危机出现时仍能维持其主要功能运转的能力。伴随着信息时代的来临和先进科学

1　[澳] 彼得·纽曼等：《弹性城市——应对石油紧缺与气候变化》，王量量、韩洁译，北京：中国建筑工业出版社，2012年，第58页。

技术的发展，依托大数据、人工智能 5G 等核心技术，这种将城市视为有机生命体的理念到了智慧城市阶段得到了进一步的具象化。

（三）　智慧城市

习近平总书记指出，"世界正进入数字经济快速发展的时期，5G、人工智能、智慧城市等新技术、新业态、新平台蓬勃兴起，深刻影响全球科技创新、产业结构调整、经济社会发展。近年来，中国积极推进数字产业化、产业数字化，推动数字技术同经济社会发展深度融合。"[1] 可见，智慧城市是未来城市发展的必由之路。

到达智慧城市阶段，城市已超脱于冰冷机械的区域地块，在城市顶层设计阶段，城市空间整体就已被视作"人"了，城市更像是拥有着"大脑"的有机生命体，具有着显著的生命特征[2]。城市不再止步于"被动"改造为宜居空间，而是拥有了"主动"的学习能力和创新能力。

智慧城市（Smart City）简单地说，是一种可持续发展的具有总体性的城市生态系统。它起源于传媒领域，主要指将先进的信息技术手段充分运用在城市各个领域，通过全面的感测、分析、整合城市中各项关键信息，"对城市各方面和各层次需求做出明确、快速、高效、灵活的智能响应，有效配置和融合人、土地、信息以及资金等城市资源，形成高效运转、可持续的城市总体生态系统。"[3]

一般意义上的智慧城市包括三个版本，即智慧城市 1.0、1.1 和 2.0三个版本：智慧城市 1.0 和 1.1 充分运用物联网、云计算、大数据等核心技术，发掘数据的价值，运用先进信息技术手段，为城市资源的有效

1　习近平："习近平向中国—上海合作组织数字经济产业论坛、2021 中国国际智能产业博览会致贺信"，来源：人民网-人民日报，发布时间：2021 - 08 - 24，http：//jhsjk. people. cn/article/32204796。

2　城市作为复杂的巨系统表现出了显著的生命特征，如新陈代谢、应激反应、自适应机制、生长变异、生病自愈等等。详见吴越：《城市大脑》，北京：中信出版集团，2019 年，第 58、61 页。

3　吴越：《城市大脑》，北京：中信出版集团，2019 年，第 21 页。

配置提供更加智能的服务；智慧城市 2.0 运用人工智能、5G、区块链、虚拟现实等技术侧重于对城市进行场景驱动和自动化控制等技术，从而强化人与物之间的深度关联。换言之，"智慧城市的核心基础是利用先进的信息技术让人与物具备更强的能力，将人与人、人与物以及物与物连接，以数据共享和信息传递更加有效地协调和优化资源，优化城市生态系统，让城市治理更智能、生活更方便、决策更科学。"[1]

智慧城市空间存在于多维空间，即物理空间、社会空间、信息空间相互关联和融合的有机空间中。该空间既是相互对应又是虚实互动的，这种互动通过了智慧城市"大脑"的中枢神经（ACP[2] 三系统）实现多轨并行从而相互学习与指导，以此提升虚拟空间模型的精度，用于指导和改造现实的城市物理空间，使得城市拥有了学习能力甚至自愈"城市病"的变异能力。"如果城市的变异能力较差，不能适应世界发展，那么不论曾经和当下怎样，它都会被时代抛弃。学习是获取竞争力最重要的途径。"[3]

智慧城市是"自上而下"的，由充分的顶层技术设计开始，向下与具体生活场景对接。而实际操作中，城市"大脑"中数据的填充又必须以大量真实精准的生活数据为基石，因此在实际生活场景中，"智慧"的运用又是"自下而上"的。智慧城市空间就在这双向互动中构建出来了。当下智慧城市的"大脑"在城市治理中起到了极大的作用，大大提升了我们的城市生活质量。比如：建设政务大数据让群众办事"最多跑一次"；智慧城管让城市管理"精细化"；从智慧交通到交通 AI 构建车路协同的新能力；智慧医疗平台使居民就医更便捷；智慧教育更是多维

1　吴越：《城市大脑》，北京：中信出版集团，2019 年，第 23 页。

2　A 指人工系统，即构建与真实系统相似的人工系统；C 指计算实验，即利用当前高效的人工智能、机器学习等方法来对构建不同数学问题进行求解和分析；P 指平行执行，即用人工系统来指导真实系统，同时真实系统也可提升人工系统。详见吴越：《城市大脑》，北京：中信出版集团，2019 年，第 63 页。转引自刘腾等：《基于人机意图智能融合的平行驾驶技术》，《中国计算机学会通讯》2018 年第 8 期。

3　吴越：《城市大脑》，北京：中信出版集团，2019 年，第 59 页。

度增加师生互动从而打造了教育新生态等等。

二、韧性空间：韧性理论、智慧技术与社会系统的有机结合

（一）智慧城市与韧性理念的融合

实际上，智慧城市建设存在着一定的风险，这在国内外文献中均有所提及，具体表现为智慧城市存在着信息安全、技术垄断、物联网安全、算法"黑盒子"[1] 等风险。大数据对个人信息具有二次使用与强大整合能力，即便用广隐匿部分隐私信息，大数据仍旧能将相关数据挖掘出来并实现信息的精准指向[2]。此外，被企业精英和技术专家裹挟的大数据的技术垄断反而可能加剧不平等、不正义。[3] 因此，法律和技术必须共同加强对大数据的有益利用，以促进公共利益，同时也促进人们对个人数据的控制，这是个人隐私权的基础[4]。

然而，大数据时代的到来是不可避免的，如果因为担心智慧城市风险而完全回避信息技术，回避智慧治理对城市生活质量提升的积极作用，让人们回归无信息化的工业文明，反而是本末倒置的行为。实际上，我国智慧城市建设的政策是国家经顶层设计后出台的。早在 2012 年 11 月，就国家层面来看，住房和城乡建设部就出台了《国家智慧城市试点暂行管理办法》，接着，每年有关智慧城市均陆续有文件出台，尤其是 2016 年，国家层面有 14 部文件出台，联合 23 个相关部门组成

1　Brent Daniel Mittelstadt, Patrick Allo, Mariarosaria Taddeo, Sandra Wachter and Luciano Floridi, "The ethics of algorithms: Mapping the debate", *Original Research Article*, July-December 2016: 1 - 21.

2　Maria Bottis; George Bouchagiar, "Personal Data v. Big Data in the EU: Control Lost, Discrimination Found", *Open Journal of Philosophy*, 2018 (3), pp. 192 - 205.

3　O'Neil C. *Weapons of Math Destruction: How Big Data Increases Inequality and Threatens Democracy*. New York: Crown Publishers, 2016.

4　Maria Bottis; George Bouchagiar, "Personal Data v. Big Data in the EU: Control Lost, Discrimination Found", *Open Journal of Philosophy*, 2018 (3), pp. 192 - 205.

"新型智慧城市建设部际协调工作组",强化部门工作合力。[1] 直到 2020 年,民政部办公厅、中央网信办秘书局、工业和信息化部办公厅、国家卫生健康委办公厅联合出台文件《新冠肺炎疫情社区防控工作信息化建设和应用指引》将智慧城市的信息技术与疫情防控相结合,取得显著的成效。

　　而我国在推进智慧城市的建设过程中也存在着诸多问题,具体表现为以下几个方面。第一,可能导致传统人文价值被"遮蔽"。部分智慧城市建设理念窄化了智慧城市的概念将其视为冰冷的智能巨型系统,以至于人的存在被"数据化",人文价值被工具理性价值所遮蔽。智慧城市强调大数据的量化、解构以及符合算法逻辑的整合能力。最终智慧城市仅仅被当成大数据城市和信息城市,该衡量标准过于狭隘了,只看到智慧城市之"智",忽视了城市之"慧",仅将智慧城市视为智能化的运行系统或庞大的机器。[2] 对于大数据的盲目崇拜势必导致数据偏见,从而将数据边缘群体(被大数据逻辑视为无价值者)排除在主流信息之外。第二,可能导致大量人力财力的浪费。乡村或城市原有的数据基础设施与智慧城市的建设标准不匹配,导致"盲目跟风"建设智慧城市的现象,甚至导致大量人力和地力的浪费。"一些基础薄弱甚至连数字城市基础都不具备的城市也对在几年时间内建成一个他们心目中的城市抱有过高期望"[3],具有盲目性和急功近利的心态。第三,可能破坏原生态的人文地貌资源。无视原有根基强行推进智慧城市建设,还可能强行改变原有乡村或城市的历史地理人文景观以及村规民约的传统文化习俗,造成非物质文化和家风习俗传承的断裂。因为我国现有的智慧城市评估指标更注重城市管理质量提升带来的经济效应的增长,而忽略了环境评估"生态改善"方面的内容。第四,可能导致投资风险的增加。"国内

---

[1]　详见国家发展和改革委员会等编:《国家新型城镇化报告(2019)》,北京:人民出版社,2020 年,第 138—140 页。

[2]　陈丽容等:《中国智慧城市建设不可临摹西方思维》,《通信信息报》,2012 年 8 月 1 日。

[3]　沈清基:《智慧生态城市规划建设基本理论探讨》,《城市规划学刊》2013 年第 5 期。

部分城市智慧城市建设工程大多具有投资规模大、建设标准高、建设内容多、运行周期长等特点；再加上一些智慧城市建设与城市化的结合，使得房地产行业泡沫引向智慧城市，加剧了智慧城市建设的投资风险"[1]。第五，可能导致数据碎片化以及利用率低下。智慧城市建设一定是多级联动的，但现如今数字政府之间区域合作较少，公共服务数据碎片化现象较为严重，数据的利用率不高。2014年，《国家新型城镇化规划（2014—2020）》强调了"建立完善跨区域城市发展协调机制。以城市群为主要平台，推动跨区域城市间产业分工、技术设施、环境治理等协调联动。"[2] 因此，城市群的数据融合与智慧协同治理模式将成为发展的新方向[3]。

　　智慧城市与韧性城市两种理念相互比较，会发现有极大相似之处。二者均以整个城市的生态系统为研究主体，强调与高科技的有机结合，将城市视为能够自主进行新陈代谢的有机生命体。虽然智慧城市理念更强调运用大数据手段对城市生活场景的把控和治理，而韧性城市理念更为看重对城市空间的自然或社会抗风险能力的综合规划，但是二者出发点均是整体性思维。

　　但实践过程中，智慧城市可操作性和可复制性较强，而韧性城市可操作性较弱。因为人类社会并非均质存在，不同社会历史、不同地理地貌、不同城市功能、不同行政区划都会造成城市各个方面发展各异，这样韧性的标准就很难把握，因此，当下韧性城市的建设更多的仍旧停留在理论探讨阶段。然而，智慧城市在实际操作过程中遇到的问题也较为明显。智慧城市通过信息技术嵌入城市基础设施和运营管理，以提升经济效益和管理效率，但城市的安全与健康发展却难以保障。而韧性理念

1　据住建部预计，"十二五"期间智慧城市投资总规模将达到5000亿元；长期而言智慧城市投资规模将超过10万亿元。详见沈清基：《智慧生态城市规划建设基本理论探讨》，《城市规划学刊》2013年第12期。

2　《国家新型城镇化规划（2014—2020）》，北京：人民出版社，2014年，第34页。

3　详见李磊等：《从数据融合走向智慧协同：城市群公共服务治理困境与回应》，《上海行政学院学报》2020年第4期。

正是针对城市发展带来的一系列生态、经济、技术、社会等风险提出的，因而更为强调城市发展的生态性和安全性。同时，智慧城市建设对于城市韧性的提升也具有显著的效果，"但社会赋权存在明显短板；智慧城市建设对基础设施韧性具有积极作用，但环境、能源、农业领域的韧性红利不显著；智慧城市建设对增加经济'冗余度'尚不明晰，大数据产业化和传统行业的数据化转型面临不确定性风险。"[1] 此时，将韧性理念恰当地引入智慧城市建设理论中，就显得很有必要了。

（二）韧性空间的提出

目前，韧性理念已扩展到包括"生态、技术、社会和经济的四维视角"[2]，韧性城市正是源于韧性理论与城市系统的有机结合。而智慧城市的"城市大脑"在日常应用方面走得比韧性理念更远，其运用已扩张至政务、城管、交通、健康、司法、教育、体育、旅游、工业、安全等日常生活领域并均已取得了成效[3]。"智慧"可划归为韧性理念的四维视角之一"技术"。因此，韧性理论与社会系统在有机结合的过程中，"智慧"可作为渗透性要素贯穿生态、经济、社会三个维度。接下来从生态韧性空间、经济韧性空间与社会韧性空间三个方面着手，结合智慧城市的实际运用技术和场景，对智慧的韧性空间进行考察。

第一，智慧生态韧性空间。跨越阈值的慢变量才是生态系统的衡量标准。霍林（Holling）将城市生态韧性定义为：城市生态系统在重新组织且形成新的结构和过程之前，所能化解变化的程度。具体包括人类系统与生态系统之间的关联作用，社会经济过程与生物物理过程之间的关联作用。资本空间的城市化进程使得自然栖息地碎片化、物种构成同质化、能量流和营养循环的中断，降低了不同尺度的韧性，增加了生态空

1　宋蕾：《智能与韧性是否兼容——智慧城市建设的韧性评价和发展路径》，《社会科学》2020年第3期。

2　蔡建明：《国外弹性城市研究述评》，《地理科学进展》2012年第10期。

3　详见吴越：《城市大脑》，北京：中信出版集团，2019年，第95页。

间系统的脆弱性。此外，生态空间具有很强关联性，与社会、经济、政治过程的相互影响，这就要求建设一种应对各种不确定性冲击、且能够维持生态系统服务功能的组织体系。

而信息技术合理地嵌入人类社会和经济活动可以强化生态系统的韧性。由于人类活动排出的废物都有赖于生态系统自带的化解作用，但这种自然化解需要时间，且对不同的物质，化解时长不同。如今，人类生产工业垃圾的速度远超过自然界的净化速度，从而造成关联的断裂。因此，"在城市系统中，慢变量才是推动系统跨越阈值的关键力量（Zeeman，1977）。对于城市系统而言，快变量的增长只体现短期的繁荣，只有慢变量的增长才代表社会的发展、城市竞争力的增强。影响城市发展的诸多慢变量，包括科技力量（城市革新）、城市化以及气候变化是影响城市系统的关键因素。"[1] 这里强调"慢变量"并非倡议人类社会重新回归茹毛饮血的农耕文明，而是提倡城市系统增长的安全性和稳固性。换言之，既然城市已进入智能化时代，要消解城市发展带来的工业垃圾却仍旧将垃圾消解的衡量标准停留在农耕文明的自然降解模式和自然降解速度时代上，这种生态经济理念本身就是极其矛盾的。一方面，利用大数据模型预先评估计算环境承载能力，减少排放物或将垃圾处理为容易降解的废弃物进行排放，另一方面，应当充分利用大数据生态治理系统，对垃圾进行合理快速分类以增强回收利用率。此外，智慧生态韧性空间不仅包括空间系统能够调整自己，应对各种消极的不确定性和突然袭击的能力，还包括能将那些积极的空间特性有效转化为资本效益和社会效益的能力。

第二，智慧经济韧性空间。强调利用信息技术提升空间有机主体的经济自我修复能力，构建"具有韧性的供应链"[2]。经济韧性研究主要强调在经济地理发展、城市规划、乡村建设的数字化转型过程中，采取与

1　蔡建明：《国外弹性城市研究述评》，《地理科学进展》2012年第10期。

2　《后疫情时代——大重构》，中信出版集团，2020年，第153页。

生态韧性相关的评价标准，如复杂性、多样性和自组织能力，来研究城市经济和产业系统的韧性以防范资本无序空间扩张中蕴含的经济风险。这种组织方式，使得经济发展既符合经济增长规律，其改革又不会对人们日常生活造成突变，反而因其便捷性让普通民众拥有实实在在的获得感，从而自觉接受经济发展的数字化转变过程。例如，支付宝、微信钱包的"无纸化"支付改变了人们的消费习惯。

与此同时，我们也应当警惕数字化便捷性中蕴含的风险，强调"端到端价值化"理念（兼顾效率、韧性、成本），用"以防万一"的策略来取代"准时制"的供应链模式[1]。例如，河南郑州突发暴雨导致人们在便利店购买商品无法支付，外卖平台暂停下单，共享单车无法开锁。因而数字化程度越高，其安全挑战便越大，社会对灾难储备、救援应急能力的关注程度也应获得相应提升。罗斯（Rose）"认为经济弹性涉及到公司、家庭、市场和宏观经济不同层次，是个体和社区在外来冲击发生时以及发生后，为避免潜在的损失所采取的灵活应对策略（行为学），它是系统对灾害与生俱来的一种响应与适应能力"[2]。而河南郑州事件也提醒我们在注重数字化经济升级的同时也应考虑一旦遭遇突发灾害等极端状况，面对郑州暴雨造成的断网困局，应当"开放更加多元的数字通信手段，比如天基互联网、离线数字支付、紧急通信临时基站"以及"卫星应急通信系统"等[3]。此外，韧性城市也应当将自给能力建设摆在重要位置，尽可能做到在城市当地或邻近区域实现自给自足，包括食物、水、能源等基本日常生活服务。

1　详见《后疫情时代——大重构》，中信出版集团，2020 年，第 154 页。
2　罗斯对经济弹性进行了深入的研究，包括经济弹性的定义和测量，静态弹性和动态弹性的区分。在罗斯看来，静态弹性是市场能够依据价格信号对资源进行有效分配，动态弹性是通过修复和重建资本存量实现快速恢复；以及相关实证研究如灾难事件的宏观经济影响、恐怖主义袭击对城市水系统的经济影响、地震之后电力设施优化分配、社区对地震的经济弹性的测量等。详见罗斯：《定义和测量弹性灾难》，2004 年，转引自蔡建明：《国外弹性城市研究述评》，《地理科学进展》2012 年第 10 期。
3　沈玉洁、马云飞、蔡淑敏：《郑州暴雨后引发的数字化城市思考》，澎湃媒体：国际金融报，2021 年 7 月 29 日，网址：https://m.thepaper.cn/baijiahao_13804217。

　　从后疫情时期经济全球化的角度来看，全球制造业企业为了不断追求更为廉价的劳动力、产品和零部件，致使国际生产分化得七零八落。生产全球化仅依靠精准高效的生产机制来维持整体生产，虽然成本低、效率高，但抗风险能力在疫情期间显得尤为不足，供应链的断裂致使相关企业蒙受大量损失。这些企业应该"做好应对准备，缩减供应链或事件供应链本地化，并精心筹划生产和采购备份计划，防范供应链长期中断。"[1] 如此，为了强化风险抵御能力，生产成本必然增加，这就需要企业创新工作模式和经营模式，尤其是借助数字技术探索新运营方式，以预防和应对危机。

　　第三，智慧社会韧性空间。社会韧性指社会群体或个体在面对变化环境时抗风险能力的提高。相反，脆弱性则指社会主体因为环境变化压力使得谋生困难以及社会保障降低，此时，韧性的概念已从生态领域进入社会领域。社会韧性更多地是在社会层次上的定义而非个体层次，涉及社会和团体的社会资本。拥有较多社会资本的群体，韧性能力强，智慧城市也同样如此。一旦遭遇突发性事件，被大数据排除在外的边缘群体承担风险能力往往最弱。因而有学者提出"建设'智慧城市'难点不在技术，而在利益壁垒"[2]。值得注意的是，智慧城市中的"智慧"二字指"群众智慧"，应当是源于群众并服务于群众的，构建的社会空间应当是"众创空间"，绝大多数普通民众均能从中受益。换言之，"真正的智慧行为只能是个体超越自身利益、努力平衡多方利益、进而实现为绝大多数人谋福祉的行为。凡是只考虑到个人或小集团利益（扩而言之包括只考虑到本民族或本国利益）、却要牺牲绝大多数人利益的行为都不属于智慧行为（汪凤炎，等，2010）"[3]。这样构建出的智慧社会空间才有可能真正充实着韧性，广大群众不仅从事着智慧的工作，更能共享智

1　《后疫情时代——大重构》，中信出版集团，2020年，第154—155页。
2　沈清基：《智慧生态城市规划建设基本理论探讨》，《城市规划学刊》2013年第5期。转引自胡健：《140城市角逐智慧城市　标准体系有望近日面世》，《每日经济新闻》，2013年6月18日，http://news.im2m.com.cn/375/09551771190.shtml。
3　沈清基：《智慧生态城市规划建设基本理论探讨》，《城市规划学刊》2013年第5期。

慧社会繁荣带来的成果，这样构建出的社会不仅具有着较强的抗风险能力，更是拥有着无穷的创造力和活力。

　　韧性社会空间建设包括官方空间规划与地方自主空间改造，实际操作过程中，二者配合协同管理城市的做法较为常见。越来越多的城市从政府主导的管理模式转变为"产业引导为主，政府管理为辅"的"企业型城市"，同样以城市经济增长为目的，使得相关利益集团结成关系同盟。"集体智慧是众多个体相互协作与竞争而涌现出的共享或群体的智慧，……强调的是个体智慧上升到全局智慧"[1]，是企业乃至整个社会发展的根本动力。这种多主体合作模式不仅有利于经济交换、资源整合，更有利于大气、河流等公共环境的治理，从而增加城市的抗风险能力。

三、 伦理视域下的韧性空间： 创造性的柔质空间

（一） 韧性空间的边界

　　韧性空间应包括生态韧性空间、经济韧性空间和社会韧性空间，因此，泛泛而谈边界问题过于抽象，反而什么也没谈到，这里首先以城市空间为例进行初步探析。城市空间作为有机主体来说是长期变化发展的，所以，城市空间的开发也必然是动态的。城市开发中，其边界应包括"刚性"边界和"韧性"边界，"刚性"边界是"骨骼"，"韧性"边界是"肌肉"，只有二者结合才能真正带动整个城市有机体的发展。"刚性"边界针对的是城市非建设用地，这是城市的"生态安全底线"，绝对不可逾越。"韧性"边界针对的是城市建设用地，一般不可变动，只有在特殊情况下（比如城市增长过快）才可经由审批征用，但这必须在"刚性"用地的生态系统管控下，以维护城市整体生态为优先。此时，

1　张喜文、刘平峰、吴钟：《基于集体智慧的生态型企业协同进化管理》，《中国石油大学学报（社会科学版）》2011 年第 2 期。

"城市规模呈倒'S'型演化，任何城市都有一个最优规模，城市开发'刚性'边界并不是在某一规划期内的时限边界，而是控制城市蔓延的一个永恒边界，而在'刚性'边界内或重合于'刚性'边界的部分区段，为完成不同发展阶段的城市空间布局而确定的为'韧性'边界。"[1] 韧性空间也应当如此，"刚性"与"韧性"并存，针对不同领域运用不同的管制措施，"刚性"空间是"骨骼"，"韧性"空间是肌肉，而下文所说的"柔质"空间是血液，打通空间整体脉络，完美地将二者融合起来。

（二）韧性空间的含义：介于人性空间与资本空间之间的柔质空间

前文述及，资本空间的增长方式有两种：剥夺式与创造式。通常情况下，资本空间总是采用较为快捷的剥夺式抑或是"创造性的剥夺"的生产模式达到扩张的目的。换言之，资本空间下的创造最终都是以剥夺为目的的。韧性空间则不同，虽然创造总需要建立在一定资源消耗基础上，但这种消耗不是浪费，不是非法侵犯他人利益掠夺，而是以人与空间的个性脉络为基准，最大限度地发挥其主动性的创新性改造。由此提出伦理视域下的韧性空间，它是介于人性空间与资本空间之间的柔质空间。特兰西克（Trancik）在《寻找失落空间》一书中从建筑学的角度提出了硬质空间与柔质空间的概念："硬质空间主要由人工界面围合，通常在功能上被用作社交活动的聚集；柔质空间指城市内外由自然环境主导的场所，在城市中是指在建筑环境中为人们提供休憩娱乐活动的公园、花园和绿色廊道等空间。"[2] 因此，韧性空间涵盖着三个关键概念：资本空间、人性空间与柔质空间。

1　刘光盛等：《新常态下基于双轨思维的城市开发边界体系探析》，《城市发展研究》2015 年第 11 期，第 80—86 页。

2　[美] 罗杰·特兰西克：《寻找失落空间——城市设计理论》，朱子瑜等译，北京：中国建筑工业出版社，2008 年，第 61 页。

资本空间对应着硬质空间，然而又不仅限于硬质空间的物质性，更涵盖着抽象的哲学内涵，指向无限增殖的潜能与支配的权力模式。人性空间则是以人本身为目的的空间，这种空间极具个性、多样性和创造性，指向自由。然而这种空间在实际日常生活中是不存在的，因此只能在"实存"的资本空间与"应然"的人性空间基础上有针对性地寻求其"中道"。本书所谓柔质空间的概念相较于特兰西克建筑学意义的柔质空间更为抽象、更具伦理内涵，不仅指向柔质空间的自然交往属性，更指向精明的空间规划下与人化自然规训下的德性空间。因此，这种空间是在基于实地空间考察与人性诉求基础上建立起的具有个性和地方性的创造性领域。它总是处于不断流变的动态平衡中，以开放的空间意识不断接纳外在变动的同时，通过空间内部的交流将外在影响内化于空间中，使之成为有机整体的一部分。从而使得这种开放性的结构具有一定的创新能力、自我管理能力与抗风险能力。

第三节　资本空间的伦理展望

韧性空间是以人性为基础在对抗资本空间的刚性生产过程中形成的柔质空间。这种柔质空间蕴含着空间中个人与资本、个人与权力对抗的张力。然而，随着资本空间的普遍扩张及其再生产，人们不仅忘记了改造空间主动性的确立，甚至习惯了自我"被管控"。要改变这种与日常生活融为一体的异化支配空间，必须从日常生活的空间改造入手。

一、空间经济价值观的重新确立

经济生产作为空间生产的主要内容，主要将新自由主义的经济价值观作为内在导向。而在空间问题越来越凸显的今天，传统的经济价值观必然需要转向新型的空间经济价值观，以增加空间韧性（抗风险能力），从而在保持经济增长的同时，又能维护生态空间与社会空间的良性运行。

（一）空间经济价值观的提出

空间经济价值观是对应市场经济价值观提出来的，其核心是以社会空间体系整体效益的善，取代传统片面的市场效益的善。衡量传统市场效益仅需从生产效率、生产总值、劳动力、资本的角度进行分析评判，对于环境治理成本和社会管理成本却只字未提。这种评判标准对市场效益的增长有一种盲目崇拜的心理，认为经济增长可以遮蔽一切。这与人们一直以来的传统思维模式相对应，他们认为，幸福的生活与市场经济效益的增长成正比，即使无法看到立竿见影的变化，起码能够改善。但如今事实与理想相距甚远：人类越是掠夺自然，人类拥有的自由就越少；资本空间越是地理性的扩张，人们感觉空间越是狭小、拥挤；人们拥有越来越多的交换自由，却失去了创造自由……即空间伦理悖论（见上文）。因而，空间经济价值观可概括为在资本空间生产过程中经济主体对各生产要素或者潜在生产要素之间价值关系的反映与评价。根据空间多样性、开放性、动态性的视角，将经济要素置于具体生产的空间与具体的空间生产中进行考虑：既要看到空间的资本增殖潜能与生产收益，又要考虑资本生产过程中的空间协调成本，以及生产造成的收益与损害分配的空间正义性。

（二）空间经济价值观的评判标准

如何在保持经济增长的同时，又能维护社会空间的良性运行？有些学者就提出了"稳定状态的经济"的概念。"稳定状态的经济"，简单来说，就是在追求经济效益的同时，注意生态系统与社会系统的平衡，维持经济效益、社会效益、生态效益三者的统一。

稳定状态的经济便是以人类的长远利益和根本利益为目标。生态经济学家赫尔曼·E. 戴利（Herman E. Daly）在《超越增长》一书中也对"稳定状态的经济"（SEE）进行了描述，他认为无止境的欲望和无尽的资源而导致的永远增长是不现实的，因而重新定义了"增长"和"发展"的概念，"这里所指的增长，是指用以维持商品的生产和消费经济活动的物质/能量流量在物理规模上的增加。……而来源于技术知识的改善或是对目标的更深理解，由既定流量规模构成的使用中的性能改善，才被称之为'发展'。因此，SEE 能够发展，却不能增长，就像行星地球——经济是它的一个子系统——能在没有增长的状态下得以发展。"[1] 简单说来，戴利的发展追求的不是物理的量上的增长，而是资源利用"质"上的提高。因而，衡量人类生活水平的指标应当摒弃传统片面的利润、收入、消费等纯粹经济词汇，而应当通过"足以有优裕生活的人均资源使用水平上生活的累计年限"[2] 来衡量，SEE 不是静止的，而是一个阶段性变量——在不断发展变化中达到动态的平衡。

（三） 空间经济价值观的推进方式："均"与"先"并举

"均"注重自然空间与社会空间资源分配的合理性，"先"注重先进的科学理念和制度改革，只有二者有机结合，才能在保证城市与乡村在维护基础运作的同时，增强空间有机体的创造性，培养其个性化能力。这里的个性化能力是指，在资本空间的大环境下，将"初级产品"[3] 转化为美好生活的能力。这种能力的培养，必然需要教育资源与科技资源的有效投资。并不是说教育和技术投资不可取，而是不仅要强调投资的量，更要甄别和验收投资的结果和投资的性质。"均"与"先"就是检验标准，它们蕴含着当代中国发展新理念的精髓。"均"表达了协调、

1　[美] 赫尔曼·E. 戴利：《超越增长——可持续发展的经济学》，诸大建、胡圣等译，上海：上海译文出版社，2001 年，第 44 页。

2　[美] 赫尔曼·E. 戴利：《超越增长——可持续发展的经济学》，诸大建、胡圣等译，上海：上海译文出版社，2001 年，第 45 页。

3　罗尔斯认为，初级产品指一个理性的人无论还有其他什么需求，他所应该想要的东西，诸如权力、机会、权利、收入和财富等。

开放、共享的发展理念，指向"量"的平衡。

　　一方面，体现为空间资源，尤其是教育资源分布的均等。这里的均等不是绝对的平均，而是因地制宜地给予与当地生活水平相适应的教育资源。且应当提倡城乡义务教育一体化，为孩子们拉平起跑线。此外，"均"体现了教育强调培养能力的全面性。教育的真正目的是为了提高人们的能力。这本应是一种个人自主性、创造性、全面性的提升，是人对空间的人性化改造。而资本空间仅解放了并深化了人的经济交往能力和赚取利润的创新能力，限制了人对空间其他事物的深入接触。它充分挖掘文化、伦理、身体、生态、政治等领域中的市场价值，对个人艺术素养、道德能力、身体素质、人与自然协调能力的发展等讳莫如深，限制了人的全面发展。教育的目的，止是锻炼人们回归自我，挖掘自我价值并使之实现的能力，而不是成为资本空间的赚钱工具。

　　另一方面，城乡经济发展一体化的政策使得"乡哺城"转变为"城支乡"，"一带一路"的国际倡议让沿线各国搭上中国发展的快车。"先"意味着合乎创造性、合乎德性的技术发展理念，指向"质"的创新。由上文可知，科学技术并非纯粹价值中立的存在，当技术开发一旦成为国家行为或者集体经济行为，技术也就失去了中立性，成为政治经济的操控工具。因此，重要的不仅仅是技术是否先进，更要关注技术的使用是否合乎道德。针对资本不平衡的发展空间，一方面，"先"强调外来技术对本土环境和人民是否会带来不利影响。是否会污染环境，是否会危害周围居民健康，技术风险是否有能力承担；另一方面，"先"强调应当因地制宜地考察当地已有空间资源，努力挖掘本土化创新的可能性，转变"边缘"空间的被支配地位。

　　最后，应该保障多维城乡空间正义的差序重构[1]。核心宗旨在于政

---

[1]　本段节选自曹琳琳：《新型城镇化背景下城乡空间正义问题的伦理探究》，《齐鲁学刊》2020年第4期。

府权力驱动，政府资本引导，社会资本主导。权力并不经常或者必须是压迫性的，它还具有创造性和启发性。在保障底线正义的基础上，合乎秩序的权力关系的合理运用会带来压迫之上的激励作用。可分四点论述：一是横向矫正，功利主义的空间差异补偿。将"善"视为可通约的，以收入和财富作为衡量的指标，对"最少受惠者"尤其是乡村弱势群体和城市边缘群体进行物质补偿。二是纵向调控，能力正义的空间权利维护。将地方吸引物、非遗资产、个人禀赋等视为不可通约，破除资本与权力共谋提供地方吸引物与社会资本融通的通道，打通阶层关系流动渠道。三是底层维稳，底线正义的基本权利保障。渐进式地完善城乡基础服务设施建设，尤其是医疗、教育城乡融合，提供底层民众维持基本生活的初级产品。四是整合多维空间正义，遵循"最大空间吸引力原则"[1]。摒弃无原则的价值中立观和抽象的均质正义观。多维空间正义冲突，优先选择拥有同构价值观成分较多、空间上实际联系程度较为密切的正义准则，提升共同体凝聚力；异构成分较多，优先选择能给社会最大共同体带来最大社会善的正义准则。以同构价值观融入乡村，异构价值观合理导向，促进新乡土价值观构成。

二、 城市规划问题中的伦理启示

基于空间经济的新型价值观，在城市规划中亟需引进伦理维度，在宏观区域规划与微观建筑设计中考察空间开放性、综合性、多样性以及历史性、文化性的柔质空间的构建。该空间表达的并非政府或资本家的统治意愿，而是充满了人文关怀，归属于平民化的设计政治。一方面，杜绝华而不实、没有实效性的空间改造，另一方面，通过空间解放来达到平民权利解放的目的。以合理构建公共空间中的特权空间为手段，达

1　徐崇利：《"最大空间吸引力原则"：整合多维正义的一种冲突法新说》，《中国法学》2008 年第 6 期。

到融合空间分隔的目的。

（一）融合空间分隔：合理构建公共空间中的特权空间

合理规划资本空间的目的在于通过空间重组达到权力重新分配，从而尽可能平衡社会群体的权力分布，使得各阶层人民群众能够尽可能平等地享受到基本资源。但仅凭借政府决策进行空间改造，其效果不仅有限，也缺乏长久的动力。因此，必须提升普通民众的主观能动性，增强他们的自我维权能力、自我表达能力和空间改造能力，即增强其主动性和话语权。特权空间的整改应当以提升社会空间的正能量和人文关怀为最终目的。因此，应适当增加"平民化"建筑和基础设施，给予弱者便利，削弱强者特权，并且增强公共空间的开放性，打破城市社区封闭空间，深化城市空间内部有机融合。

第一，针对年老体弱者、残疾者或者孕婴儿童，应当增设特权空间。譬如，在公共场合增设"年老体弱者专座"、公共卫生间增设"母婴房"、人行道尽可能设置盲道等等。第二，应该消除精英阶层的特权空间，增加平民化建筑。不仅应当消除上文提及的"绿色通道"、"领导专座"等，对于不实用的政府建筑和经济建筑，应当拆除或者更换使用途径。如今大型建筑的构建总以华丽、宏伟等外表包装自己，体现"国际范"，从不考虑普通民众的实际需求，过于华而不实。这样的建筑往往体现着资本家与政治家的意志，失去了平民关怀；更多指向着经济效益与政治效益，失去了社会效益。该建筑往往无法快速回收其使用价值，成为空置的存在。因而，针对这类建设，可以适当拆除、改建或者出租，使其重获新生。第三，增设城市便民基础设施，加强公共场所开放性，打破城市封闭社区，促进民众流动性。例如，广场和开放式公园的设置，不仅能汇聚人气，还在某种程度上满足了传统乡村的邻里交往需求，深化了人与人之间的交往，加强了社区中的邻里情感。因此，新型城市规划过程中，不能一味地谋求盖高楼，须得将最广大人民群众的基本需求因素考虑进去，完善周边基础设施，增强城市活力，避免"鬼城"的形成。

上述措施有的城市已经开始逐步落实,但如今城市规划过程中,政府管制痕迹过于浓重,许多基础设施的添置不接地气,并未真正被民众所接受。一旦遭遇天灾、人祸,城市抗风险能力仍旧堪忧。因此,政府、投资方与民众的多样化决策、嵌入式管理等新型制度模式也需跟上,从而完善内需体系,使得人与新型空间能够充分磨合,应对城市的未知。这就需要将相应伦理关怀融入空间规划,使人们从空间完善走向保障解放。

(二) 融入伦理关怀: 从空间完善走向权利保障

首先,将伦理关怀融入城市规划,增强弱势群体的维权能力与抗风险能力。城市规划不仅要重视物质形态和经济问题,还要重视社会伦理问题。当下,城市问题凸显:贫富分化、失业、环境恶化、低收入者无能力购房等等。在城市规划时,应当将这些问题考虑在内,因为城市规划与设计总带着设计者的主观偏好,更倾向于强者利益与多数普通民众的利益(拥有话语权者),那些最需要关注的弱势群体与边缘群体往往会被忽略。不能将边缘群体"再边缘化",而应当将他们拉回来。比如,改善低收入者的住房条件;为老年人提供宜居的养老环境;解决无法成功融入城市的农业转移人口的温饱问题和再就业问题等等,这些政策均是极具现实意义的。

其次,保护城市的地方空间道德文化的多样性,增强普通城市居民和农业转移人口的空间归属感和参与积极性。城市规划和设计应该注重城市文化和地方特色。随着西方外来文化的大规模涌入,我国正在面临传统文化丧失的严峻问题。至今仍未形成文化保护的长效机制,仅有少数专业人员真正想要并能够做到传统文化的保护,大多普通居民尚未形成保护传统民族文化的意识。近几年来,城市建筑拔地而起,千篇一律,基本呈现出西化趋势。这些"非历史性"的建筑对我国本土文化的传承没有任何积极效用,只会造成文化链条的断裂。因此,城市规划不仅应当对古建筑、古街道等历史遗迹实施保护，还应当在城市设计初始，将当地传统历史文化等作为元素融入城市建筑中。这样一举两得，保护地方文化的同时，也提高了城市居民的文化保护意识。

最后，城市规划的政治经济嵌入式发展伦理观，通过多元主体协同共治增强城市规划的民主性。由于治理是以公共利益为目标的，社会各方参与合作的过程实质上是一种协同管理模式。因此，走向空间正义的城市是个"多元主体协同共治的城市"[1]。传统城市规划理念中，政府占主导地位。而在新城市主义实践中，除规划师、设计师之外，开发商、消费者也是重要的角色。"在计划经济条件下，政府的首要角色是城市的规划师（Planner）、开发者（Developer）及建造者（Builder），其次才是城市监管者（Regulator）。在市场经济条件下，政府的首要职能是监管者，开发者的职能被弱化，仅限于主要基础设施和社会设施的开发，完全没有建造者的职能。"[2] 因此，应当协调各方面意见，将其有机结合，以最终达到"强政府—强市场—强社会"[3] 的辩证统一治理格局。

三、 城乡的空间重构与秩序融合

在城市与乡村的传统关联中，乡村成为了城市的资源"储蓄池"。这种运作方式，不仅加大了城市对乡村人力、物力、地力的剥削，还促使城市放弃了自给自足的生存方式，习惯了"寄生"存在；乡村由于长期的人才、资源的流失，失去了内生性发展的能力，从而走向没落。发达国家与发展中国家之间的关联也是如此。可见，资本空间这种剥夺式的生产方式无法使生产双方持续获得收益。因而剥夺式积累模式难以可

1　张天勇、王蜜：《城市化与空间正义——我国城市化的问题批判与未来走向》，北京：人民出版社，2015 年，第 208 页。

2　王丹、王世君：《美国"新城市主义"与"精明增长"发展观解读》，《国际城市规划》2007 年第 22 期。

3　张天勇、王蜜：《城市化与空间正义——我国城市化的问题批判与未来走向》，北京：人民出版社，2015 年，第 211 页。

持续发展。

（一）城乡空间的有机融合：空间构建与制度调控的统一

要走向真正的空间正义，必须实现城乡融合及一体化，将乡村合理纳入城市中，以大格局的视野消除城乡对立是城市化未来发展的必然趋势。一方面，失去了乡村的后备资源支援，城市空间必然无法长久稳定发展，另一方面，乡村失去城市的前瞻性带动也不可能走出边缘化与衰落的处境。城乡融合本应是良性的互动过程，但资本空间的日常生产结构总是不可避免地给乡村带来了过度的剥夺，使乡村成为城市的"附庸"。因此，只要不平衡的空间结构仍旧存在，社会的政治经济不平等就总会被无限地再生产出来，单纯期望通过制度调控以及福利地分配来达到正义的手段不可取。其实质在于政府利用城市经济收益的巨额财富（剥夺式的城市积累）来维护意识形态，控制媒体和各种可能的渠道，从思想上驯服和收编民众，消解抵抗性认同，这只是"治标不治本"的"维稳"手段。卡斯特在《千年终结》一书中精彩地阐述了国家对信息的控制不能适应信息网络社会与创新之间不可协调的尖锐矛盾。雅各布斯在《城市与国家财富》一书中更是指出创新在本质上是一种随机应变、无目的性的"漂移"过程。她借用西里尔·史密斯（Cyril Stanley Smith）的话，认为必要性不是创新之母，创新的根源在于"满足感官需要的好奇心"。无论是回应卡斯特提出的网络信息社会的逻辑对于创新的需求，还是雅各布斯从主体层面的讨论，"任何企图计划和控制思想的社会只能严重阻碍创新，导致形式主义和形象主义泛滥。"[1]

可见，单一的制度调控不仅无法解决不平等的根本问题，还会造成社会资源的大量浪费，甚至由于长期搁置社会现实问题而导致政府公信力的下降。城乡空间要走向真正的有机融合，必须通过个性化的空间创

---

1 详见杨宇振：《资本空间化——资本积累、城镇化与空间生产》，南京：东南大学出版社，2016年，第44页。

造性重构。

(二) 城乡空间重构：创造性的个性化积累模式

第一，对空间能源进行合理管控，开发城市与农村可再生资源。石油是推动城市空间乃至资本空间稳定运转的主要能源来源，然而作为不可再生资源的石油必将走向枯竭，城市与农村均需针对自身生产特性与区位资源特性进行合理的可持续发展规划，大力开发可再生资源。譬如，利用地方空间资源特性，"通过生产生物燃料、小规模的可再生资源、生物制药，以及其他从植物中获取的生物化工产品"[1]，这样不仅可以提升经济，还能建造更多的生态城市和生态乡村。

第二，增强城市与乡村的自然代谢能力，"海绵城市"与"水网乡村"可通过可通约性，促进二者融合。海绵城市是指"城市能够像海绵一样，在适应环境变化和应对自然灾害等方面具有良好的'弹性'，下雨时吸水、蓄水、渗水、净水，需要时将蓄存的水'释放'并加以利用。"[2] 海绵城市的目的在于为城市化解水危机。它不仅可以留住从城市硬质面流失的水源，还能通过海绵设施布局对相关证据进行勘测，并对洪水进行缓解和预防。此外，海绵城市系统蓄水功能还能缓解干旱城市的水问题。水网乡村指"以乡村系统作为弹性主体，以外界所受到的干扰为弹性对象，强调能预见到有可能发生的干扰，使得系统在外来冲击下维持自己的状态，并持续保持发展活力。"[3] 这样，不仅能够使乡村迅速适应外部变化，抵抗不确定的空间组织形式，还能与弹性的社会管理相结合，使得具有较长生命周期的乡村景观空间与复杂的城市经济空间发展环境相匹配，以实现持续的韧性发展。

1　[澳] 彼得·纽曼等：《弹性城市——应对石油紧缺与气候变化》，王量量、韩洁译，北京：中国建筑工业出版社，2012 年，第 149 页。

2　何伟：《回归土地本质属性——通过打造海绵城市恢复城市弹性空间》，《中外建筑》2015 年第 8 期。

3　丁金华、胡中慧、纪越：《弹性理念下的水网乡村景观更新规划》，《规划设计》2016 年第 6 期。

第三，以绿色科学技术为依托，大力开发城市与乡村的空间多样性、多层次、多功能的利用模式。譬如，乡村生产可以利用大数据"一物一码"的溯源技术在同一空间中将放牧、种植、养鱼等与农家乐的商业模式相联合。既合理利用空间资源，还解决了牲畜粪便污染问题，并能通过农家乐的运营模式创收，对消费者进行精准营销。如今农家乐模式虽造成了一定的管理混乱现象，但若经过合理整顿，仍旧不失为一种多角度开发利用空间的好方法。

（三）城乡空间的秩序融合：公共空间韧性景观的建构

韧性（也称弹性）景观，"反映了人工和自然景观在反应方面以及在从突变或渐变中恢复能力方面具有灵活性，同时还能保持或试图维护传统价值和自然和谐。"[1] "韧性（弹性）景观"不是一个单一的设计运动，不是一系列固定的原则、规范或规则，也不是针对当代景观的、具有个性的、个人主义的特有途径或宣言。相反，它主张的是新的城市空间，对社会生态变化与传统文化具有很强的适应性且富有成效，使之成为日常生活中的一部分。例如生态农业、材料回收和手工制造这些地方、场所甚至是更大领域可以继续反映人工与自然的和谐——无论其中或其周围的条件如何。

第一，城乡的传统基础设施向韧性基础设施的逐步过渡。城市的韧性要求城市基础设施，譬如道路、下水道建筑物、公共交通等，能够满足城市需要，通过技术化改良方式，在扩大服务范围的同时完善城市韧性。此外，还可通过构建绿色生态建筑，能源的可持续利用，减少车辆依赖性等方面的措施重建城市韧性。目前，最需要的将是交通基础设施以及电力基础设施进行绿色改建。同理，乡村公共空间的建构也应走向绿色生态领域。以绿色环保作为城乡公共空间开放的钥匙，不仅可以从

---

1 [美] 尼尔·G. 科克伍德，刘晓明、何璐译：《未来风景园林实践的走向》，《中国园林》2010 年第 7 期。

空间格局外貌上减少二者差异，还可以促进城乡空间的生产交流与生活交流融合，促进知识与人才流动，真正做到以城哺乡、以乡促城、城乡互动、共同发展的崭新局面。

第二，城市规划过程中合理增加城市空间中的柔质空间。对一个空间设计的好坏作出定性的判断，取决于它的功能意义及其空间形态能否适应社会需要。而柔质空间中的自然和原生要素往往比硬质空间更能适应人性需求。乡村空间作为传统柔质空间是粮食、资源、木材等等的直接提供者，它还能与人工居住环境积极互动，在提供经济利益的同时可以满足人们亲近自然的需求。然而，值得注意的是，城乡融合并不等同于乡村半城市化、城市半乡村化。这种碎片化、割裂式、跳跃式的空间发展模式不利于城乡整体的可持续发展，只能造成城乡空间混乱，从而使其两败俱伤。因此，依循着空间脉络（自然脉络与社会脉络），在传统乡村或城市建筑的基础上，进行最小幅度的空间改造，才能在达到空间变革的同时，使空间符合人们的真正需求。

第三，新型城镇化需要发挥统一制度的辅助作用。新型城镇化不是人为地将区域分割为城镇和村庄，而是以消除城乡分治制度为核心。具体说来，统一的城乡管理制度包括：统一的户籍制度、统一的土地利用制度、统一的公共基础设施使用制度、统一的就业制度、统一的社保制度、统一的投资和公共服务制度等。城乡一体化制度的实现，将有利于以寻求空间资源优化和系统运行来促进城乡的协调发展。而这需要国家进行宏观规划，统筹安排城乡发展布局，以市场为调控手段，将资源合理的导向新型城镇化建设中来。

结 语

本书一方面从理论出发，论证了资本、空间、权力三者的有机联系，将资本空间定义为一种以无限增殖为目的的权力关系空间。接着，指出资本空间绝不是"价值无涉"的，其中包含着新自由主义的霸权逻辑——自由导致的不平等是正义；另一方面，理论联系实际，将资本空间的概念与乡村城镇化、城市空间规划以及全球经济贸易相联系，探讨了其中的空间正义问题及其相应对策。

针对资本空间发展造成的一系列问题，文章最后尝试性地提出了"韧性空间"[1] 的概念，但仍旧无法解决实际生活中遇到的所有问题。毕竟，资本空间涉及的，不仅有最为微观的作为资本载体的个人身体空间，还有最为宏观的有待开发的宇宙政治经济空间。有关韧性的实际操作路径及其适用范围等等，对于不同的对象，其韧性的标准也不同。

此外，资本空间应当不仅在城市空间中发挥作用，乡村对城市的作用也不应只有资源"储备库"那么简单。一方面，对于中国人来说，乡村既是文化之根，更是民族之根。当下城镇化正在如火如荼地发展，一系列城市病开始呈现出来，人们逐渐厌倦了单一的毫无历史感的城市文化，希望重回乡村，亲近乡土，寻求生活之根本。失去了乡村内在脉络

1　在资本空间的刚性空间中，吸收高新科技，构建出更加抗风险的人性化的柔质空间，提升人们的自由程度。

的维系，城市空有其形，成为无人情味的硬质空间。一味地抛弃乡村甚至与乡村敌对，模仿国外城镇化模式的现代化，我们只能做到"跟随"。要想做到"超越"西方现代化模式，我们还必须从中国特色的乡土根基出发。另一方面，乡村在经济上，更是资本进入带来风险的"缓冲器"。中国的乡村振兴战略的作用之一在于将过剩生产能力导向乡村基本建设。换言之，在乡村同样存在着资本空间，且情况比城市空间更为复杂。因此，在农村问题、农民问题、新农村问题越来越重要的今天，乡村空间中资本空间的研究显得很有意义。

为何乡村中的资本空间更为复杂？并不是说城市的资本空间更为简单，而是它更为"显性"。资本空间，就其构成来说，分为增殖潜能、权力关系空间；就其物质"躯壳"来说，是一种"增长机器"。城市空间布局与城市政治经济制度共同构成了这种机器。当权力关系与该"躯壳"相契合，则会促进社会发展和繁荣；如若不契合，则会造成社会的变迁。相对于农村，城市的土地、建筑、房屋、基础设施等产权明晰，完全可以通过量化的标准数据在信息平台中全部反映出来。一旦征用，即可通过抵押、信用贷款等手段转化为资本，并且可以接受量化处理。资本转化的速率决定了资本的增殖速度，速度决定了效率，效率决定了时间，而时间就是金钱。此外，在城市规划和制度制定方面，法律制度的实施以及城市规划带来的效果如何，"增长机器"运行的效率是否得到提升，能够较为快速地得到问题的反馈，从而快速作出继续投资或者及时止损的决策，这些资本自由是法律的明晰带来的，法律可以限制公权，维护个人的基本权利。

而在乡村，情况就并非如此。乡村治理是人治法制化的，法律作为一般的抽象并同等适用于所有人的原则，无法将人治因素写入法律文本，否则会导致"哪里有法律，哪里也没有自由"的结果。此外，乡村仍旧存在土地、房屋、公共设施等产权不明的情况，并且还存在着大量违法建筑，这些都提升了空间资本化的改造难度。因此，从财产到空间，从人治到法治，其中的统一性难以得到保障，"增长机器"

还未构建出来，这些都成为了资本转化的"障碍"。况且农村本土企业往往是家族式的小作坊。如今，法规政策要求企业更多落实社会保障制度，这对于小微企业来说也是难以执行的。在这样诸多因素下，国家制定的经济法规政策进入农村往往会显得"水土不服"从而石沉大海。

　　针对这些问题，如今我国乡村振兴战略建设，常用的解决方式大多是依靠举国体制的财政投入来维持新农村的面貌。但是这样"授人以鱼"的方式没有根本解决乡村内生性的发展动力问题，城乡发展仍旧是"两张皮"。随着城市化进程的发展，农村的萎缩是必然趋势。因而，政策关注的重点不应当只放在农村地方性的维护、农村环境的美化上或是依靠农村土地财政，这些均非长久之计。应当转变广大农村地区传统小农生产方式，提升劳动生产率（智慧农业），扩大前期国家财政投入乡村的"沉没成本"的红利。此外，应当恰当处理好城乡关系和工农关系，为城市的工业资本、金融资本下乡找到合理的空间载体，吸引企业资本和市民资本等下乡追求机会收益，从而大力发展乡村实业。"农村劳动力的城乡移动、农村生产资料（特别是土地）的市场流通、城市商品与资本的农村流动等都可能是促进农村生产方式和社会结构变化重要的手段和内容。"[1] 此时，各地大规模推进乡村振兴，乡下的空气、水、山地、树木、药材等乡村空间资源都在进行资产评估，再等待货币化。中国正处于温铁军说的"自主地把资源性资产推进资本化"阶段，即"两个惊险一跃——资源变资产，资产变资本——这要靠中央政府依据国家政治信用向货币体系赋权，货币增发形成资本市场的不断扩张"[2]。因此，目前乡村空间资源仍旧存在着自主资本化的经济增长空间，再加上大数据的高强度整合力量，乡村空间资本化的进度即将加快。然而，

1　杨宇振：《资本空间化——资本积累、城镇化与空间生产》，南京：东南大学出版社，2016年，第87页。

2　温铁军、张孝德：《乡村振兴十人谈——乡村振兴战略深度解读》，南昌：江西教育出版社，2018年，第18页。

我们还是需要关注经济增长同时面临的生态风险和人文价值风险，防止资本无序扩张带来的人力地力的严重浪费以及社会不公问题的加重。

　　反观当下，资本空间与人的日常生活已然融为一体。空间资本化现象充斥着我们的视野，甚至可以说，我们正是生活在集体性的空间剥夺构成的日常生活中。随着交通工具与沟通工具的高速发展，生活节奏加快的同时也提升了资本空间剥夺的"广度"与"深度"。"广度"，空间的"量"变，即资本通过地理扩张进行增殖的范围变得更大：乡村城市化，城市都市化，都市国际化等扩张进程。譬如，商品的生产、销售变得越来越"跨城市"甚至"跨国际"；城市建设往往以企业为依托，产城融合，成为企业型城市；新建城市呈现出"国际化"，使得地方与世界接轨。"深度"，空间的"质"变，即资本对人们的支配从外在物质空间逐渐转向内在精神空间：购物空间集中化，公共服务空间的等级化、金钱化，交往空间碎片化、虚拟化，乃至人们精神空间的拜物化、资本化。譬如，单纯的购物商场成为饮食、娱乐、消费一体的大型综合设施；教育、医疗等公共资源的分布因城市等级不同而不同；城市社区分隔了空间的同时，也通过房价等级分隔了人群，加厚了阶层壁垒等等。这些等级现象越来越成为人们的生活日常，使得人们将金钱多寡带来的不平等当成应然，人的思维变得越来越"务实"且精于算计。如同杨宇振所言，"资本的空间扩散化和资本的深度空间化同时并存。城乡统筹、新型城镇化、新农村建设等成为资本空间扩散化的表征；'腾笼换鸟'、产业转型和空间转移成为资本深度空间化的表征之一。"[1]

　　经历这样的过程，使得资本越来越集中在拥有权力的大财团手中，政治权力与金钱结合得更为紧密，使得钱与权联结日益固化，反过来抑制资本的自由发展。新自由主义者认为，由于"向弱势街区、城市和区

　　杨宇振：《资本空间化——资本积累、城镇化与空间生产》，南京：东南大学出版社，2016年，第279页。

域重新分配财富是徒劳的"，因此，"应当把资源注入'创业的'增长极。这种空间'渗入'式的设想，是说在长期发展中（其实绝对不会到来），最终会照顾到所有区域、空间和城市不平等问题。"[1] 寄希望于先富起来的人主动带领后富起来的人走向共同富裕。这种时代是绝不会到来的。托马斯·皮凯蒂也认为："如果放任自流，基于私人产权的市场经济包含强有力的趋同力量（尤其是知识和技术扩散的影响），但是它也包含强大的分化力量，这将潜在地威胁各民主社会以及作为基础的社会正义价值。"[2] "历史经验表明，财富的这种巨大不平等与企业家精神没有任何关系，也对提高增长毫无益处。借用 1789 年法国《人权宣言》中的美好措辞，它也和任何'公共福祉'无关。"[3] 因此，在资本主义的框架内，永远不可能真正解决资本空间带来的不平衡发展问题，相反，资本主义为了维持自己的存在，会持续地生产这个前提。比如，西方资产阶级所谓的自由贸易只是幻象，在强国与弱国的交易中，存在的只是不平等的强权关系。因此只有社会主义才能成功阻止这种机制。张一兵认为，"中国在走上市场经济的道路之后，作为斯密—李嘉图逻辑的客观经济结果的确是出现了一定地区落差和社会分化，与西方资本主义国家不同的地方是，中国政府的立场却是站在主动消除这种经济自发性结果的立场之上的。"[4]

因此，我们应当坚定走中国特色社会主义道路，但贫穷落后不是社会主义，物质资料生产力水平还很低的情况下也是不能建成社会主义的。这意味着我们还需要发扬资本空间积累的积极作用，暂时动员不平衡的地理发展，用以激发社会主义发展的活力。但应当谨记，为发展而发展，为生产而生产，为积累而积累决不是社会未来发展方向，换言之，资本空间不是目的，而是手段，人才是目的。应当将资本空间及其

1　[美] 戴维·哈维：《叛逆的城市——从城市权利到城市革命》，叶齐茂、倪晓晖译，北京：商务印书馆，2014 年，第 28 页。

2　[法] 托马斯·皮凯蒂：《21 世纪资本论》，巴曙松等译，中信出版社，2014 年 9 月，第 589 页。

3　[法] 托马斯·皮凯蒂：《21 世纪资本论》，巴曙松等译，中信出版社，2014 年 9 月，第 591 页。

4　张一兵：《走中国人自己的社会主义富强之路》，《光明日报》2011 年 7 月 22 日。

生产置于社会主义的框架之内，严加管制，将两极分化置于可控制的范围内。我们不应逃避，而应当直面资本空间，将其增长方式从"无意识"增长转向"有意识"增长，让其走上服务于民的轨道上来。

十四五规划纲要明确指出，"全面提升城市品质"，"按照资源环境承载能力合理确定城市规模和空间结构"，"顺应城市发展新理念和新趋势，开展城市现代化试点示范，建设宜居、创新、智慧、绿色、人文、韧性城市"[1]。当下，一方面，我们的主要任务仍旧应当是开展科技创新，恰当使用好信息技术，努力发展实业经济，管控好金融体系，发展交通……将社会城市化过程作为一种技术工具，打造好"增长机器"，给予社会制度、社会道德得以实践的较为完善的"空间载体"，将城市整体视为有机生命体。将资本空间视为以符合不同主体意图支配下对社会进行"再结构"的一种技术手段，由此提升人的幸福程度，增加人的自由，通过物质环境的优化来改善人与自然、人与社会、人与人自身的关系，真正使人们获得更大的满足感、幸福感以及自我价值的实现感。另一方面，针对贫困区域，单纯依靠国家财政给予的资源的"被脱贫"是不可能走向真正富裕的。应当"巩固提升脱贫攻坚成果"，严格落实"摘帽不摘责任、摘帽不摘政策、摘帽不摘帮扶、摘帽不摘监管"要求，"加强扶贫项目资金资产管理和监督，推动特色产业可持续发展。推广以工代赈方式，带动低收入人口就地就近就业。"[2] 挖掘地方性特色资源，开发特色产业，促进就业。在后疫情时代，在防范风险的同时，打造数字经济，利用大数据的强大整合功能，将"死"的资产盘活，发掘其市场价值的增殖潜能，将空间资源资产化从而资本化，才能真正走向共同富裕。

1　《中华人民共和国国民经济和社会发展第十四个五年规划和 2035 年远景目标纲要》，北京：人民出版社，2021 年，第 83 页。
2　《中华人民共和国国民经济和社会发展第十四个五年规划和 2035 年远景目标纲要》，北京：人民出版社，2021 年，第 75 页。

参考文献

一、经典著作和工具书资料

《马克思恩格斯文集》第一卷，北京：人民出版社，2009 年版。
《马克思恩格斯文集》第二卷，北京：人民出版社，2009 年版。
《马克思恩格斯文集》第三卷，北京：人民出版社，2009 年版。
《马克思恩格斯文集》第五卷，北京：人民出版社，2009 年版。
《马克思恩格斯文集》第六卷，北京：人民出版社，2009 年版。
《马克思恩格斯文集》第七卷，北京：人民出版社，2009 年版。
《马克思恩格斯文集》第八卷，北京：人民出版社，2009 年版。
《马克思恩格斯文集》第九卷，北京：人民出版社，2009 年版。
《马克思恩格斯全集》第三卷，北京：人民出版社，1960 年版。
《马克思恩格斯全集》第十八卷，北京：人民出版社，1964 年版。
《马克思恩格斯全集》第二十五卷，北京：人民出版社，1975 年版。
《马克思恩格斯全集》第三十卷，北京：人民出版社，1997 年版。
《马克思恩格斯全集》第三十一卷，北京：人民出版社，1998 年版。
《马克思恩格斯全集》第三十二卷，北京：人民出版社，1998 年版。
《马克思恩格斯全集》第四十四卷，北京：人民出版社，2001 年版。
《国家新型城镇化规划（2014—2020 年）》，人民出版社，2014 年版。
《乡村振兴战略规划（2018—2022）年》，人民出版社，2018 年版。
《国家新型城镇化报告（2019）》，人民出版社，2020 年版。
《中华人民共和国国民经济和社会发展第十四个五年规划和 2035 年远景目标
　纲要》，人民出版社，2021 年版。

二、论著、论文

A

〔英〕安东尼·阿特金森:《不平等,我们能做什么》,王海昉、曾鑫、刁琳琳译,北京:中信出版集团,2016 年版。

〔英〕安东尼·吉登斯:《历史唯物主义的当代批判——权力、财产与国家》,郭忠华译,上海:上海译文出版社,2010 年版。

〔美〕爱德华·W. 苏贾:《寻求空间正义》,高春花、强乃社等译,北京:社会科学文献出版社,2016 年版。

〔美〕爱德华·索亚:《第三空间——去往洛杉矶和其他真实和想象地方的旅程》,陆扬等译,上海:上海教育出版社,2005 年版。

Anna Klingmann, *Brandscapes: Architecture in the Experience Economy*, London: MIT Press, 2007.

Allan G. Johnson, *The Blackwell Dictionary of Sociology*, Oxford: Blackwell, 1999.

B

包亚明主编:《现代性与都市文化理论》,上海:上海社会科学院出版社,2008 年版。

〔澳〕彼得·纽曼等:《弹性城市——应对石油紧缺与气候变化》,王量量、韩洁译,北京:中国建筑工业出版社,2012 年版。

〔英〕比尔·希列尔、段进等:《空间研究 3:空间句法与城市规划》,南京:东南大学出版社,2007 年版。

〔法〕彼埃尔·布尔迪厄:《社会空间与象征权力》,包亚明主编:《后现代性与地理学的政治》,上海:上海教育出版社,2001 年版。

Brent Daniel Mittelstadt, Patrick Allo, Mariarosaria Taddeo, Sandra Wachter and Luciano Floridi, "The ethics of algorithms: Mapping the debate", *Original Research Article*, July-December 2016: 1 – 21.

C

曹现强、张福磊:《空间正义:形成、内涵及意义》,《城市发展研究》2011 年第 4 期。

曹现强、朱明艺:《城市化进程中的城乡空间正义思考》,《理论探讨》2014 年第 1 期。

曹孟勤:《成己成物——改造自然界的道德合理性研究》,上海:上海三联书店,2014 年版。

曹锦清、张贯磊:《道德共同体与理想社会:涂尔干社会理论的再分析》,《中南民族大学学报(人文社会科学版)》2018 年第 1 期。

曹琳琳:《资本的空间生产及其伦理解读——基于 1857—1858 年经济学手稿

的分析》,《道德与文明》2017 年第 2 期。

曹琳琳:《新型城镇化背景下城乡空间正义问题的伦理探究》,《齐鲁学刊》2020 年第 4 期。

蔡建明:《国外弹性城市研究述评》,《地理科学进展》2012 年第 10 期。

陈忠:《城市权利:全球视野与中国问题——基于城市哲学与城市批评史的研究视角》,《中国社会科学》2014 年第 1 期。

陈忠:《主体性的微观走向与空间权利的城市实现——对城市权利的一种前提性反思》,《哲学动态》2014 年第 8 期。

陈人江:《从帝国主义到新帝国主义:本质内涵与问题意识辨析——兼评国际左翼的帝国主义理论》,《教学与研究》2015 年第 7 期。

陈禹衡等:《反思与完善:算法行政背景下健康码的适用风险探析》,《电子政务》2020 年第 8 期。

车玉玲:《历史唯物主义的空间转向与当代启示》,《马克思主义与现实》2014 年第 1 期。

车玉玲:《空间修复与"城市病":当代马克思主义的视野》,《苏州大学学报(哲学社会科学版)》2018 年第 2 期。

程广丽:《资本逻辑与道德构境》,《新视野》2015 年第 2 期。

陈丽容等:《中国智慧城市建设不可临摹西方思维》,《通信信息报》2012 年 8 月 1 日。

D

［美］大卫·哈维:《跟大卫·哈维读〈资本论〉》,刘英译,上海:上海译文出版社,2014 年版。

［美］大卫·哈维:《资本之谜:人人需要知道的资本主义的真相》,陈静译,北京:电子工业出版社,2011 年版。

［美］大卫·哈维:《后现代的状况:对文化变迁之缘起的探究》,阎嘉译,北京:商务印书馆,2013 年版。

［美］大卫·哈维:《新帝国主义》,初立忠、沈小雷译,北京:社会科学文献出版社,2009 年版。

［美］大卫·哈维:《资本的空间》,王志弘、王玥民译,台北:"国立"编译馆与群学出版有限公司,2010 年版。

［美］大卫·哈维:《希望的空间》,胡大平译,南京:南京大学出版社,2003 年版。

［美］戴维·哈维:《叛逆的城市——从城市权利到城市革命》,叶齐茂、倪晓晖译,北京:商务印书馆,2014 年版。

［美］戴维·哈维:《时空之间——关于地理学想象的反思》,包亚明主编:《现代性与空间生产》,上海:上海教育出版社,2003 年版。

［英］多琳·马西：《劳动的空间分工：社会结构与生产地理学》，梁光严译，
　　北京：北京师范大学出版社，2010 年版。

［英］多琳·马西：《保卫空间》，王爱松译，南京：江苏教育出版社，2013 年版。

［美］迪尔：《后现代都市状况》，李小科译，上海：上海教育出版社，2004 年版。

丁金华、胡中慧、纪越：《弹性理念下的水网乡村景观更新规划》，《规划设
　　计》2016 年第 6 期。

David Harvey, *Social Justice and the City*, Athens: The University of
　　Georgia Press, 2009.

David Harvey, *the Urbanization of Capital*, Oxford UK: Basil Blackwell
　　Ltd, 1985.

David Harvey, *The Condition of Postmodernity: An Enquiry into the
　　Origins of Social Change*, Cambridge, MA: Blackwell, 1989.

David Harvey, *Seventeen Contradictions and The End of Capitalism*,
　　London: Profile Books Ltd, 2015.

David Harvey, *The New Imperialism*, Oxford University Press Inc. , 2003.

Don Mitchell, *The Right to the City: Social Justice and the Fight for Public
　　Space*, Guilford: The Guilford Press, 2003.

F

福柯：《著名人物轶事》，转引自［美］爱德华·W. 苏贾：《后现代地理学：
　　重申批判社会理论中的空间》，王文斌译，北京：商务印书馆，2004 年版。

G

郭文：《"空间的生产"内涵、逻辑体系及对中国新型城镇化实践的思考》，
　　《经济地理》2014 年第 6 期。

高国鉴：《新马克思主义城市理论》，北京：商务印书馆，2006 年版。

顾朝林：《中国新型城镇化之路》，北京：科学出版社，2019 年版。

高宣扬：《福柯的生存美学》，北京：中国人民大学出版社，2005 年版。

龚天平、张军：《资本空间化与中国城乡空间关系重构——基于空间正义的
　　视角》，《上海师范大学学报（哲学社会科学版）》2017 年第 2 期。

戈温德林·莱特、保罗·雷比诺：《权力的空间化》，包亚明主编：《后现代性
　　与地理学的政治》，上海：上海教育出版社，2001 年版。

H

胡大平：《哲学与"空间转向"——通往地方生产的知识》，《哲学研究》
　　2018 年第 10 期。

胡大平：《都市马克思主义导论》，《东南大学学报（哲学社会科学版）》
　　2016 年第 5 期。

贺汉魂：《马克思财富分配正义思想的基本内容及其精神实质探析》，《东南

大学学报（哲学社会科学版）》2018 第 3 期。

郝晋伟：《城镇化中的"潮汐演替"与"重心下沉"及政策转型——权力—资本—劳动禀赋结构变迁的视角》，《城市规划》2015 年第 11 期。

何伟：《回归土地本质属性——通过打造海绵城市恢复城市弹性空间》，《中外建筑》2015 年第 8 期。

［法］亨利·列斐伏尔：《日常生活批判》，叶齐茂、倪晓晖译，北京：社会科学文献出版社，2018 年版。

［法］亨利·列斐伏尔：《空间：社会产物与使用价值》，包亚明主编：《现代性与空间的生产》，上海：上海教育出版社，2003 年版。

［法］亨利·列斐伏尔：《空间与政治》，李春译，上海：上海人民出版社，2008 年版。

［法］亨利·列斐伏尔、李春：《空间、空间的生产和空间政治经济学》，《城市与区域规划研究》2012 年第 2 期。

［美］赫尔曼·E. 戴利：《超越增长——可持续发展的经济学》，诸大建、胡圣等译，上海：上海译文出版社，2001 年版。

［秘鲁］赫尔南多·德·索托：《资本的秘密》，王晓冬译，南京：江苏人民出版社，2001 年版。

［荷］何·皮特：《谁是中国土地的拥有者》，林韵然译，北京：社会科学文献出版社，2014 年版。

Henri Lefebvre, *The Urban Revolution*, Minneapolis：University of Minnesota Press，2003.

Henri Lefebvre, *The Production of Space*, translated by Donald Nicholson-Smith，Oxford：Blackwell，1991.

Henri Lefebvre, *The Survival of Capitalism*, London：Allison & Busby，1976.

J

季桂保：《后现代境域中的鲍德里亚》，包亚明主编：《后现代性与地理学的政治》，上海：上海教育出版社，2001 年版。

张永民：《解读智慧地球与智慧城市》，《中国信息界》2010 年第 10 期。

［法］居伊·德波：《景观社会》，王昭凤译，南京：南京大学出版社，2006 年版。

J. Macgregor Wise（2003），READING HALL READING MARX，To link to this article：https：//doi. org/10. 1080/0950238032000071668.

K

［德］克劳斯·施瓦布、［法］蒂埃里·马勒雷：《后疫情时代——大重构》，北京：中信出版集团，2020 年版。

L

刘腾等：《基于人机意图智能融合的平行驾驶技术》，《中国计算机学会通讯》

2018 年第 8 期。

李磊等：《从数据融合走向智慧协同：城市群公共服务治理困境与回应》，《上海行政学院学报》2020 年第 4 期。

梁治平：《在边缘处思考》，北京：法律出版社，2010 年版。

鲁品越：《走向深层的思想：从生成论哲学到资本逻辑与精神现象》，北京：人民出版社，2014 年版。

李义天：《从正义理论到道德理论——以〈马克思主义与道德观念〉为中心的解析》，《中国人民大学学报》2013 年第 5 期。

李义天：《马克思主义伦理思想史：内涵与分期》，《吉林大学社会科学学报》，2020 年第 3 期。

李彤玥等·《弹性城市研究框架综述》，《城市规划学刊》2014 年第 5 期。

李志祥、芮雅进：《中国农民经济德性的现代转型》，《齐鲁学刊》2020 年第 1 期。

刘怀玉：《〈空间的生产〉的空间历史唯物主义观》，《武汉大学学报（人文科学版）》2015 年第 1 期。

刘光盛等：《新常态下基于双轨思维的城市开发边界体系探析》，《城市发展研究》2015 年第 11 期。

刘云刚、叶清露、徐晓霞：《空间、权力与领域：领域的政治地理研究综述与展望》，《人文地理》2015 年第 3 期。

刘俊祥等：《中国乡村数字治理的智理属性、顶层设计与探索实践》，《兰州大学学报（社会科学版）》，2020 年第 1 期。

陆小成：《空间正义视域下新型城镇化的资源配置研究》，《社会主义研究》2017 年第 1 期。

李向锋：《寻求建筑的伦理话语》，南京：东南大学出版社，2013 年版。

［美］路易斯·沃思：《美国社会学杂志》，1938 年，转引自包亚明主编，《后现代性与地理学政治》，上海：上海教育出版社，2001 年版。

［美］罗杰·特兰西克：《寻找失落空间——城市设计理论》，朱子瑜等译，北京：中国建筑工业出版社，2008 年版。

M

［美］曼纽尔·卡斯特：《网络社会的崛起》，夏铸九等译，北京：社会科学文献出版社，2001 年版。

［美］曼纽尔·卡斯特：《认同的力量》，夏铸九、黄丽玲等译，北京：社会科学文献出版社，2003 年版。

［美］曼纽尔·卡斯特：《网络社会的崛起》，夏铸九等译，北京：社会科学文献出版社，2001 年版。

［美］曼纽尔·卡斯特：《发达资本主义的集体消费与城市矛盾》，姜珊译，

《国外城市规划》2006 年第 21 期。

［美］马克·戈特迪纳：《城市空间的社会生产》，任晖译，南京：江苏凤凰教育出版社，2014 年版。

［意］马塞罗·默斯托主编：《马克思的〈大纲〉——〈政治经济学批判大纲〉150 年》，闫月梅等译，北京：中国人民大学出版社，2011 年版。

［美］迈克·迪尔：《后现代血统：从列斐伏尔到詹姆逊》，包亚明主编：《现代性与空间的生产》，上海：上海教育出版社，2003 年版。

［法］米歇尔·福柯：《规训与惩罚》，刘北成、杨远婴译，北京：生活·读书·新知三联书店，2007 年版。

［法］米歇尔·福柯：《性史》，黄勇民、俞宝发译，上海：上海文化出版社，1988 年版。

［法］米歇尔·福柯：《空间、知识、权力——福柯访谈录》，包亚明主编：《后现代性与地理学的政治》，上海：上海教育出版社，2001 年。

［美］玛莎·C. 纳斯鲍姆：《寻求有尊严的生活——正义的能力理论》，田雷译，北京：中国人民大学出版社，2016 年版。

Masahisa Fujits, Paul Krugman, Anthony J. Venables, *The Spatial Economy: Cities, Regions and International Trade*, Cambridge: The MIT Press, 1999, Ⅲ "The Urban System".

Manuel Castells, *The Power of Identity*, Malden (Mass) and Oxford: Blackwell Publishers, 1997.

Martin Brockerhoff, "Book Review on The New Urban Frontier: Gentrification and the Revanchist City", *Population and Development Review*, Vol. 23, No. 2 (Jun., 1997).

Matsushima, N. "Cournot competition and spatial agglomeration revisited", *Economics Letters*, 2001, 38 (10).

Maria Bottis; George Bouchagiar, "Personal Data v. Big Data in the EU: Control Lost, Discrimination Found", *Open Journal of Philosophy*, 2018 (3).

N

［意］奈格里著，鲁克俭主编：《大纲：超越马克思的马克思》，张梧、孟丹、王巍译，北京：北京师范大学出版社，2011 年。

［日］内田弘：《新版〈政治经济学批判大纲〉》的研究，王青、李萍、李海春译，北京：北京师范大学出版社，2011 年。

［英］诺埃尔·卡斯特利、尼尔·M. 科、凯文·沃德、迈克尔·萨默斯：《工作空间：全球资本主义与劳动力地理学》，刘淑红译，南京：江苏凤凰教育出版社，2015 年版。

［美］尼尔·G. 科克伍德，刘晓明、何璐译：《未来风景园林实践的走向》，

《中国园林》2010 年第 7 期。

O

欧阳虹彬、叶强：《弹性城市理论演化述评：概念、脉络与趋势》，《城市规划》2016 年第 3 期。

OUYANG H B，YE Q. A Review on the Evolution of Resilient City Theory：Concept，Context and Tendency [J]．*City Planning Review*，2016，40（3）．

O'Neil C．*Weapons of Math Destruction*：*How Big Data Increases Inequality and Threatens Democracy*．New York：Crown Publishers，2016.

P

潘斌：《机器的逻辑及其超越：〈大纲〉中的机器论批判》，《学术研究》2020 年第 3 期。

潘泽泉：《社区：改造和重构社会的想象和剧场——对中国社区建设理论与实践的反思》，《天津社会科学》2007 年第 4 期。

彭宏伟：《资本总体性：关于马克思资本哲学的新探索》，北京：人民出版社，2013 年版。

皮家胜：《空间问题的类型与形成原因》，《哲学动态》2015 年第 5 期。

Pirie，Gordon H．"On Spatial Justice"，*Environment and Planning*，1983，A（15）：471.

Q

乔洪武、师远志：《正义的不平等与不正义的不平等》，《马克思主义研究》2015 年第 6 期。

秦子忠：《以可行能力看待不正义：论阿马蒂亚·森的正义理论》，《上海交通大学学报（哲学社会科学版）》2016 年第 3 期。

R

任平：《空间的正义——当代中国可持续城市化的基本走向》，《城市发展研究》2006 年第 5 期。

[法] 让·波德里亚：《消费社会》，刘成富译，南京：南京大学出版社，2001 年版。

Rob Shields，Lefebvre，*Love and Struggle*，*Spatial Dialectics*，Routledge，London and New York 1999．pp. 170－172.

S

宋希仁、张霄：《伦理学与马克思主义：历史、方法与文化》，《道德与文明》2019 年第 1 期。

孙春晨：《经济学能超越价值判断吗——基于弗里德曼"价值中立"观点的分析》，《中州学刊》2014 年第 11 期。

孙琳:《场域与空间异化批判——从马克思到列斐伏尔》,《学习与探索》
　　2013 年第 6 期。

沈清基:《智慧生态城市规划建设基本理论探讨》,《城市规划学刊》2013 年
　　第 5 期。

史云波、刘广跃:《基于空间正义原则的我国乡镇空间重构》,《江苏师范大
　　学学报（哲学社会科学版）》2015 年 7 月。

石恩名、刘望保、唐艺窈:《国内外社会空间分异测度研究综述》,《地理科
　　学进展》2015 年第 7 期。

孙江:《空间生产——从马克思到当代》,北京:人民出版社,2008 年版。

生安锋:《霍米·巴巴的后殖民理论研究》,北京:北京大学出版社,2011
　　年版。

沈玉洁、马云飞、蔡淑敏:《郑州暴雨后引发的数字化城市思考》,澎湃媒
　　体:国际金融报,2021 年 7 月 29 日,网址:https://m. thepaper. cn/
　　baijiahao_13804217。

[英] 斯蒂芬·迈尔斯:《消费空间》,孙民乐译,南京:江苏教育出版社,
　　2013 年版。

Sharon Zukin, *The Cultures of Cities*, Oxford: Blackwell, 1996.

Stuart Hall (2003), MARX'S NOTES ON METHOD, A 'READING' OF
　　THE '1857 INTRODUCTION', To link to this article: https://
　　doi. org/10. 1080/0950238032000114868.

T

童强:《空间哲学》,北京:北京大学出版社,2011 年版。

谈瀛洲:《巴塔耶:浪费与越界的精神意义》,包亚明主编:《后现代性与地理
　　学的政治》,上海:上海教育出版社,2001 年版。

唐凯麟、李诗悦:《大数据隐私伦理问题研究》,《伦理学研究》2016 年第
　　6 期。

陶涛:《当代西方美德伦理复兴的缘起:一种元伦理学的视角》,《伦理学研
　　究》2018 年第 3 期。

[日] 藤田昌久、[美] 保罗·R. 克鲁格曼、[英] 安东尼·J. 维纳布尔斯:
　　《空间经济学——城市、区域与国际贸易》,北京:中国人民大学出版社,
　　2013 年版。

[法] 托马斯·皮凯蒂:《21 世纪资本论》,巴曙松等译,中信出版社,2014
　　年 9 月版。

W

王淑芹:《正确理解五大发展理念的内涵和要求》,《思想理论教育导刊》
　　2016 年第 1 期。

王淑芹、刘畅：《德治与法治：何种关系》，《伦理学研究》2014 年第 9 期。

王小锡：《道德资本研究》，南京：译林出版社，2014 年版。

王露璐：《新乡土伦理——社会转型期的中国乡村伦理问题研究》，北京：人民出版社，2016 年版。

王露璐：《从乡土伦理到新乡土伦理——中国乡村伦理的传统特色与现代转型》，《光明日报》2011 年 1 月 18 日。

王露璐：《从"熟人社会"到"熟人社区"———乡村公共道德平台的式微与重建》，《湖北大学学报（哲学社会科学版）》2020 年第 1 期。

王莹：《社会治理创新的伦理学解读》，《道德与文明》2014 年第 6 期。

王雨辰：《生态学马克思主义与生态文明研究》，北京：人民出版社，2015 年版。

王丹、王世君：《美国"新城市主义"与"精明增长"发展观解读》，《国际城市规划》2007 年第 22 期。

王建、周凡：《女权空间城市》，《中外建筑》2007 年第 7 期。

王国豫、荆珊：《从诗性正义到能力正义——努斯鲍姆正义理论探究》，《伦理学研究》2016 年第 1 期。

吴丹洁等：《中国特色海绵城市的新兴趋势与实践研究》，《中国软科学》2016 年第 1 期。

吴越：《城市大脑》，北京：中信出版集团，2019 年版。

王德福：《弹性城市化与接力式进城——理解中国特色城市化模式及其社会机制的一个视角》，《社会科学》2017 年第 3 期。

温铁军：《我国为什么不能实行农村土地私有化》，《红旗文稿》2009 年第 2 期。

William. G. Flanagan, *Contemporary Urban Sociology*, Oxford：Cambridge University Press，1993.

X

习近平："习近平向中国—上海合作组织数字经济产业论坛、2021 中国国际智能产业博览会致贺信"，来源：人民网-人民日报　发布时间：2021 - 08 - 24，http：//jhsjk. people. cn/article/32204796。

熊映梧：《马克思的生产价格理论、地租理论与社会主义经济建设》，《学术月刊》1983 年第 5 期。

许凯、Klaus Semsroth：《"公共性"的没落到复兴——与欧洲城市公共空间对照下的中国城市公共空间》，《城市规划学刊》2013 年第 3 期。

薛永龙等：《遮蔽与解蔽：算法推荐场域中的意识形态危局》，《自然辩证法研究》2020 年第 1 期。

徐崇利：《"最大空间吸引力原则"：整合多维正义的一种冲突法新说》，《中国法学》2008 年第 6 期。

［荷］西斯·J. 哈姆林克：《赛博空间伦理学》，李世新译，北京：首都师范
　　大学出版社，2010 年版。

Y

仰海峰：《〈资本论〉与〈政治经济学批判大纲〉的逻辑差异》，《哲学研究》
　　2016 年第 8 期。

杨宇振：《资本空间化——资本积累、城镇化与空间生产》，南京：东南大学
　　出版社，2016 年版。

于文轩：《大数据之殇：对人文、伦理和民主的挑战》，《电子政务》2017 年
　　第 11 期。

［美］伊利·莫尔豪斯：《土地经济学原理》，北京：商务印书馆，1982 年版。

［美］约翰·R. 洛根、［美］哈维·L. 莫洛奇：《都市财富——空间的政治经
　　济学》，陈那波等译，上海：格致出版社、上海人民出版社，2016 年版。

［美］约翰·罗尔斯：《正义论》，何怀宏等译，北京：中国社会科学出版社，
　　1988 年版。

［丹麦］扬·盖尔：《交往与空间》，何人可译，北京：中国建筑工业出版社，
　　2002 年版。

［英］约翰·穆勒：《政治经济学原理及其在社会哲学上的若干应用》，赵荣
　　潜等译，北京：商务印书馆，1991 年版。

Z

张一兵：《回到马克思》，南京：江苏人民出版社，1999 年版。

张一兵：《走中国人自己的社会主义富强之路》，《光明日报》2011 年 7 月
　　22 日。

张霄：《马克思政治经济学的伦理维度——以〈资本论〉第一卷为例》，《伦
　　理学研究》2020 年第 1 期。

张天勇、王蜜：《城市化与空间正义——我国城市化的问题批判与未来走
　　向》，北京：人民出版社，2015 年版。

张茗：《如何定义太空：美国太空政策范式的演进》，《世界经济与政治》2014
　　年第 8 期。

张喜文、刘平峰、吴钟：《基于集体智慧的生态型企业协同进化管理》，《中
　　国石油大学学报（社会科学版）》2011 年第 2 期。

赵苍丽、余达淮：《资本的伦理内涵、结构与逻辑》，《道德与文明》2014 年
　　第 6 期。

周旭：《理解赛博空间：从媒介进化论到虚拟生存》，《学习与实践》2018 年
　　第 9 期。

后 记

　　本书是在我博士论文基础上修改完成的。书稿"绪论"部分修改自博士论文"导论"部分，"第一章"至"第四章"文字内容大多与博士论文一致，未做大幅度修订，第五章"当代资本空间发展的新趋势及其伦理探究"部分，增添了近几年国内外有关"智慧城市"与"韧性城市"的理论。其中"韧性城市"在原博士论文中我用了"弹性城市"的译法，实际上"弹性"与"韧性"均源自于英文"Resilience"。而在实际的中文语境中，"弹性"一词更偏重城市构建的"物理"、"地理"的性质，强调城市发展的有形"器质"构建从而防范未来风险；"韧性"一词不仅包括"物理"与"地理"的性质，更暗含着不因城市地貌变化而变迁的无形"气质"，即"道德"、"文化"等社会脉络，此时的"韧性城市"防范的不仅是城市运作过程中的"生态"、"经济"风险，更需警惕"伦理道德"风险。在我查看各种资料的过程中，进一步印证了我的想法，尤其是谈到城市的社会治理以及城市伦理等相关话题时，"韧性城市"的用法更多。更何况，"韧性城市"一词也已写进了"十四五"规划中，无疑指明了我国城市未来的发展方向。此外，有关"智慧城市"与"韧性城市"比较的论文较少，本书尝试性地将二者的优缺点进行梳理，取长补短，试图寻求资本空间之"应然"路径。最后，对博士论文结语部分的内容进行了充实和完善。

　　时隔 4 年，重新改稿之过程，令我感慨良多。一方面惊讶于读博年中我的各种奇思妙想居然终能落实在文字中，颇感欣慰，纯粹的读书写作过程确实能让我获得长足的充实感和快乐感；另一方面，想起了博士论文写作前发生的一系列事情，如今想起，恍如隔世，不再有一旦想起便自怨自艾之感，由此感慨时间确实是弥合伤痛的一剂良方。

博二期间发生的事情，让我猝不及防，但我已没有过多的时间弥补内心的创伤，因为我知道接下来仍旧有一系列事情等着我并且只有我能够完成，我已没有过多调整心态的时间。在快速处理完诸多事情后，我告诉了王露璐老师接下来准备着手博士论文的写作，而她告诉我的初稿交稿日期已不足 4 个月，如果想准时毕业，必须赶上时间节点交稿。也许是一种必须准时毕业的心态，也许是一种不服输的心理，也许是希望我周围爱着我的亲人朋友不必跟着我一起一蹶不振，或者也许我也没有那么理性，仅仅只是想做成一件事情，为了向自己证明自己的人生并没有看起来那么失败。不过细细想来，也许博士论文的写作过程本身也是一种情绪的宣泄和表达过程。在写作过程中，我发现，也许人与事易变，但真理之光总是如同永恒不灭的灯塔，照亮着我前行的道路，我永远也不用担心它会突然抛弃我将我置身黑暗之中。因此，将自己内心所想努力地通过符合语言逻辑的方式表达在文字中，让其他人能够看懂——"自我表达胜于一切"——成为了我当初写作抱有的信念。

博士毕业后，我就职于常州大学马克思主义学院，作为一名教师在学校工作与作为一名学生在学校读书所需要处理的事情和思考的问题确实大不相同。我试着以积极的心态，认真的工作态度，慢慢适应新环境，结识新的同事和朋友，多做事，多听他人意见，让自己试着去融入新的集体。虽然内心仍偶有伤心感怀之时，但我始终认为，虽然我们不能选择生活给予我们的客观内容，但我们可以选择对待生活的心态，我刻意地调动自己的积极乐观的外在行为，从而收集外在的正面回应，以为自身构建一个整体的积极日常生活空间，从而由外向内地滋养内心的真实心理状态。因此，在工作过程中，我总是积极主动地寻找相关工作，以工作的完美完成作为我内心心理状态的正向肯定，从而重拾内心的自信感和生活的充实感。

在此过程中，我慢慢感受到，我虽曾失去很多，但我也仍旧拥有很多，我们无论何时都需用一颗感恩的心来对待常伴左右的亲人、良师、益友。这会使我们内心盈满，以友爱之心来面对未来。

首先感谢我的导师王露璐教授和她的家人。王老师不仅在论文上，更是在生活上对我关怀备至，尤其在我内心沉浸在低谷与矛盾时，给予恰当的引导，让我坚信自己有能力在照顾好生活的同时按时完成学业。此外，包括本书的序言也是她亲自为我而写的，看到她提及我"眼里有光"，我不知为何，热泪盈眶。感谢王淑芹教授，不论是工作还是生活上，她一直对我关心备至，看到我生活步入正轨，她由衷为我感到高兴。

感谢唐凯麟教授、杨义芹研究员、王小锡教授、曹孟勤教授、刘云林教授、李志祥教授、陶涛教授。感谢他们在博士论文预答辩时提出的宝贵意见，使得我在论文修改中得到了诸多启发。感谢李志祥教授，作为我的硕导，在我读书写作的初期，督促我养成了踏实严谨的科研习惯。感谢社会科学院的强乃社教授，他在百忙之中抽出时间对资本空间的概念提出了详实的建议，促使我能更加深入思考。感谢我的师姐张燕副教授与严志明博士在我论文的大纲和选题方面的意见和建议。

感谢我师弟刘昂副教授，在我照顾刚出生的孩子不便期间，帮助我处理南师大诸多事宜。感谢我同宿舍的王萌博士，我们一见如故，并且工作后仍旧在伦理学研究的道路上一起奋斗。感谢明尼苏达大学的李倩楠博士，作为我大学期间最好的朋友，一直默默地支持我，适时地开导我，感谢她在国外访学与英文资料查找方面给予我诸多的建议与帮助。还感谢她在孕早期不辞辛苦地帮我校对书稿。也正是她告诉我，人心易变，唯有所学知识与技能会相伴一生，珍惜当下。

感谢我的女儿，是她让我意识到只有我更强大，她才能更优秀，让我意识到，人的一生极其短暂，短暂到没有太多时间让我们怨天尤人。因此，我们必须尽可能地把时间花在爱我们的人和我们爱的人身上。感谢我的爸妈，他们总是默默地付出，在生活上无微不至地照顾我，在我论文写作以及工作中帮我承担了大部分照顾孩子的时间，让我没有后顾之忧。感谢我的爱人谢欢，感谢他在我修改书稿期间的默默支持，他热爱生活也热爱哲学，与他一起探讨生活中的哲学问题也是乐趣之一，是他真正让我重新体会到了日常家庭的生活喜悦。

感谢南京师范大学给予的十年丰富多彩的校园生活，以及其他一切伴我走过校园生活的老师、同学，感谢你们，给予了我这么多美好的回忆。感谢常州大学马克思主义学院一起工作的同事与朋友，对我工作的关心和支持。

最后感谢我自己，一路走来，风雨兼程，活在当下！

图书在版编目（CIP）数据

资本空间的伦理研究/曹琳琳著 .—上海：上海三联书店，2021.12

ISBN 978 - 7 - 5426 - 7610 - 8

Ⅰ.①资⋯　Ⅱ.①曹⋯　Ⅲ.①政治经济学—伦理学—研究

Ⅳ.①F0

中国版本图书馆 CIP 数据核字（2021）第 232861 号

资本空间的伦理研究

著　　者 / 曹琳琳

责任编辑 / 张大伟

装帧设计 / 徐　徐

监　　制 / 姚　军

责任校对 / 朱　强

出版发行 / 上海三联书店

　　　　（200030）中国上海市漕溪北路 331 号 A 座 6 楼

邮　　箱 / sdxsanlian@sina. com

邮购电话 / 021 - 22895540

印　　刷 / 上海惠敦印务科技有限公司

版　　次 / 2021 年 12 月第 1 版

印　　次 / 2021 年 12 月第 1 次印刷

开　　本 / 640 mm×960 mm　1/16

字　　数 / 290 千字

印　　张 / 20

书　　号 / ISBN 978 - 7 - 5426 - 7610 - 8/F · 850

定　　价 / 68.00 元

敬启读者，如发现本书有印装质量问题，请与印刷厂联系 021 - 63779028